台灣的中國戰略

從扈從到平衡

童振源 著

推薦序

　　本書深入分析台灣近二十多年來政經發展與安全環境的變化，以兩岸關係之演進作主軸。作者兼具學術論述之能力與擔任陸委會副主委之實務經驗，有系統地探討中國對台政策之沿革，以及台灣政治發展與兩岸互動之密切關係。除此之外，他並將美國因素以及全球化之下的國際與區域經濟動向連結台灣的生存與發展。

　　童振源教授對當前台灣介乎美國與中國之間的微妙形勢提供宏觀的解析，認為台灣必須重新界定其戰略地位與角色，以捍衛國家利益。其論述完整，內容引證充實，頗值得各界參考並予以重視。

國策研究院　院長　田弘茂

中華民國一〇〇年七月六日

推薦序

　　中國是台灣必須面對的重大課題，尤其是崛起中的中國，對台灣的國防壓力增加，外交封鎖力道強化，經濟的影響與吸納，甚至對台灣的政治發展都發生極大的影響。面對這重大課題，台灣必須認真瞭解「中國」，以及中國對台的政治、經濟戰略與政策作為，才有可能提出有效的政策，保護台灣的國家利益。

　　童振源教授長年研究中國的政治經濟發展與中國對台政策，也有機會在行政院陸委會擔任副主委從事實際決策。他所撰寫的《台灣的中國戰略》一書，以政治經濟的角度，深入分析中國對台政策以及台灣對中政策。若要全盤瞭解台灣面對中國的政經局勢，以及台灣應有的戰略規劃，這本書，就是最佳參考。

現任政大國關中心研究員、前臺灣駐美代表、

前大陸委員會主任委員　**吳釗燮**

推薦序

　　如何在全球化的時代面對崛起的中國大陸，臺灣始終擺盪在政治自主與經濟自由之間且爭論不休。童振源教授的新書針對這個兩難困境，提出政府需要從強化國家整體競爭力的角度來積極參與全球經濟體制，並進而提出多邊、雙邊與單邊三合一的策略推動經貿自由化，以化解中國的外交阻擾，達成臺灣參與全球市場的國家目標。這本書深刻地分析了臺灣目前的政經困境，並提出了解決策略，是現今所有關心臺灣發展的學者和政黨都需用心閱讀的書籍。

　　　　國立政治大學講座教授，中國大陸研究中心主任　**王振寰**

作者序

　　無疑的，中國是影響台灣前途與國家發展的最大外在變數，兩岸關係會直接影響到台灣的生存與發展、及人民的安危與福祉，這是國家之大事、人民之大事，是每個國民應該關切的問題。然而，台灣的中國戰略或兩岸政策在台灣內部是最為分歧、甚至充滿激情對立的國家政策，成為每次選舉的重要社會分歧與政策辯論。

　　面對中國的迅速崛起與國際格局的瞬息萬變，我們沒有樂觀的權利，當然也沒有悲觀的權利。作為一個在中國與美國兩大強權對峙中求生存、拼發展的小國，台灣必須比其他國家投入更多的學術資源與研究能量，客觀而正確理解中國對台政策、兩岸關係與國際情勢的變化，才能擘劃一份周全的中國戰略，維護台灣的生存與永續發展。

　　1979-2009 年，中國經濟增長率平均達到 9.9％，中國在 2010 年已經成為世界第二大經濟體。中國在國際經濟與政治的地位隨著中國經濟快速發展而水漲船高。中國經濟發展受惠於很多外商的投資與技術，特別是台商的投資與技術，但是也帶給台商很多發展的契機，吸引更多的台商競相投入中國，在中國建立世界加工廠與競逐中國的新興市場。

　　然而，隨著經濟快速增長，中國進行外交活動的資源愈來愈多，對於打壓台灣的外交空間、圍堵台灣參與國際經濟整合、與利誘各國政府反對台灣的政策從不手軟。同時，中國也有更多的資源可以對台灣進行武力威脅、甚至利誘台灣的各種團體施壓台灣政府調整為符合中國立場的政策。中國的崛起對台灣既帶來不少前所未有的機會，但是也帶來很多嚴厲挑戰，台灣必須非常謹慎因應。

其實，台灣正面臨嚴厲的全球化挑戰，而兩岸經貿關係與東亞經濟整合正是台灣面對的全球化挑戰最突出而關鍵的一環，更加凸顯台灣的中國戰略對台灣發展影響重大。包括直接投資與證券投資的國際資金流動，1990 年代，台灣淨流出的國際資金平均一年不到 20 億美元。2000-2007 年民進黨執政時期，台灣淨流出的國際資金平均一年為 132 億美元。過去三年馬總統執政期間，台灣淨流出的國際資金平均每年將近 200 億美元，遠遠超過民進黨執政的數據。

大量資金外流帶動龐大優秀人才外移，大幅降低台灣的內需，使得台灣的經濟成長動能嚴重受損。事實上，台灣資金閒置的比例愈來愈高，國內投資的動能持續下降。1980 年代，台灣存款超過放款平均每年不到 8 千億台幣，實質投資率（固定資本占 GDP 比重）為 22.35％。1990 年代台灣閒置資金已經每年超過 2.5 兆台幣，實質投資率為 28.04％。民進黨執政八年台灣閒置資金平均每年為 7 兆台幣，實質投資率為 23.68％。馬總統執政三年台灣閒置資金平均每年超過 10 兆台幣，實質投資率為 17.91％。主計處預估 2011 年的實質投資率為 17.52％，是僅次於 2009 年的歷史第二低紀錄。

台灣面對全球化的挑戰是相當嚴厲的，但唯有認清殘酷現實，我們才能妥善因應嚴厲挑戰。民進黨政府時沒有妥善因應好這項挑戰，但是國民黨政府也沒有準備好。這是台灣人民要共同面對的嚴厲挑戰。在全球化的時代，政府不可能將人才與資金關在台灣、綁在台灣，而是要因勢利導，藉由強化台灣的國家競爭力引導資源與人才回來台灣。無論民進黨或國民黨執政，都必須妥善因應全球化的嚴厲挑戰，但不應該將責任推給前朝政府，推託責任是無法解決台灣的嚴厲處境。

本書試圖對台灣的中國戰略提出一些個人的觀察與建議，希望有助於兩岸和平與繁榮。本書整理作者長期對兩岸關係發展的觀察，包括第八章在擔任行政院大陸委員會副主任委員期間的政策說明，提供國人瞭解陳水扁政府的中國戰略。本書分析中國對台政策、兩岸與國際戰略情勢，最後提出台灣的中國戰略建議。

　　古云：「以小事大以智」，然而兩岸關係參雜歷史記憶、個人情感、生活經驗、社會認同、經濟利益、國家尊嚴、兩岸實力與國際現實，必然激盪各種感性認知與政策想法，很難以理性的方式擘劃台灣的中國戰略。所以，可以想像，本書可能引發更多的兩岸政策辯論與爭議。但是，希望本書能夠拋磚引玉，能夠激發台灣人民與學者更多理性辯論與省思台灣的中國戰略，共同努力促進兩岸的持久和平與永續繁榮。

　　這本書見證筆者對於兩岸關係的學習歷程。筆者要首先感謝授業導師約翰霍普金斯大學高級國際研究學院教務長藍普頓（David M. Lampton）教授的教導與啟發。再者，筆者要感謝諸多前輩與學術先進的指導與協助，特別受益於田弘茂部長、高英茂大使、吳釗燮大使、陳明通主委、王振寰教授、黃國俊教授、黃偉峰教授與羅致政教授的指教。筆者也要感謝新台灣國策智庫創辦人辜寬敏先生與董事長吳榮義教授提供機會，讓筆者在過去一年多參與國家安全與兩岸政策的檢討與前瞻座談會，與會的諸多先進提供筆者很多啟發。在專書校對過程，感謝凌霄的協助。最後，要感謝內人佩華悉心照顧家庭，讓我能全心全力完成這本書。

童振源　謹誌

國立政治大學　國家發展研究所

2011 年 6 月 12 日

目　次

第三部份　台灣的中國戰略

表目次

圖目次

第壹章　導論

　　本書從中國對台政策開始討論，進而分析台灣面對的兩岸與國際戰略情勢，最後提出台灣的中國戰略建議。所謂「戰略」是一個整合性、總體性、長期性的政策有機組合，以創造台灣的極大國家利益。因此，本書分析政治、經濟、社會、軍事層面的各種思考，同時統合國內、兩岸與國際的互動因素，兼具理論與實務經驗，以提出務實的中國戰略。

　　「知己知彼、百戰百勝」，台灣的中國戰略必先立足於中國對台政策的歷史反思，分析中國對台政策的歷史演變、趨勢、特徵與影響變數，台灣才能提出有效的因應戰略。第一部份（第 2-3 章）分析中國對台政策的變數包括中國內部情勢、國際情勢與台灣內部情勢，分析的面向包括政治、經濟、社會與軍事。

　　第貳章探討 2003 年前的中國對台政策，特別是著重在李登輝總統執政的 1990 年代到陳水扁總統執政初期，以及分析 2002 年中國共產黨第十六屆全國代表大會（十六大）的對台政策走向。中國對台政策的目標為「一個中國」、「和平統一」、「一國兩制」、「維持兩岸關係穩定」、及「促進兩岸經濟交流」。為達到上述政策目標，中國採取的策略主要有二大類：「內外兼施」與「軟硬兩手」。所謂「內外兼施」指的是「分化內部」（分化台灣內部）與「聯外制台」（聯合外在力量箝制台灣）。所謂「軟硬兩手」，硬的一手指的是「以戰促談、以戰脅民、以戰逼讓、以戰止戰」；軟的一手指的是透過兩岸經貿交流達成「以經濟促進統一」與「發展中國經濟」兩項目標。

　　造成北京在上述對台政策轉變的原因主要是因為中國需要發展經濟、解決內部很多問題，所以需要穩定的兩岸關係與和平的國際環境；其次，是美國對於兩岸問題和平解決的持續關切與壓力；第三，則是北京在被動地回應台灣內部政治局勢與對外政策的變化，希望爭取台灣的合作，以維持一個穩定的兩岸關係與集中精力發展經濟。

　　第參章則是分析 2007 年底中國共產黨第十七次全國黨代表大會（十七大）之後的對台政策走向。中國的對台政策框架仍為「一個中國」、「一國兩制」、「和平降服」、「武力併吞」，具體的手段包括「內外兼施」與「軟硬兩手」。從 2000-2007 年，武力威脅、聯美制台、分化內部、經濟利誘是中國對台政策的四大支柱。在這段期間，中國經濟崛起、國際反恐格局、台灣朝野對立賦予中國相對優勢的戰略地位對台灣施加巨大政治壓力，導致中國不願大幅度務實調整對台灣的政策框架與作為，持續杯葛或延宕與台灣的功能性議題協商。雖然中國口口聲聲說要「寄希望於台灣人民」，但是具體的作為卻是「寄希望於美國政府與台灣在野黨」。

　　2000 年 5 月以後，中國第一次面對民進黨執政，未能即時回應陳水扁總統所提出的善意政策，因而錯過很多兩岸良性互動的機會，導致兩岸僵局難以解開。2008 年 5 月 20 日馬英九就任為中華民國總統後，兩岸政治對峙氣氛緩和、台灣的海峽交流基金會（海基會）與中國的海峽兩岸關係協會（海協會）恢復協商、兩岸經貿進一步開放、兩岸外交對抗似乎緩和。面對之前八年的互動僵局，中國比較務實面對馬政府，珍惜兩岸關係緩和的契機。

　　第二部份（第 4-7 章）分析當前最重要的兩岸與國際戰略互動的四個面向或基礎，包括從「九二共識」到「零八共識」、中國對台灣進行經濟制裁的可能性評估、兩岸簽署經濟合作架構協議（ECFA）的爭議與成效、東亞經濟整合與台灣的戰略。「九二共識」、兩岸經濟依賴、ECFA、與台灣參與東亞經濟整合體制，是馬總統在 2008 年 5 月執政以來的最重要兩岸議題。

　　經過四十年的兩岸隔閡之後,兩岸在 1987 年開始恢復社會交流,隨後經濟交流快速擴張,兩岸政府必須務實解決事務性議題,包括兩岸交流的紛爭與保障兩岸交流的權益。但是,兩岸政府在政治與軍事上持續對抗、而且無法相互承認對方,讓兩岸政府的直接互動與協商缺乏基礎。在這個背景下,兩岸在 1992 年底達成擱置爭議、求同存異的默契,以非常模糊的方式表述一個中國原則,然後在 1993 年初啟動兩岸正式協商。

　　然而,1992 年形成的默契相當侷限而且模糊。後來台灣推動憲政體制的改造、國家認同的重建、國際外交的擴展,中國便認為台灣違反「一個中國」原則的底線。從 1993 年之後,兩岸政府便開始爭議1992 年默契(或共識)的內容與適用範圍,但是兩岸始終無法取得共識。因此,除了 1998 年有短暫互動之外,兩岸的協商在 2005 年前幾乎沒有實質的事務性議題協商,更不要說政治或軍事議題的協商。李登輝總統在 1999 年 7 月 9 日發表的兩國論(特殊國與國關係),讓中國政府徹底反對「九二共識」為「一個中國、各自表述」(一中各表),使「九二共識」的模糊戰略空間喪失殆盡。

　　2000 年 5 月,陳水扁總統上台後,兩岸關係的本質發生重大改變。陳總統是透過台灣憲政體制下的全民直選成為總統,與中國大陸一點關係都沒有,而且民進黨從來就沒有與共產黨發生過內戰,中國要以內戰的歷史與形式定義兩岸關係變得相當困難。因此,中國政府一方面要求民進黨必須接受「一個中國原則」,但另一方面開始以「九二共識」的模糊內涵替代「一個中國原則」,以便爭取民進黨政府對「一個中國原則」的某種程度認同或連結。

　　儘管陳總統始終沒有接受「九二共識」的概念,但是兩岸政府仍然在 2005 年初以後以「澳門模式」進行事務性議題的協商,由兩岸政府授權的民間組織出面聯繫,但是由兩岸政府官員直接面對面進行協商。「澳門模式」可以 24 個字描述:擱置爭議、不設前提、相互尊重、實事求是、政府主導、民間協助。這樣的協商模式比 2000

年前李登輝總統執政時期的海基會與海協會的協商模式還要進步。但是，在協商過程當中，中國政府有時仍會設置某些政治障礙，阻撓兩岸協商的進度。

物換星移，2008 年 5 月國民黨再度執政後，中國調整立場，不再公開反對「一中各表」的說法，而且採取言詞上寬鬆、實質上堅持一個中國原則的作法。兩岸在 2008 年形成新的共識，以進行事務性議題協商。這樣的共識與 1992 年達成的默契或共識是不一樣的，筆者稱之為「零八共識」，亦即「九二共識、各自表述、反對台獨、實質一中」。第四章闡述與分析「九二共識」與「零八共識」的內涵與爭議。

如同「九二共識」的內涵，「零八共識」的形成是透過兩岸默契在運作，並沒有成文的共識內涵。「零八共識」確實帶來一些正面的發展，但卻存在兩股抗衡力量的緊張關係，使得未來「零八共識」是否能持續運作充滿不確定。一方面，台灣民意對於「零八共識」所帶來的台灣國際空間不甚滿意，而且認為馬政府立場太過傾中。另一方面，馬總統不時強調「台灣是一個主權獨立的國家」、「他是台灣總統」、「2,300萬人民可以決定台灣的前途」，當然中國會不高興。再者，雖然絕大多數的台灣民眾支持廣義維持兩岸現狀，但是贊成兩岸最終應該統一的比例不斷下降，目前只有 15.7％，贊成台灣最終應該獨立的比例卻不斷上升，目前已經達到 49.3％。

面對 2012 年台灣總統大選，中國的兩岸關係佈局早已展開。中國的策略非常清楚：首先，要求馬政府配合中國落實「反台獨」的作法與強化「一個中國原則」的承諾。其次，利用兩岸關係穩定與兩岸維持協商作為施壓民進黨總統候選人接受「九二共識」的槓桿。面對中國國力的快速增長，無論是馬英九總統或蔡英文主席當選 2012 年總統，都需要儘速凝聚台灣內部的共識、團結台灣力量，才能抵擋中國的壓力、捍衛台灣的國家利益。

第五章分析中國對台灣進行經濟制裁的可能性。兩岸經濟往來密切，兩岸彼此都是相當重要的經濟夥伴。然而，由於中國經濟快速成

長，中國經濟總量在 1991 年只是台灣的 2.2 倍，2010 年已經是台灣的 13.9 倍。所以，台灣內部一直有擔憂，台灣經濟是不是過度依賴中國，將導致中國利用經濟槓桿制裁台灣與威脅台商。第五章從經濟制裁理論與 2000-2005 年實際案例分析中國對台灣進行經濟制裁的可能性。兩岸經濟交流是國際分工的重要一環，兩岸經濟都依賴國際分工體系與共享國際市場，中國要成功制裁台灣幾乎不可能。不過，歷史上特定國家對個別公司的經濟制裁效果卻顯著的多。雖然中國官方在過去幾年並沒有採取全面制裁支持民進黨台商的措施，只是給予「極個別台商」一些警誡措施；不過，台商在政治上的態度仍應該謹慎小心，以免惹禍上身。

第六章分析兩岸在 2010 年 6 月 29 日簽署兩岸經濟合作架構協議（ECFA）所引發的國內爭議及執行將近一年的成效。ECFA 被視為馬政府的最重要兩岸關係政績，希望促進兩岸經濟關係的合作與制度化，同時開啟台灣加入東亞經濟整合體制的大門，以避免台灣經濟被邊緣化、振興台灣經濟發展的動力。然而，這項協議引發朝野兩大政黨領袖的激辯與社會的爭議。此外，檢視將近一年的執行成效，ECFA 並沒有帶來原訂的經濟利益目標，而且也沒有有效地全面打開台灣參與東亞經濟整合體制的大門，特別是台灣仍無法與主要貿易夥伴美國、日本與歐盟簽署自由貿易協定。

第七章評估當前東亞經濟整合體制的發展趨勢與特徵，繼而評估其對台灣經濟的衝擊，最後則是提出台灣參與東亞經濟整合體制的全球經濟整合戰略。面對被排除在東亞經濟整合體制之外的困境，根本原因便是中國的政治阻撓，我們沒有樂觀的權利。台灣應同步採取多邊、雙邊與單邊的「平衡與多軌並進」原則，化解中國障礙的因素、避免受制於中國的政治企圖，達成台灣促成全球貿易自由化與參與東亞經濟整合體制的國家目標。

在多邊層面上，台灣目前是世界貿易組織（WTO）與亞太經濟合作會議（APEC）的會員，所以不會遭受到中國的政治阻撓，而且會

創造最大的經濟效益。台灣應該積極推動 WTO 與 APEC 等多邊自由貿易體制的建立，主動提出各項國際貿易自由化與經濟整合的議程、積極推動各項貿易與投資自由化與合作的措施。不過，WTO 的杜哈貿易談判回合在 2008 年 7 月正式破局。台灣不能放棄、必須盡力而為，但我們在 WTO 的影響力畢竟有限。

在 APEC 方面，1994 年 APEC 會員達成「茂物目標」，即 2010 年 APEC 的已開發經濟體完成貿易與投資的開放與自由化，而開發中經濟體則必須在 2020 年之前達成此目標。但是，APEC 在去（2010）年已經確認無法達成這項目標。此外，2006 年美國開始倡議推動亞太自由貿易區（FTAAP），雖然這項目標仍受到 APEC 會員的重視，但是各國仍沒有決心在短期內完成這項協議。

2008 年以來，APEC 的會員積極推動「跨太平洋經濟戰略夥伴協定」（TPP），目前包括美國、日本與澳洲等六個 APEC 會員積極與原來的四個 TPP 會員國（新加坡、汶萊、智利與紐西蘭）進行談判，而且在締約國同意下，將開放給其他 APEC 成員加入。雖然這樣的發展令台灣感到鼓舞，但是仍存在中國的政治阻撓變數，我們仍不能過度樂觀。

第二個層面是雙邊層面。要突破中國對台灣的國際封鎖，台灣必須非常巧妙地運用美國的實力與台美中三邊的共同利益，同時完成兩岸與台美的自由貿易協定。這樣一來不僅可以解決國內政治疑慮與國際政治阻撓，同時可以擴大台灣的經濟利益，擴大台灣的國際市場與資源規模，強化台灣的競爭優勢，讓更多國內與國際企業願意投資台灣，進而創造更多的發展與就業機會。

一旦這兩項協定簽訂，台灣的第二優先談判 FTA 的對象則是日本、香港、東南亞國家與歐盟。特別是，台灣應強化與美、日、歐等國家在技術、投資、服務業與政策合作，才能加速台灣的經濟轉型與競爭力。另一方面，台灣應該有自信，對東南亞國協進行部份貿易與投資條件的讓步，爭取這些國家儘速與台灣簽署自由貿易協定。而且，

在雙邊協商過程當中，台灣與協議的名稱可彈性、作法應務實、管道要多元、議題可以分階段，不必要侷限一次性完成協議。

第三部份（第 8-9 章）檢討與建議台灣的中國戰略。第八章則是說明陳水扁執政八年時期的中國戰略。固然陳總統執政時，兩岸關係陷入低潮，但是兩岸關係也沒有比 1995-96 年或 1999-2000 年李登輝總統執政時還要衝突。況且，台灣是一個民主國家，總有一天民進黨仍有執政的機會，有必要檢討這個時期的中國戰略。當然，陳水扁政府的戰略並不是在上任初期便形成戰略格局與架構，而是經過八年的執政經驗逐漸形塑的中國戰略。在陳總統執政後期，筆者進入行政院大陸委員會服務，有機會瞭解民進黨執政時期的中國戰略思維與內涵。因此，這章即是筆者擔任陸委會副主任委員時歸納彙整的陳水扁政府的中國戰略。

第九章為筆者對於台灣的中國戰略建議。事實上，經歷過 62 年休戚與共與族群融合的發展歷史，台灣人民早已經形成命運共同體。在 1990 年代台灣人民完成修憲之後，中華民國憲法就是代表台灣人民的總意志。同時，中華民國總統與國會議員皆由台灣人民選舉產生，執行台灣人民賦予的憲法權力，中華民國國家體制就是台灣的國家體制。

在這樣的歷史脈絡下，儘管選舉的對立與激情，台灣主流民意形成的「台灣共識」愈來愈清晰，包括下列三項元素：

1. 台灣是一個主權獨立的國家，國號為中華民國；台灣就是中華民國，中華民國就是台灣。
2. 台灣人民希望維持台灣主權獨立的現狀，不願意在現階段推動兩岸統一，也不願意在現階段推動更改台灣的國號。
3. 兩岸關係的未來是開放的，但台灣的前途應該由兩千三百萬台灣人民決定。

至於兩岸關係的定位應該是中華民國憲法下的特殊關係，但不是國內關係，而是中華民國管轄境內與境外之關係。中華民國憲法將領

土區分為「自由地區」與「大陸地區」，並以《台灣地區與大陸地區人民關係條例》規範兩地人民之往來。因此，憲法與法律的「大陸地區」與「自由地區」僅僅說明中華民國的領土範圍，而「自由地區」是中華民國的管轄範圍。然而，憲法並沒有規範中華民國政府要與大陸地區存在的一個政府（中華人民共和國政府）、甚至國際社會普遍承認的一個主權國家（中華人民共和國）的互動關係。

由於中華民國與中華人民共和國的領土主張絕大部分重疊（中華人民共和國的領土不包括外蒙古），但是在治權上完全分立，因此兩岸關係是一種特殊關係。兩岸關係並非國內關係，因為在大陸實存另外一個國家與政府，大陸為中華民國之管轄境外領土，兩岸互動是在中華民國領土內的兩套憲法秩序互動關係。然而，中華民國國民不包括13億大陸人民，兩岸政府互不隸屬，互不代表對方人民。

台灣政府應該在台灣共識與憲法兩岸定位的基礎上，從冷戰時期的屬從美國政策及當前的屬從中國政策，調整成平衡美中的戰略方向，應對中國崛起與國際格局變遷的挑戰。特別是，民主與開放是平衡兩岸與美中的重要原則。民主是超越統獨的台灣共識、高於統獨的台灣利益、也是化解統獨的唯一方法。兩岸關係的發展是開放的，統一與獨立不是對立的，只要透過民主的程序與和平的環境，最終結果是可以被台灣人民包容與接受的。

再者，國際主要強權對於兩岸問題的「強權共識」，應該作為穩定兩岸關係的重要基石，其共識內容包括：支持台灣的民主自由、維持與台灣的實質關係、默認台灣的事實主權、支持兩岸對話協商、支持兩岸問題和平解決、支持台灣前途必須獲得台灣人民的同意、反對中國對台灣的武力威脅、防止兩岸發生軍事衝突、支持台灣實質參與國際組織、避免凸顯台灣在國際組織的主權象徵、反對國際組織決定台灣的國際地位、反對台灣以民主改變國際現狀。

再說，兩岸關係不是完全理性，還有歷史與情感。為了連結兩岸互動的紐帶與搭建兩岸人民的情感橋樑，兩岸人民應該建構「華人」

與「華人社會」的認同，成為兩岸社會的公約數。台灣人、大陸人、中國人都是華人，以說明錯綜複雜的兩岸歷史、文化、血緣、語言與情感連結，推動兩岸全方位合作與互惠交流。以「台灣共識」作為兩岸互動的前提下，歷史、文化、血緣的認同應該與國家認同分割，感性交流應該與理性國家選擇同時並存。

總而言之，在顧及台灣的主體性、兩岸的互動與國際的支持，台灣的中國戰略應該建立在三大支柱上：民主、和平與繁榮。台灣必須從戰略上轉向，從冷戰時期的匾從美國政策及馬政府的匾從中國政策，調整成平衡美中的戰略方向，以應對中國崛起與國際格局變遷的挑戰。

台灣對中國戰略的具體內涵包括：以台灣共識團結藍綠、以憲法規範定位兩岸、以民主開放平衡兩岸、以華人認同連結兩岸、以強權共識穩定兩岸、以美中平衡應對中國、以永續公義奠定友誼、以合作機制促進和平。此外，台灣對中國的策略包括凝聚台灣共識、寄希望於中國人民與建構兩岸與華人社區合作機制。

最後，兩岸經濟交流戰略應該建立在國際經貿分工與全球市場共享基礎上。台灣應以建立「大台灣經濟圈」作為經濟發展的藍圖，以台灣作為全球經濟資源整合與價值創造的平台，以「立足台灣、活用中國、運籌全球、壯大台灣」作為經濟發展的戰略。台灣的兩岸經貿政策是以台灣經濟永續發展為目標，活用中國的資源與市場為手段，引進全球資源與人才，以台灣作為經營全球資源與市場的運籌平台，最後達成壯大台灣經濟的效果。

本書除了盡可能搜集相關官方資料、學術文獻與媒體報導之外，筆者也彙整過去多年在兩岸交流與訪問的內容，同時也包括筆者與各國駐台使節的交流資料。本書希望盡可能提供客觀的素材與論述，但仍無法避免主觀的判斷與價值的抉擇。無論如何，希望這本書能拋磚引玉，提供社會討論台灣的中國戰略的基礎，因為這對台灣的生存與發展是無法逃避的問題，也是最關鍵的問題。

◎台灣的中國戰略：從扈從到平衡

第一部份

中國對台政策

第貳章　中國對台政策：演變、特徵與變數

　　本章討論中共十六大以前的中國對台政策之演變、特徵與變數。本章架構將分為三部分：首先，討論中國對台政策的演變，將以中國對台政策文獻資料分析為主，兩岸事件為輔。其次，分析中國對台政策的特徵，包括中國對台政策的目標與策略。除了中國領導人的政策表述之外，本章將進一步討論中國對台灣的實際政策作為。最後，本章將有系統地整合文獻與訪談資料，釐清影響中國對台政策的重要變數，包括中國國內因素、國際因素、與台灣的因素。

一、中國對台政策的演變

　　中國對台政策的演變主要分為三個時期。第一，武力解放台灣時期（1949 年-1955 年初）：強調以武力的方式擊敗國民黨，以社會主義取代資本主義。在這個時期，由於中國軍事實力不足，特別是 1950 年 6 月韓戰爆發之後，美國第七艦隊中立化台灣海峽，以致於中國無法以武力解放台灣。

　　第二，和平解放台灣時期（1955 年初-1978 年底）：特色是武力與和平的方式並用，但是盡量爭取和平的方式、透過兩岸談判達成統一、統一後維持台灣的高度自治與蔣家在台灣的統治地位、及台灣社會制度的改造可以從緩。在這個時期，由於美國與台灣在 1954 年 12 月簽訂共同防禦條約、以及蘇聯不支持中國對台動武，中國領導人認識到無法以武力解放台灣；同時，中國需要大規模從事經濟建設的和平環

境，不宜與台灣、甚至美國發生大規模的戰爭。因此，北京希望透過國共談判的方式，給予蔣家優渥的條件，以解決兩岸的問題。[1]

第三，和平統一台灣時期（1979 年初至今）：首先，中國不再要求台灣放棄資本主義，而是實行「一國兩制」，中國實行社會主義，台灣實行資本主義，兩制長期共存；其次，除非外國勢力介入或台灣宣佈獨立，否則大陸不對台灣使用武力；最後，在「一國兩制」的架構下，維持台灣的高度自治、尊重台灣的現狀與利益。

造成中國對台政策轉變的原因主要有二：一、美國對於台海問題和平解決的持續關切。美國在 1972 年上海公報中便表達對於台海問題和平解決的關切，在 1978 年中美建交公報中再次肯定上海公報的原則。建交後，美國國會在 1979 年初制定「台灣關係法」，強調台海問題必須和平解決是美國重要的利益，並且繼續對台灣出售武器。二、中國為了發展經濟，需要穩定、和平的國際環境，及保持與周邊國家良好的關係。[2]

1979 年元旦，中國全國人民代表大會（全國人大）發表「告台灣同胞書」，首次宣布和平統一方針，呼籲兩岸就結束軍事對峙狀態進行商談，並且實現通航、通郵、及發展貿易（三通）。1981 年 9 月，全國人大委員長葉劍英再次建議兩岸進行三通，以及各種民間交流。同時，他提出，兩岸統一後，台灣可作為特別行政區，享有高度自治，並可保留軍隊，北京不干預台灣的事務，台灣現行社會、經濟制度不變，同外國經濟、文化關係不變。1982 年 1 月，鄧小平首次提出「一個國家、兩種制度」（一國兩制）的概念，說明兩岸統一後的政治關係，

---

[1] 王建科、劉守仁，〈建國後中國共產黨對台政策的演變〉，《南京社會科學》，第 86 期（1996 年 4 月），頁 55。華強，〈對中共中央關於『解放台灣』戰略方針調整的歷史考察〉《上海台灣研究》，第二輯（2002 年 5 月），頁 158-9。

[2] 王建科、劉守仁，〈建國後中國共產黨對台政策的演變〉，頁 51-6。Michael D. Swaine, "Chinese Decision-Making Regarding Taiwan, 1979-2000," in David M. Lampton eds., *The Making of Chinese Foreign and Security Policy in the Era of Reform* (Stanford, CA: Stanford University Press, 2001), pp. 311.

使和平統一的規劃更為具體可行。[3]之後，鄧小平闡釋「一國兩制」如下：在國際上，只能中華人民共和國代表中國；兩岸應該透過國共兩黨平等會談達成統一；統一後，台灣作為特別行政區，可以與中國實行不同的制度，享有高度自治，並且擁有立法權和司法權，終審權不需要到北京，同時可以擁有軍隊。[4]

1980 年代整整十年，兩岸都專注於內政問題。中國方面集中精力進行經濟改革與實行門戶開放政策，期間還爆發 1989 年的天安門事件；台灣方面則忙於權力轉移與推動民主化的政治改革。1983 年後，中國沒有進一步提出新的對台政策與措施。因此，兩岸沒有正式的官方接觸、也沒有直接的對抗，兩岸相安無事將近十年。

天安門事件之後，中國第三代領導人江澤民漸漸掌權，開始回應台灣在 1980 年代末期推動的務實外交政策，並且建議兩岸進行政治談判。1990 年 6 月，江澤民在全國統戰工作會議上嚴厲批評台灣的「一國兩府」政策為「兩個中國」、「一中一台」的分裂政策。他建議，中國共產黨與中國國民黨對等商談統一，並且加速實現「三通」、擴大交流。1992 年 10 月，江澤民在「中國共產黨第十四次全國代表大會」（十四大）的報告中再次重申上述政策。[5]

事實上，在江澤民建議兩岸舉行正式談判時，北京的代表已經秘密地在香港、澳門、及珠江三角洲與台北的代表接觸。台灣總統府辦公室主任蘇志誠在 1990 年開始與中國的代表楊斯德、許鳴真、汪道涵、曾慶紅等人建立兩岸秘密溝通管道。雙方接觸高達三十幾次，討論的議題相當廣泛，包括三通、雙方簽訂和平協議、國共兩黨談判、辜汪會談、台灣總統直選、兩岸共同打擊犯罪、兩岸合作開發資源等等。由於談到

---

[3]　中國外交官，2002 年 8 月 28 日，訪談。

[4]　中共中央台灣工作辦公室、國務院台灣事務辦公室，《中國台灣問題（幹部讀本）》（北京：九洲出版社，1998 年），頁 66-8。

[5]　行政院大陸委員會，《大陸工作參考資料》，第二冊（台北：行政院大陸委員會，1998 年），頁 35-7，216。

兩岸應該建立高層對話的機制，蘇志誠與汪道涵於 1992 年 6 月在香港
會面時，敲定海峽交流基金會（海基會）董事長辜振甫與海峽兩岸關係
協會（海協會）會長汪道涵將舉行會談（辜汪會談）。[6]

　　為解決兩岸交流的事務性問題，兩岸授權的海基會與海協會從
1992 年開始進行協商。不過，在 1992 年 3 月與 10 月，兩會兩度在
北京及香港的協商中發現，北京多次在文書中要求載明「一個中國」
原則，以致於協商無法達成協議。最後，在北京同意退讓一步的情
形下，雙方才接受兩會「各自以口頭聲明」的方式表達「一個中國」
的原則，結束有關爭論，草簽「文書驗證」與「掛號函件」兩項協
議，並展開「辜汪會談」籌備工作。[7]1993 年 4 月 27-29 日，辜汪會
談在新加坡舉行，兩會簽署四項協議：關於公證書查證、掛號函件
查詢、兩會聯繫與會談制度、及辜汪會談共同協議（包括該年度預
計兩會協商議題、兩岸經濟交流、兩岸能源資源開發與交流、及兩
岸文教科技交流）。

　　雖然兩岸在事務性議題開始進行協商，但是在國際上的衝突卻是
愈演愈烈。1980 年代末期，台灣開始進行務實外交，甚至從 1993 年 5

---

[6]　蔡慧貞，〈監院調查：兩岸密使往還　歷時三年〉，《中國時報》，2001 年 1
月 22 日，版 1。何振忠，〈蘇志誠：接觸三十多次，精彩的在 92 年以後〉，
《聯合報》，2000 年 7 月 21 日，版 3。黃越宏、尹乃菁，〈鄭淑敏：扮李江
熱線窗口　直到李卸任前〉，《中國時報》，2000 年 7 月 20 日，版 2。

[7]　當時，北京與台北互不接受雙方對於「一個中國」的定義；而且北京擔心
簽署關於兩岸對於「一個中國」的不同定義時，便是承認兩個中國，所以
不願意在雙方提案上簽字。最後，海協會人員回到北京之後，再以傳真給
台北的海基會表示，兩岸都堅持「一個中國」，但是內涵方面不予討論。此
後，台北認為北京接受或至少諒解台北對於「一個中國」的不同定義，但
是北京認為堅持「一個中國」才是重點，而北京又以自己對於「一個中國」
的定義強加於台北，以致引發雙方的爭議至今。至少，在當時，北京在「一
個中國」的定義上願意讓台北有解釋的空間，使兩岸協商能順利進行。白
德華，〈中共對台政策急轉彎〉，《工商時報》，1998 年 8 月 6 日，版 10。前
陸委會官員，2002 年 7 月 16 日，訪談。前國台辦資深官員，2002 年 7 月
16 日。中國外交官，2002 年 8 月 28 日，訪談。

月起開始推動參與聯合國。[8]中國為了強化她在國際上推行「一個中國」原則的正當性與圍堵台灣的外交空間，在 1993 年 8 月底發表第一份對台政策白皮書——「台灣問題與中國統一」。在白皮書中，北京第一次引用大量的歷史史實說明台灣自古以來就是中國領土的一部份，同時全面性地闡述中國在台灣問題的立場。白皮書強調，兩岸應該盡早針對結束敵對狀態、和平統一進行談判；而且在「一個中國」原則下，什麼問題都可以談。此外，白皮書也駁斥台灣的務實外交之立場與行為，並且清楚地提出中國政府對於台灣發展對外關係的立場，特別是反對台灣參與聯合國。

　　1995 年 1 月，江澤民發表「為促進祖國統一大業的完成而繼續奮鬥」的講話，簡稱為「江八點」，重點包括堅持「一個中國、和平統一」、不反對台灣同外國發展民間性經濟文化關係、兩岸進行結束敵對狀態的政治談判、中國人不打中國人、擴大兩岸經貿交流、兩岸協商台商投資保障協議、兩岸都不要以政治分歧干擾經濟合作、兩岸共同發揚中華文化、北京會尊重台灣人民的生活方式與當家作主的願望、及兩岸領導人互訪等等。

　　1995 年 6 月初，台灣總統李登輝訪問美國，隨後中國開始對台灣進行一連串的文攻武嚇。首先，中國中止預定在該年於台灣舉行的第二次辜汪會談，同時召回中國駐美國大使李道豫。緊接著，中國嚴厲批判李登輝的言論與行為是在製造「兩個中國」或「一中一台」，並且譴責美國沒有遵守「一個中國」原則。[9]國務院總理李鵬甚至批評李登輝的根本目的是「要把台灣從中國分裂出去，就是搞台灣獨立。」[10]

---

[8]　中華民國外交部在 1993 年 5 月 17 日發表「中華民國參與聯合國」專文，說明政策之緣由及目標。

[9]　新華社評論員，〈美國究竟要把中美關係引向何方？〉，《人民日報》，1995年 6 月 18 日，版 1。

[10]　梁寶華，〈李鵬：軍事恐嚇行動是反台獨〉，《工商時報》，1996 年 1 月 31日，版 2。

其次，從 1995 年 7 月到 1996 年 3 月，中國針對台灣發動六波軍事演習，包括將飛彈試射到台灣兩大國際海港附近。整體而言，北京軍事演習的目的有五：一、表達對台灣與美國政策的不滿；二、強迫台灣領導人接受「一個中國」原則，或者放棄進一步推動台獨的活動，也就是務實外交；三、嚇阻台灣領導人正式宣佈獨立；四、影響台灣的總統大選，壓低李登輝的得票率；五、要求美國公開而堅定地反對「台獨」。[11]

在 1996 年大選結束之後，由於中國沒有達到預期影響台灣選舉的目的，李登輝依然高票當選，中國開始採取「冷處理」的對台政策，即不恢復海基會與海協會的兩岸對話，但也不再對台灣採取明顯的軍事恫嚇。北京重申，「一個中國」原則是兩岸協商的前提，並宣稱要對台灣領導人「聽其言、觀其行」，要求台灣放棄務實外交，在行動上回到「一個中國」的立場。

事隔將近一年半，從 1997 年 9 月「十五大」以後，中國開始積極推動兩岸在「一個中國」原則下，就兩岸正式結束敵對狀態進行政治談判。在進入正式談判之前，中國希望兩岸先進行政治談判的程序性商談，以解決政治談判的議題、名義、及地點等問題。在 1998 年初紀念「江八點」的座談會上，國務院副總理錢其琛強調，促進兩岸政治談判是現階段全面推進兩岸關係的關鍵，實現政治談判就能為解決兩岸經濟性、事務性問題創造條件。因此，他建議兩會應該擴大交流接觸，及早實現政治談判的程序性商談。在同一場合，國台辦主任陳雲林指出，只要台灣明確表示同意進行兩岸政治談判及其程序性商談的誠意，中國隨時可以授權海協會與台灣方面進行商談。

1998 年 2 月 24 日，海協會發函歡迎辜振甫於適當時機到中國訪問，但指明兩會應先談政治談判的程序性事宜，才能重開經濟性、事

---

[11] Chen-yuan Tung, *China's Economic Leverage and Taiwan's Security Concerns with Respect to Cross-Strait Economic Relations*. (Diss., Johns Hopkins University, 2002), pp. 234-45.

務性議題商談。儘管台北沒有明確答應要與北京進行政治談判的程序性協商，更沒有答應要回到「一個中國」原則，6月25日，海協會卻正式邀請辜振甫到中國參訪、並與汪道涵會晤。10月14-18日，辜振甫率團到中國訪問，並在上海會晤汪道涵、在北京會晤江澤民與錢其琛。兩岸在辜汪會晤上達成四項共識：一、兩會決定進行包括政治、經濟等各方面內容的對話；二、進一步加強兩會間多層次的交流與互訪；三、對涉及兩岸同胞生命財產安全的事件，兩會加強對個案的協助；四、汪道涵願意在適當時機到台灣訪問。

　　正當汪道涵準備訪問台灣之際，李登輝於1999年7月9日發表「兩國論」。北京再度停止汪道涵赴台灣訪問的規劃與兩會的互動，並且再次對台灣進行文攻武嚇。國台辦發言人批評：「李登輝公然將兩岸關係扭曲為『國與國的關係』，再一次暴露了他一貫蓄意分裂中國的領土和主權、妄圖把台灣從中國分割出去的政治本質，與『台獨』分裂勢力的主張一致，在分裂祖國的道路越走越遠。」[12]7月中、下旬，上百架次的中國先進戰機飛近台海中線，騷擾台灣的防衛，打破過去幾十年的兩岸默契。在8月初，中國宣布試射遠程地對地導彈成功，香港媒體又連番報導福建沿海解放軍已進入備戰狀態。

　　隨後，在2000年2月下旬，中國發表第二份對台政策白皮書：「一個中國原則與台灣問題」。白皮書主要強調：「一個中國」原則是實現兩岸和平統一的基礎和前提、中國反對「公民投票」、「兩德模式」、反對兩岸是「民主和制度之爭」的說詞、及在「一個中國」原則下，兩岸什麼問題都可以談。[13]此外，白皮書提出對台動武的三項原則（三個「如果」）：如果出現台灣被以任何名義從中國分割出去的重大事變，

---

[12] 人民日報，〈中共台辦國務院台辦發言人發表談話〉，《人民日報》，1999年7月12日，版4。

[13] 2000年初，錢其琛在「江八點」五週年座談會上補充說，所謂「什麼問題都可以談」包括兩岸正式結束敵對狀態、三通、兩岸加入世貿組織後的經貿關係、台灣的國際活動空間、及台灣的政治地位。

如果出現外國侵佔台灣，如果台灣當局無限期地拒絕通過談判和平解決兩岸統一問題。其中，第三個「如果」是中國第一次對台灣提出的動武原則。

2000 年 3 月 18 日，台灣將舉行第二次總統直接民選投票，中國再次試圖透過軍事威脅影響台灣選舉。2 月 25 日，國台辦發言人暗示，如果陳水扁當選總統，兩岸將發生戰爭。[14] 3 月 14 日，離台灣總統大選只有四天，中國外交部發言人威脅，如果北京不喜歡台灣的選舉結果（也就是陳水扁當選），中國將採取強烈的行動。[15] 3 月 15 日，朱鎔基總理在記者會上警告：中國人民「是以鮮血和生命捍衛祖國的統一和民族的尊嚴、現在台灣人民面臨了緊急的歷史時刻，何去何從，切莫一時衝動，以免後悔莫及、離選舉還有三天，世事難測，台灣同胞，您們要警惕啊。」[16]

3 月 18 日，陳水扁當選為台灣的下任總統，這樣的結果絕不是北京所樂見的。然而，北京並沒有對台灣採取強烈的動作，反而是對陳水扁採取非常低調的「聽其言、觀其行」之回應。不僅如此，從陳水扁在 2000 年 3 月 18 日當選台灣總統一直到 2002 年 7 月 24 日，北京從沒有在官方的媒體直接點名批判陳水扁總統。[17]

相反的，北京開始採取一系列對台灣較為寬鬆的政策。首先是中國採取更為寬鬆的「一個中國」定義。在「江八點」中，所謂「一個中國」指的是「世界上只有一個中國，台灣是中國不可分割的一部份，

---

[14] 王銘義，〈大陸國台辦：白皮書不存在最後通牒問題〉，《中國時報》，2000 年 2 月 26 日，版 3。

[15] "AFP: PRC FM Spokesman Warns Taiwan on Election Result," Hong Kong AFP, March 14, 2000, in FBIS-CHI-2000-0314.

[16] 賴錦宏，〈沒有兩國論拋出　就沒有白皮書發表〉，《聯合報》，2000 年 3 月 16 日，版 3。

[17] 2002 年 7 月 25 日，新華社首次點名批判陳水扁，抨擊他在接任民進黨主席時說「台灣要走自己的路」。王綽中，〈新華社首次點名批判陳總統〉，《中國時報》，2002 年 7 月 26 日，版 11。

中國的主權和領土完整不容分割。」不過，「江八點」也強調，這樣做，當然不會、也不容許損害中華人民共和國政府在國際上是代表中國唯一合法政府的地位。在 2000 年 2 月的「一個中國的原則與台灣問題」白皮書中，中國仍沿用「江八點」關於「一個中國」的定義。

到了陳水扁就任總統之後，北京修正「一個中國」定義如下：堅持世界上只有一個中國，中國的主權和領土完整不容分割。「一個中國」在國際上當然以中華人民共和國是唯一合法政府，但在處理兩岸關係上，「一個中國」可以不是指中華人民共和國，台灣和大陸都是中國的一部份。這樣的說法非常類似過去台北在國統綱領裡的定義，也是北京過去一直無法接受的。如今陳水扁上台之後，中國反而願意接受。這個新定義在錢其琛於 7 月中會見台灣的訪客時被確認，之後錢其琛在對外說明時，便一直採用「一個中國」的新定義。[18]在 2002 年 11 月召開的中共十六大會議上，江澤民在他的政治報告中明確指出，「世界上只有一個中國，大陸和台灣同屬一個中國，中國的主權和領土完整不容分割」。這是中共第一次將新定義納入正式文件中。[19]

其次，「一個中國」原則不再是「三通」談判的前提。在 2000 年 8 月以前，中國要求台灣必須回到「一個中國」的原則，兩岸才有可能談「三通」；在 2000 年 8 月以後，錢其琛開始強調，實現「三通」不一定要解決兩岸政治問題，只要把兩岸「三通」看作是一個國家內部的事務，即可以用民間對民間、行業對行業、公司對公司協商的辦法，不談一國或是兩國，雙方的船隻往來不掛旗，即可簡單解決；到了 2002 年 7 月，錢其琛更進一步明確地表示，只要把三通「看做是一

---

[18] 謝孟儒，〈錢其琛：兩岸對等　都是中國〉，《中國時報》，2000 年 7 月 19 日，版 4。謝孟儒，〈錢其琛：大六、台灣同屬一個中國〉，《中國時報》，2000 年 8 月 26 日，版4。

[19] 王綽中、陳重生，〈江澤民：一中下都可談〉，《中國時報》，2002 年 11 月 9 日，版 1。

個國家的內部事務」，儘早可以實施，不需涉及「一個中國」的政治含義；只要台灣有關民間行業組織得到委託，三通協商就可以進行。他認為，政治問題有分歧不能迴避，「但那是兩岸上談判桌的事；兩岸談判與兩岸三通，不是一個範疇的事。」也就是說，「一個中國」原則不再是「三通」談判的前提。[20]

然而，錢其琛的建議馬上被陳水扁拒絕，認為「國家內部的事務」仍不脫「一個中國」的定位，會使台灣地方化、邊緣化。為此，錢其琛在 2002 年 10 月再提出新的說法，將兩岸通航明確定位為「兩岸航線」，同時願意與台灣總統大選脫鉤，不考慮「三通」是否有助於陳水扁連任總統。[21]

除了「三通」談判之外，江澤民在「十六大」政治報告中提出，「在一個中國原則的基礎上，暫時擱置某些政治爭議，儘早恢復兩岸對話與談判」。他強調，在一個中國的前提下，兩岸「可以談正式結束兩岸敵對狀態的問題，可以談台灣地區在國際上與其身份相適應的經濟文化社會活動空間的問題，也可以談台灣當局的政治地位等問題。」[22]北京所表達的「擱置政治爭議」與「三個可以談」確實展現它自認為對台灣的善意。不過，「一個中國」的前提便是兩岸最大的爭議，同時台灣政治地位及其國際活動空間成為兩岸談判的標的，只要開始談判，台灣便失去談判籌碼，因此台灣不願意接受中國的提議。

---

[20] 羅嘉薇、周德惠、仇佩芬，〈錢其琛：談三通　可不涉一中〉，《聯合報》，2002 年 7 月 6 日，版 1。

[21] 聯合報系採訪團，〈錢其琛：推動三通　無關下屆總統大選〉，《聯合報》，2002 年 10 月 17 日，版 4。

[22] 徐尚禮，〈比較 14 大、15 大　江澤民 16 大報告對台著墨更多〉，《中國時報》，2002 年 11 月 9 日，版 2。

二、中國對台政策的特徵

　　從政策文獻看，中國現階段對台政策的目標為「一個中國」、「和平統一」、與「一國兩制」，也就是在國際上只有一個中國，兩岸要透過和平的方式統一，而且是統一在「一國兩制」的架構下。除此之外，兩岸關係的穩定與兩岸經濟交流的利益也是中國的政策目標，將在下一節中詳細討論。為達到上述政策目標，中國採取「內外兼施」與「軟硬兩手」的策略。所謂「內外兼施」指的是「分化內部」（分化台灣內部）與「聯外制台」（聯合外在力量箝制台灣）的策略。所謂「軟硬兩手」，硬的一手指的是武力威脅，軟的一手指的是兩岸經貿交流。

分化內部

　　北京過去慣用統戰策略，包括聯合次要敵人、打擊主要敵人，以及聯合被統治階級、反抗統治階級，藉此逼迫對手作出讓步。自 1979 年以來，中國的對台策略有兩個「寄希望」──寄希望於執政當局、更寄希望於台灣人民──即是統戰策略的運用。此外，北京也試圖聯合台商，逼迫台灣當局改變禁止「三通」的政策、及支持「統一」。北京希望聯合台灣人民（以民逼官）、台商（以商圍政），反對台北的立場與政策，以達到北京的政策目標。

　　在陳水扁總統執政之後，由於在野黨（國民黨、親民黨、與新黨）在國會裡仍佔多數，中國更加強調聯合台灣的在野勢力，對抗執政的民進黨。國台辦在評論台灣兩千年總統大選結果時便表示，中國官方「願意同一切贊同一個中國原則的台灣各黨派、團體和人士交換有關

兩岸關係和和平統一的意見。」[23]在兩會無法恢復對話、協商的情形下，北京刻意與陳水扁政府及民進黨保持距離，反而與在野黨保持密切的交流，藉此達到孤立陳水扁政府的目的，以施壓陳水扁總統在「一個中國」原則上讓步。

聯外制台

「聯外制台」的策略大致可以分為六類：一、要求國際社會支持「一個中國」原則；二、要求強權不干預台海問題；三、要求強權不出售武器給台灣；四、圍堵台灣的外交及加入國際組織的活動；五、要求強權施壓台灣在「一個中國」的原則下與中國談判；六、要求強權施壓台北改變政治立場或不要發表刺激中國的言論。從 1996 年以後，中國不斷強調要與主要大國建立「戰略伙伴」的關係，其目的即是要彰顯中國的國際戰略地位，運用此優勢，讓主要大國遵守「一個中國」原則，同時要求主要大國施壓台灣接受「一個中國」原則、並且進行兩岸政治談判。例如，在李登輝的「兩國論」之後，江澤民於1999 年 8 月初致函美國總統柯林頓，要求美國施壓台灣在「一個中國」前提下與北京談判。[24]

陳水扁在 2002 年 8 月 3 日表示海峽兩岸是「一邊一國」。北京便不斷地向美國施壓，希望美國能施壓台北不要再發表刺激中國的言論，甚至施壓台北改變既有的政治立場。[25]此外，中國不斷要求美國保證其對台政策必須符合「一個中國」的政策架構；並且要求美國不

---

[23] 吳佩蓉，〈中共聲明：聽言觀行台灣新領導人〉，《中央日報》，2000 年 3 月 19 日，版 4。

[24] 冉亮，〈江澤民致函柯林頓對台施壓碰了個軟釘子〉，《中國時報》，1999 年 8 月 20 日，版 10。Swaine, "Chinese Decision-Making," pp. 329.

[25] David G. Brown, 2002/3rd Quarter. "China-Taiwan Relations: Chen Muddies Cross-Strait Waters," *Comparative Connections*, Vol. 4, No. 3, pp. 67.

要太過支持台灣，避免給台灣錯誤的訊號，宣佈台獨。[26]鑑於過去經驗，北京認為透過美國施壓台灣遠較軍事威脅台灣更加有效。[27]

　　同時，北京也希望藉由和平與穩定的訴求，敦促國際社會施壓台灣回到「一個中國」的立場，以防止兩岸衝突或戰爭的爆發，甚至利用國際壓力促使台灣接受兩岸統一。例如，北京在譴責台北的「兩國論」與「一邊一國論」時，都不斷強調台北的政策「將危及亞太地區的和平與穩定」。因此，中國希望美國為台海地區的的和平穩定發揮建設性作用，制止台灣獨立的活動、要求台灣回到「一個中國」原則。[28]在陳水扁當選總統、錢其琛發表新的「一個中國」定義之後，中國學者也到美國宣傳中國對台政策轉變的善意，同時希望美國能催促陳水扁接受「一個中國」原則、進行兩岸協商，以穩定東亞局勢、促進世界和平。[29]江澤民在 2002 年 10 月訪問美國時也提出：「中國早日完成統一，有利促進亞太和世界的和平與穩定，有助於中美關係的穩定發展。」[30]

硬的一手

　　自 1955 年以來，中國雖然不再強調以武力解決兩岸問題，但都不願意承諾放棄對台灣使用武力。北京認為，「不排除使用武力」及「軍

---

[26] Bonnie S. Glaser, "U.S.-China Realtions: Playing Up the Positive on the Eve of the Crawford Summit," *Comparative Connections*, Vol. 4, No. 3, 3rd Quarter 2002, pp. 27-28. 康章榮，〈國台辦副主任周明偉：中共結束對陳水扁觀察期 對其不再懷抱任何幻想〉，《工商時報》，2002 年 10 月 1 日。

[27] 作者在中國學者座談會上的紀錄，2002 年 10 月 9 日。

[28] 人民日報，〈一個中國是無可爭辯的事實〉，《人民日報》，1999 年 8 月 13 日，版 3。朱建陵，〈國台辦反應：台灣應即停止一切分裂活動〉，《中國時報》，2002 年 8 月 6 日。王綽中，〈美副國務卿阿米塔吉：美堅持一中政策 不支持台獨〉，《中國時報》，2002 年 8 月 27 日，版 11。

[29] 作者對中國學者拜會約翰霍普金斯大學的發言筆記，2000 年 9 月 25 日。

[30] 連雋偉，〈江澤民強烈希望儘早三通〉，《工商時報》，2002 年 10 月 26 日。

事威脅」是中國的有利戰略，其目的在於「以戰促談、以戰脅民、以戰逼讓、以戰止戰」（見下文分析）。1995-96年，在李登輝訪美之後，中國針對台灣舉行多次軍事演習，希望藉由「戰爭邊緣策略」嚇阻台灣繼續推展務實外交及嚇阻美國繼續支持台灣獨立活動。1999-2000年，針對李登輝的「兩國論」，中國再次進行部份軍事動員及利用戰機在海峽中線騷擾台灣。中國除了透過有形的軍事演習與動員之外，更重要的是，北京透過香港媒體釋放大量軍事動員與兩岸戰爭危機的訊息，以達到心理戰（不戰而屈人之兵）的目的。[31]

軟的一手

軟的一手是指透過兩岸經貿交流達成「以經濟促進統一」與「發展中國經濟」雙重目標。首先，北京主觀認為加強兩岸經濟聯繫有助於和平統一。中國在1979年的「關於展開對台灣貿易的暫行規定」中明確指出：「對台灣貿易是台灣回歸祖國過渡期間的一種特殊形式的貿易，為了促進大陸與台灣的經濟聯繫，團結爭取台灣工商界人士，為統一祖國創造條件」。中國在1990年的一份「內部文件」中指出：「在經濟交往的過程中，未來台灣地區的政治將出現一群和大陸具有密切關係的利益集團」，「發展兩岸經貿關係，對促進祖國和平統一具有決定性的作用」。[32]國家主席楊尚昆在1992年「全國對台工作會議」上談到：「要以發展〔兩岸〕經濟關係影響〔台灣〕政治，以民間影響官方」（簡稱「以商圍政」、「以民逼官」）。[33]

---

[31] John W. Garver, 1997. *Face Off: China, the United States, and Taiwan's Democratization.* Diss., University of Washington Press, Seattle, pp. 118. 蔡祺昌〈中共在台海心戰的特色〉行政院大陸委員會 2000 年〈http://www.mac.gov.tw/mlpolicy/mwreport/8903/1-3.htm〉.

[32] 高長，《大陸經改與兩岸經貿關係》。（台北：五南出版社，1994年），頁115。

[33] 高長，《大陸經改與兩岸經貿關係》，頁128。

　　第二，在 1978 年以後，中國亟需利用台灣資金與技術發展自己的經濟，因此中國希望兩岸都避免以政治敏感問題作為兩岸經貿交流與合作的前提。[34]在「江八點」中，北京明確地表示「不以政治分歧去影響、干擾兩岸經濟合作。」在 1995-96 年與 1999-2000 年兩次台海緊張中，中國政府不斷強調，兩岸經貿交流與合作不應該受到兩岸政治分歧的干擾。同時，上至中央最高領導，下至地方涉台官員，都不斷安撫台商，表示會繼續保護台商在中國的一切合法權益。由於擔心過度對台灣軍事威嚇會嚇走台商，中國甚至強調軍事演習只不過是演戲而已，並向台商保證兩岸絕對不會有軍事衝突，以致軍事威脅的效果大打折扣。由此可見，中國對於兩岸經貿交流利益的重視程度已經到不惜影響對台軍事威嚇的效應。[35]

三、影響中國對台政策的重要變數

中國國內因素

　　自從 1978 年以後，中國的國家目標便以發展經濟建設為中心，對內進行經濟改革、不再搞階級鬥爭，對外實行門戶開放政策、不再搞革命輸出。中國需要長期的國內穩定與國際和平環境以發展經濟。表現在對台政策上，北京希望透過兩岸協商達成「和平統一」、不願意對台灣使用武力、希望維持兩岸的穩定、希望借助台灣的資金與技術發展中國經濟。1984 年 10 月，鄧小平清楚地解釋道：「絕對不能輕易（對台）使用武力，因為我們精力要花在經濟建設上，統一問題晚一些解

---

[34] 張所鵬，〈兩岸關係發展乃充滿變數〉，《中國時報》，1993 年 1 月 6 日，版 10。
[35] Tung, *China's Economic Leverage*, pp. 255-63, 374-89.

決無傷大局。我們要記住這一點，我們的下一代要記住這一點。這是一種戰略考量。」[36]1992 年，唐樹備明確指出，兩岸迫切需要進行經濟發展，兩岸應致力於「確保」以和平方式──而不是其他方式──來解決中國統一的問題。[37]

此外，在經歷二十多年的經濟高增長率，中國沿海各省的領導人與人民普遍不希望兩岸發生衝突與戰爭，以免傷害中國經濟發展的成果與兩岸經貿交流的利益。[38]在 1995-96 年與 1999-2000 年台海緊張時，中國沿海各省普遍向北京表達不希望兩岸發生衝突，並且極力安撫台商、及提供台商更多優惠的政策，以確保台商在當地的投資與經營不受影響。[39]在 1999 年 7 月「兩國論」之後，為了穩定兩岸關係、安撫台商，北京在當年 8 月便宣布延宕已久的「台商投資保護法實施細則」即將出台。[40]一位上海的國際關係資深學者便表示：「大陸各地方的力量愈來愈大，廣東、上海、福建都希望與台灣經貿往來，不希望兩岸衝突。」[41]一位北京的國際關係學者強調：「兩岸經貿利益使大陸逐漸採取較溫和的對台政策。」[42]另外一位北京的國際關係學者也同意：「民進黨執政一年來，大陸沒有做出更強烈的反應，除了大陸要申辦奧運之外，兩岸經貿利益是大陸重要考量的因素。大陸在處理撞機、誤炸事件時，經濟利益也是主要的考量。」[43]連一向對台灣立場

---

[36] 王綽中，〈從鄧小平到江澤民的『統一時間表』〉，《中國時報》，1999 年 10 月 19 日，版 3。

[37] 張所鵬，〈兩岸關係發展乃充滿變數〉，《中國時報》，1993 年 1 月 6 日，版 10。

[38] 多位上海國際關係學者，2001 年 6 月 15、21 日、7 月 3 日，訪談。江蘇涉台資深官員，2001 年 7 月 5 日，訪談。多位北京國際關係學者的訪談，2001 年 7 月 9、12、16、29 日，訪談。山東涉台人員，2002 年 7 月 13 日，訪談。

[39] Tung, *China's Economic Leverage*, pp. 389-425.

[40] 王綽中，〈政協　兩岸爭奪台商新戰場〉，《中國時報》，2002 年 8 月 24 日，版 11。

[41] 上海國際關係資深學者，2001 年 6 月 26 日，訪談。

[42] 北京國際關係學者，2001 年 7 月 12 日，訪談。

[43] 北京國際關係學者，2001 年 7 月 19 日，訪談。

較為強硬的中國學者辛旗都表示：「大陸絕不希望、也不會挑起戰爭，大陸希望有和平發展的機會」。[44]

中國為了穩定兩岸關係，從 1990 年底開始與台灣的代表會面、協商，直到李登輝在 2000 年卸任為止。包括李登輝訪美、中國對台導彈威脅、與兩國論期間，李登輝與江澤民一直維持著秘密的熱線管道，兩岸對這些問題都有一定程度的溝通。[45]在 1991 年 2 月，楊尚昆的代表楊斯德向蘇志誠表示：「希望台灣當局把中共定位為友黨，將來停止軍事對峙、停止一切敵對行動」。[46]北京想要穩定兩岸關係、專心發展經濟的企圖表現無遺。雖然中國兩次對台灣進行大規模的文攻武嚇，北京方面卻向台北的密使表示可以理解台灣的作法，但是「該罵的還是要罵，就忍著點吧！」[47]蘇志誠在多次的會談中便體悟到，「中共對李總統作為多所反彈，實則是『假動作』，中共在檯面上講的都是假話。」[48]可見，對台灣的言詞抨擊、軍事威嚇只不過是為了卸去中國內部對領導人批評的壓力；最終，北京還是希望藉由兩岸溝通穩定兩岸關係。

2000 年 3 月，陳水扁的上台絕對不是中國所期待，但是江澤民、朱鎔基、錢其琛都表示不能對台使用武力，以免危害中國的經濟發展。[49]6 月 9 日，江澤民在中央黨校發表演說時公開強調，雖然中國

[44] 辛旗，在中國青島舉辦的「第十一屆兩岸關係學術研討會」上的發言，2002 年 7 月 10 日，中國社會科學院台灣研究所主辦。

[45] 黃越宏、尹乃菁，〈鄭淑敏：扮李江熱線窗口　直到李卸任前〉，《中國時報》，2000 年 7 月 20 日，版 2。何振忠，〈蘇志誠：接觸三十多次，精彩在 92 年以後〉，《聯合報》，2000 年 7 月 21 日，版 3。

[46] 中國時報，〈蘇志誠與中共代表九會香港〉，《中國時報》，2000 年 7 月 19 日，版 3。

[47] 尹乃菁，〈鄭淑敏：差一點就見到江澤民〉，《中國時報》，2000 年 7 月 21 日，版 2。

[48] 蔡慧貞，〈蘇志誠：密談內容供李個人參考〉，《中國時報》，2001 年 1 月 22 日，版 2。

[49] 經濟日報，〈江澤民提對台基本政策 16 字方針〉，《經濟日報》，2000 年 4 月 6 日，版 11。徐尚禮，〈錢其琛：盡快三通　葉菊蘭：需平等互惠〉，《中國時報》，2000 年 5 月 27 日，版 1。

面對南斯拉夫使館被炸、台灣提出「兩國論」、及陳水扁當選為台灣
總統等事件，但是中國仍將堅持鄧小平的理論，堅定不移地集中精
力發展經濟。[50]在 2000-01 年，中國開始對「一個中國」的定義作出
調整，讓台灣較容易接受「一個中國」原則，甚至託美國方面向台
灣傳話，希望陳水扁派密使與中國進行秘密談判。這些都說明中國
希望穩定兩岸關係，以促進中國經濟的發展。[51]

　　2001 年以後，除了要集中精力發展經濟，同時還要處理棘手的「十
六大」領導人接班的問題，因此北京在處理兩岸問題時顯得更加彈性，
希望兩岸問題不要困擾北京領導人。[52]2002 年初，國台辦副主任周明
偉便在華府提出「減少爭議而非擴大爭議、務實、雙贏與穩定為先」
等四項中國對台政策的原則。[53]隨後，錢其琛說要擴大與民進黨打交
道，及建立兩岸經濟合作機制。北京清華大學教授楚樹龍與中國社會
科學院台灣研究所副所長周志懷都認為，中國顯然想嘗試打破兩岸關
係的僵局，穩定兩岸關係，減少兩岸問題對大陸發展的困擾。[54]北京
太平洋國際戰略研究所副所長金燦榮明白指出，中國對「一邊一國論」
反應不如預期激烈，除了美國已經表態不支持台獨外，中國面臨權力
接班，也讓領導人無暇他顧。[55]

---

[50] 工商時報，〈中共仍將以經濟建設為中心〉，《工商時報》，2000 年 7 月 18
日，版 11。

[51] 廈門台灣研究資深學者，2001 年 6 月 6 日，訪談。北京資深經濟學者，2001
年 8 月 7 日，訪談。傅建中、劉添財、林志成，〈汪道涵曾透過美方請陳總
統派密使談判〉，《中國時報》，2001 年 11 月 11 日，版 1。

[52] 台灣新聞報，〈北京目前對台政策展現較多彈性〉，《台灣新聞報》，2002 年
1 月 11 日，版 2。上海國際問題學者，2002 年 7 月 17 日，訪談。

[53] 張宗智，〈中共為新兩手策略暖身〉，《聯合報》，2002 年 1 月 20 日，版 4。

[54] 中央日報，〈中共對台政策有新意　縮小拒絕往來戶範圍〉，《中央日報》，
2002 年 1 月 28 日，版 7。周志懷在香港「大中華經濟體整合」國際會議上
的發言，2002 年 6 月 27、28 日，中國留美經濟學會主辦。

[55] 王綽中，〈北京加大對台外交戰力度〉，《中國時報》，2002 年 8 月 21 日，版 11。

　　其實，兩岸問題在中國領導人心目中的份量非常輕微，大部分時間都專注在權力接班、經濟發展、及其他國內的問題。只要台灣不出現過度「刺激」中國的狀況，例如李登輝訪美、李登輝的「兩國論」、或陳水扁的「一邊一國論」，中國寧可將兩岸問題放在一邊，全力發展經濟、解決內部困難。[56]在 1990 年代以後，雖然中國經濟成長率表面上表現一直非常亮麗，但是中國內部的經濟、社會、與政治問題一直非常嚴峻，中國領導人承受非常大的壓力。中國在 2001 年底加入世界貿易組織（WTO）之後，面對的經濟問題更加棘手，唯有經濟持續快速成長，中國內部的問題才有望疏解。[57]

　　例如，在北京內部開會時，朱鎔基都不提施政績效，而是強調中國還有很多問題有待解決，因為他很清楚中國還有很多問題。[58]在 2002 年的記者會上，朱鎔基甚至公開地表示，如果在 1998 年以後中國政府「不是採取積極的財政政策和穩健的貨幣政策，中國經濟也許垮了。」[59]2002 年 7 月，錢其琛表示「一個中國」不再是「三通」的前提，雖然中國領導人有其政績的考量，但主要還是著重於以兩岸經貿交流促進中國的經濟發展。[60]隨後，錢其琛也向台灣「山盟」訪問團解釋，中國的困難還很多，目前最需要的是和平與穩定。[61]

---

[56] 福建涉台官員，2001 年 6 月 6 日，訪談。上海經濟學家，2001 年 6 月 13 日，訪談。多位上海美國研究資深學者，2001 年 6 月 21 日、7 月 4 日，訪談。上海涉台官員，2001 年 6 月 28 日，訪談。多位北京國際關係學者，2001 年 7 月 10、19 日，8 月 10 日，訪談。北京台灣研究學者，2001 年 7 月 29 日，訪談。福建資深官員，2002 年 7 月 3 日，訪談。北京台灣研究資深學者，2002 年 7 月 8 日，訪談。吳能遠，福建社會科學院台灣研究所所長，在中國青島舉辦的「第十一屆兩岸關係學術研討會」上的發言，2002 年 7 月 9 日，中國社會科學院台灣研究所主辦。上海國際問題資深學者，2002 年 7 月 17 日，訪談。張聖岱，〈台灣問題、中美關係　經常被放大〉，《聯合報》，2002 年 1 月 20 日，版 4。

[57] Tung, *China's Economic Leverage*, pp. 294-365.

[58] 北京台灣研究資深學者，2002 年 7 月 9 日，訪談。

[59] 人民日報，〈朱鎔基總理答中外記者會〉，《人民日報》，2002 年 3 月 16 日，版 1。

[60] 由於「三通」為中國在 1979 年提出的政策目標，中國領導人也可以此在兩岸

　　兩岸問題在中國領導人心目中的優先性也可以從「統一時間表」看出一些端倪。1973 年，毛澤東對季辛吉說：「我們可以暫時不要台灣，過一百年再去管他。」可見，毛澤東為了解決中美關係，兩岸問題可以擱置，不需要在短期間解決。到了 1980 年代，鄧小平將「統一問題」設定為中國在八〇年代的三大任務之一，力爭在八〇年代達到這項目標，似乎「統一問題」變得很急迫。但是，到了九〇年代，鄧小平改稱，統一可以等，一百年總會解決，又說「五百年不統一，一千年還是要統一。」[62]在九〇年代以後，以江澤民為核心的中國第三代領導也不免俗地表示，兩岸統一問題是不能久拖不決、是更加迫切地擺在全體中國人面前。尤其是，台灣走向「獨立」的態勢愈來愈清晰，再加上香港、澳門的主權回歸中國，讓第三代領導有更大的壓力與急迫感要統一台灣。儘管如此，北京都沒有具體提出統一的時間表。

　　第三代領導曾經暗示「統一時間表」的場合有二：一、1999 年 10 月，江澤民在接受英國媒體專訪時表示：「中國現代化建設的目標是，在下世紀中葉，基本上實現現代化、最終解決台灣問題，完成祖國統一大業。」[63]然而，北京馬上否認江澤民提出「統一時間表」，連忙解釋外界誤解江澤民的說法、北京對台政策沒有變。[64]二、中國在 2000

問題上對內交代。北京國際關係學者，2001 年 7 月 12 日，訪談。廈門大學資深經濟學家，2002 年 7 月 8 日，訪談。北京台灣研究資深學者，2002 年 7 月 8 日，訪談。多位北京台灣研究資深學者，2002 年 7 月 9、16 日，訪談。

[61] 羅嘉薇、仇佩芬，〈錢其琛肯定兩會功能〉，《聯合報》，2002 年 7 月 6 日，版 1。

[62] 民眾日報，〈北京謀台心急如焚〉，《民眾日報》，2000 年 8 月 10 日，版 10。王綽中，〈從鄧小平到江澤民的『統一時間表』〉，《中國時報》，1999 年 10 月 19 日，版 3。

[63] 徐東海，〈北京公布泰晤士報專訪江澤民達問中文版〉，《聯合報》，1999 年 10 月 20 日，版 13。

[64] 中央日報，〈中共外交部：外界誤解了〉，《中央日報》，1999 年 10 月 20 日，版 10。

年 2 月的第二份對台政策白皮書中，提出對台動武的三原則，其中第三原則為「如果台灣當局無限期地拒絕通過談判和平解決兩岸統一問題」。[65]這項原則普遍讓台灣覺得中國對於統一有很強的急迫感，因此逼迫台灣儘速與中國針對統一問題進行談判。不過這項猜測一直無法得到中國方面的正面答覆。到了 2001 年 9 月時，錢其琛公開表示，只要台灣接受一個中國原則，中國對於統一問題是可以「耐心等待」。[66]這種說法完全否定了白皮書中所提的第三個「如果」，否定了關於統一急迫性的猜測。

　　如果統一不急迫，中國希望將心力專注於經濟發展、解決國內的問題，為何中國還不放棄對台灣使用武力？甚至有時還對台灣直接進行軍事威脅，威脅要對台灣動武？「江八點」明確指出，中國「不承諾放棄使用武力，絕不是針對台灣同胞，而是針對外國勢力干涉和搞『台灣獨立』的圖謀的。」[67]中國領導人曾在很多場合（包括對台灣與對國際社會）不斷地強調這項立場。[68]北京對於「不放棄使用武力」的解釋如下：一方面，對內使用武力涉及國家主權的問題，中國無須對外國做出承諾；另一方面，不放棄使用武力具有解決台海問題的戰略考量。所謂的戰略考量有四大目標：一、以戰促談；二、以戰脅民；三、以戰逼讓；四、以戰止戰。

　　「以戰促談」是以武力脅迫台灣與中國就兩岸統一問題談判。鄧小平說：「如果台灣當局永遠不與我們談判，怎麼辦？難道我們能夠放

[65] 中國時報，〈中共發表對台政策白皮書摘要〉，《中國時報》，2000 年 2 月 22 日，版 14。

[66] 元樂義，〈錢其琛：只要同意一中　大陸可以耐心等待〉，《中國時報》，2001 年 9 月 11 日，版 1。

[67] 行政院大陸委員會。《大陸工作參考資料》，頁 366-369。

[68] 〈中共對台政策與台灣現實〉，《九十年代》，第 319 期，1996 年 8 月，頁 59。聯合報，〈江澤民：中國和平統一　不能久拖〉，《聯合報》，1998 年 8 月 26 日，版 2。

棄國家統一？」[69]江澤民在接受專訪時表示：「如果中國承諾不使用武力，則和平統一中國將成為空話。」[70]在「一個中國的原則與台灣問題」白皮書中，中國提出動武的三原則，其中第三原則便是「如果台灣當局無限期地拒絕通過談判和平解決兩岸統一問題」，中國便會考慮對台灣使用武力。中國副總參謀長熊光楷也表示，大陸不承諾放棄使用武力，可以促成兩岸早日舉行政治談判。[71]所以北京希望透過軍事壓力，逼迫台灣上談判桌的意向，非常清楚。

「以戰脅民」是以武力威脅影響台灣選民的投票取向。在1995-96年，北京很明顯地將中國武力威脅歸咎於李登輝的台獨路線，強調如果李登輝繼續連任，兩岸可能會有更大的衝突，希望藉此威脅壓低李登輝的得票數。在1999-2000年大選中，北京暗示，如果陳水扁當選，兩岸很可能會有戰爭，藉此影響台灣選民的投票取向。在選前三天，朱鎔基還警告台灣選民，不要一時衝動支持陳水扁，以免後悔莫及。

「以戰逼讓」是以武力威脅逼迫台灣對中國作出政策讓步。在台灣2000年大選前一天，海協會常務副會長唐樹備表示，如果台灣新領導人堅持「台獨」、「台灣不是中國的一部份」、和「兩岸是兩個華人國家」，「那麼我們別無選擇」（要對台灣使用武力）。[72]大選後，國台辦主任陳雲林指出，希望陳水扁在520就職演講中，不要提出台獨主張，或稱兩岸為兩個華人國家，否則就等於用兩千三百萬人作為犧牲代價，後果「可怕極了」。[73]

---

[69] 中共中央台灣工作辦公室，《中國台灣問題》，頁83-4。

[70] 聯合報，〈江澤民：有權在統一上對台動武〉，《聯合報》，，1999年9月1日，版2。

[71] 元樂義，〈熊光楷：台獨勢力可能鋌而走險〉，《中國時報》，2001年9月12日，版6。

[72] 中央日報，〈唐樹備續嚴批台獨〉，《中央日報》，2000年3月17日，版3。

[73] 中央日報，〈陳雲林：陳水扁520就職演說具指標性〉，《中央日報》，2000年3月28日，版4。

　　「以戰止戰」是以武力威脅嚇阻台灣宣佈獨立或採取台獨的相關措施，以防止兩岸戰爭的爆發。在「江八點」中，江澤民指出，如果中國承諾不使用武力，只能使和平統一成為不可能，最終導致用武力解決問題。[74]從這個角度而言，北京認為，不放棄使用武力，有避免兩岸爆發戰爭的效果；如果中國放棄使用武力，台獨勢力在台灣和國際上會肆無忌憚、大幅擴張，將導致中國毫無選擇地對台灣動武。當然，北京是希望和平、不希望打仗的，所以必須「以戰止戰」。[75]

　　現階段，中國有無「以戰促統」（以戰爭促進統一）的可能呢？除了下面即將分析的國際因素之外，更重要的是中國目前將經濟建設視為國家發展的第一要務、遠比兩岸統一問題重要。所以，中國希望避免兩岸發生戰爭，這也是中國以戰止戰的目的。[76]不過，中國有無可能「以戰反獨」（以戰爭反對台灣宣布獨立）呢？在 1995-96 年及1999-2000 年，即使李登輝採取台獨的言論與作法，中國根本沒有準備對台灣使用武力。[77]但是，一旦台灣宣佈獨立時，中國國內、台灣、與國際局勢相當複雜，恐怕很難在事前評估。

---

[74] 行政院大陸委員會，《大陸工作參考資料》，頁 366-369。

[75] Qimao Chen, "The Taiwan Strait Crisis: Causes, Scenarios, and Solutions," in Suisheng Zhao (ed.), *Across the Taiwan Strait: Mainland China, Taiwan, and the 1995-1996 Crisis* (New York: Routledge, 1999), pp. 134-5.上海國際關係資深學者，2001 年 6 月 15 日，訪談。元樂義，〈熊光楷：台獨勢力可能鋌而走險〉，《中國時報》，2001 年 9 月 12 日，版 6。吳能遠，福建社會科學院台灣研究所所長，在中國青島舉辦的「第十一屆兩岸關係學術研討會」上的發言，2002 年 7 月 9 日，中國社會科學院台灣研究所主辦。

[76] 中國軍事研究人員，2001 年 8 月 8 日，訪談。北京國際關係學者，2001 年 8 月 9 日，訪談。廈門大學台灣研究所學者，2002 年 7 月 1 日，訪談。廈門大學台灣研究所學者，2002 年 7 年 11 日，訪談。

[77] Tung, *China's Economic Leverage*, pp. 226-7. 多位上海國際關係資深學者，2001 年 6 月 18、25 日、7 月 2、3 日，訪談。北京美國研究學者，2001 年 7 月 12 日，訪談。多位北京台灣研究資深學者，2001 年 7 月 13、29 日，訪談。

國際因素

影響中國對台政策的國際因素主要是美國。美國在中國對台政策方面的影響表現在四方面：一、自從 1949 年以後，美國是否介入台海戰爭，一直是中國在決定是否對台使用武力達成統一的最重要考量因素。在 1978 年以後，北京的估算並沒有改變。基本上，中國決策者目前認為美國一定會介入台海軍事衝突，只是介入的強度將視中美軍事實力差距而定。中國之所以希望「和平統一」、不願意對台灣使用武力，都是建立在這個前提之上。[78]

二、如果美國直接支持台灣獨立（外交）活動，中國反應較強烈；反之亦然。不過，中國政策的底線是不與美國有正面軍事衝突，只希望適當地表達中國在台海議題上的立場。在 1995-96 年的台海緊張時，中國對台灣軍事威脅的主要目的之一便是希望美國能夠改變對台灣政策，不要再提升美國與台灣官方關係、不要再允許台灣領導人到美國訪問、及公開反對台灣獨立。[79]儘管北京對台灣軍事威脅，但並不希望造成美國的誤判，引發中美戰爭。因此，早在 1996 年 2 月時，北京便向美國在北京的大使館說明沒有攻打台灣的計畫。隨後，北京還派外交部副部長李肇星及國務院外事辦公室主任劉華秋赴華府向美國國家安全與外交官員保證中國絕對不會攻打台灣。[80]

相反的，如果美國反對台灣立場，中國的反應將較為溫和。在 1999-2000 年的台海緊張時，美國不支持、甚至批評李登輝的「兩國論」。在 2002 年，陳水扁發表「一邊一國論」時，美國也表示不支持，甚至引述「上海公報」表達美國的立場。在這兩次事件當中，由於美

---

[78] 多位上海國際關係資深學者，2001 年 6 月 15、21、28 日，訪談。多位北京國際關係資深學者，2001 年 7 月 10、12 日，訪談。

[79] Tung, *China's Economic Leverage*, pp. 234-46.

[80] Tung, *China's Economic Leverage*, pp. 226-7.

國不支持台灣的立場，相較於 1995-96 年的台海緊張，中國都採取較為緩和、低調的對台政策，並沒有直接對台灣進行針對性的軍事威脅。

三、如果中美關係友善或美國支持中國對台的立場，中國對台政策較有自信，較會採取主動的政策提議。1997 年 10 月底，江澤民到美國進行正式的國事訪問，並且與柯林頓舉行高峰會。在高峰會上，中、美達成建立「建設性戰略伙伴關係」的共識。1998 年 6 月，柯林頓到中國進行國事訪問，與江澤民舉行高峰會，並在上海宣布「三不」政策──不支持台獨、不支持兩個中國或一中一台、不支持台灣加入主權國家的國際組織。在中美關係大幅改善的情況下，從 1997 年中開始，甚至在台灣不願承認「一個中國」的前提下，中國開始主動推動兩岸恢復辜汪會談及進行政治談判。

四、中國為取得美國與國際輿論在兩岸關係政策上的支持，中國對台政策會做適當地修正、採取較為溫和的對台政策。例如，在 1998 年之前，中國一直堅持台灣必須先明確承認「一個中國」、並且願意進行兩岸政治談判，辜汪會談才能恢復；但是，直到 1998 年 6 月底，台灣既沒有同意「一個中國」、也沒有明確同意兩岸展開政治談判。在柯林頓於 6 月 25 日抵達西安、開始展開中國的訪問行程時，海協會在當天便致函海基會，邀請辜振甫率團前往中國訪問，並舉行「辜汪會晤」。中國展現出來的對台政策彈性，也得到柯林頓的迅速回應。6 月 30 日，柯林頓在上海宣布「三不」政策。換言之，中國很有可能以恢復兩岸對話，交換柯林頓宣布「三不」政策。[81]

2001 年 1 月初，在小布希即將就任美國總統前，錢其琛接受專訪時向華盛頓郵報闡釋「一個中國」的新定義，希望藉此表達對小布希政府的善意，阻止美國出售先進武器給台灣。[82]2001 年 9 月，錢其琛

---

[81]　王綽中，〈北京涉台有關部門：將加快兩岸關係推動〉，《中國時報》，1998 年 6 月 26 日，版 3。

[82]　亞太政策研究中心主任包道格，為老布希的國家安全亞洲事務助理、同時剛剛與錢其琛見過面，作如是之詮釋。中國時報，〈錢其琛：邦聯制可討論

再表示，只要台灣接受「一個中國」，中國對於統一問題願意「耐心等待」，等於是否定 2000 年 2 月中國對台政策白皮書中的「第三個如果」。中國的目的在於希望爭取國際輿論的支持與緩和中美關係的緊張，因為美國對「第三個如果」最有意見，認為中國要改變兩岸平衡。[83]

在美國總統小布希訪問中國前夕，中國再度於 2002 年 1 月底釋放對台的善意，願意擴大與民進黨成員接觸、甚至願意與陳水扁政府接觸[84]，希望藉此說服美國敦促台灣接受「一個中國」原則、或降低對台灣的支持。[85]在江澤民於 2002 年 10 月底訪問美國前夕，錢其琛對於「三通」議題進一步表達對台灣的善意，認為兩岸通航可以定位為「兩岸航線」。這些措施對於美國的宣傳是相當有力的，以致美國對台灣施加很大的壓力。[86]因此，在某種程度上，北京是希望透過修正對台政策，以贏得美國與國際輿論的支持。

台灣因素

自從 1980 年代中期以後，台灣開始邁向民主化，導致台灣在政權與國家認同的界定上發生很大的轉變，包括黨國一體轉變為黨國分立、軍隊國家化、文官中立化，以及愈來愈多台灣人民認為自己只是台灣人、不是中國人。同時，台灣在外交與兩岸政策上也發生很大的改變。在外交上，台灣積極推動務實外交、不再拘泥於「漢賊不兩立」的「一個中國」政策。在兩岸關係上，統一不再是台灣的國家目標，

願採更靈活對台政策〉，《中國時報》，2001 年 1 月 6 日，版 2。

[83] 元樂義，〈大陸學者：錢其琛『新三階段論』已展現極大誠意〉，《中國時報》，2001 年 9 月 11 日，版 3。

[84] 福建省資深官員，2002 年 7 月 3 日，訪談。北京台灣研究學者，2002 年 7 月 16 日，訪談。

[85] 中央日報，〈中共對台政策有新意　縮小拒絕往來戶範圍〉，《中央日報》，2002 年 1 月 28 日，版 7。

[86] 台灣資深官員，2002 年 11 月 1 日、2002 年 11 月 6 日，訪談。

或至多只是國民黨政府的政策，不是全民的共識。就算是國民黨，統一也只是長遠的目標，而且必須在尊重台灣人民意願的前提下統一。

在中國求穩定與發展的前提下，中國對台政策很大程度是在回應台灣內部政局的變化（民主化），及台灣在中國政策與外交政策方面的改變。例如，台灣自 1980 年代末期開始推動務實外交，甚至推動參與聯合國，北京認為台北違反「一個中國」的原則，以致在 1993 年 8 月提出第一份對台政策白皮書。1992 年，美國出售 150 架 F-16 戰鬥機給台灣；1994 年，美國微幅調整對台政策，提高台灣與美國官員接觸的層級；1995 年，美國答應讓李登輝以私人的身份訪問美國。台灣的行為與美國的政策轉變讓中國非常擔憂台灣在走向台獨[87]、美國將放棄「一個中國」原則。因此，在 1995-96 年，中國對台灣進行軍事威嚇，希望台灣與美國能回到「一個中國」的原則。

1999 年 7 月，李登輝提出「兩國論」。中國為表示對「兩國論」的不滿，再次對台灣進行軍事威嚇，不過，程度上遠遠比 1995-96 年溫和。隔年 2 月，中國發表第二份對台政策白皮書，即是針對「兩國論」所做的回應。[88]陳水扁在 2002 年 7 月底表示「台灣要走自己的路」，北京首度點名批判陳水扁，認為他的談話是對中國「提出威脅、要脅」，完全無助於兩岸關係的改善和穩定。[89]由此可見，中國是被動回應台灣的言論與政策，希望維持穩定的兩岸關係，不希望妨礙中國的經濟發展。[90]

---

[87] 自從李登輝接受日本作家司馬遼太郎的訪問之後，北京已經開始對李登輝的統一立場開始懷疑，直到李登輝訪美之後，北京才確認李登輝要走台獨路線。中國外交官，2002 年 8 月 28 日，訪談。

[88] 徐尚禮，〈白皮書醞釀半年　針對兩國論〉，《中國時報》，2000 年 2 月 26 日，版 14。文現深，〈回到一中共識　兩岸才有轉機〉，《聯合報》，2000 年 3 月 3 日，版 14。

[89] 王綽中，〈新華社首次點名批判陳總統〉，《中國時報》，2002 年 7 月 26 日，版 11。

[90] 廈門大學台灣研究所資深學者，2002 年 7 月 1 日，訪談。

此外，如果沒有外力支持，北京對台灣使用武力威嚇的強度與頻率將會減少很多。例如，在回應台灣「兩國論」的 1999-2000 年台海緊張中，中國的武力威脅顯然比 1995-96 年時減輕很多。在 2002 年回應台灣「一邊一國論」時，中國連中央領導人都沒有出面說一句重話，更沒有對台灣進行明顯的武力威脅。

事實上，台北的政策轉變造成北京很大的困擾。如果台北採取某些特別的政策或立場，而北京不回應的話，便會被視為北京默許台北的立場，是北京所不願見到的；但是，北京回應的結果必然會破壞兩岸關係的氣氛，也是北京所不願見到的。[91]江澤民的重要智囊、中國社會科學院台研所所長許世銓便解釋說：「大陸不想損害台灣的利益，過去大陸對台行動多非由大陸主動挑起，而是因應台灣的行為。中共並不太在意台灣，如果台灣能相安無事，大陸也不致操心台灣問題。」[92]

面對台灣的政策轉變，中國對台政策的回應還展現在二個方面：兩岸談判對象與形式、及「一個中國」定義與運用。1955 年以來，北京認為中華人民共和國作為中央政府，「願意與國民黨集團進行談判，但這談判是中央政府同國內的一個軍事集團，頂多是一個地方當局之間的談判。」[93]北京對於兩岸談判的設計是以國共和談為主軸，中央與地方的關係為基調，這樣的定位一直到 1970 年代末期都沒有改變。

1980 年代初，北京開始提議國共兩黨平等會談，實行第三次合作，不再提中央與地方談判。[94]1990 年，在認知到台灣政治與社會的變化之後，北京開始提議在國共談判時納入台灣各黨派、團體有代表

---

[91] 徐尚禮，〈北京資深對台官員：大陸從未要求台灣新政府談統一〉，《中國時報》，2000 年 12 月 3 日，版 13。

[92] 鄭又平，《亞太政經新情勢下的兩岸關係：中程協議──美、日、中共的看法及我們的對策》，行政院大陸委員會委託研究報告，2000 年 3 月，頁 62。

[93] 王建科、劉守仁，《建國後中國共產黨對台政策的演變》，頁 53。

[94] 參見葉九條及鄧小平在 1983 年 6 月 26 日會見楊力宇教授的談話。中共中央台灣工作辦公室，《中國台灣問題》，頁 229。仇常恨，〈試析中央對台工作會議的深刻內涵〉。上海台灣研究所，1999/4。《加強研究　促進統一》。

性的人士參加。到了「江八點」，北京不再提議國共和談，而是提議與台灣當局商議，並且首次使用「海峽兩岸和平談判」的提法，避免中央與地方的談判。

第二，由於台灣不斷推動務實外交，在 1992 年以後，中國開始設定「一個中國」為兩岸談判的前提，要求台灣回到「一個中國」的原則、重新肯定對於統一的承諾。不過，北京也擴大兩岸談判的議題，不再侷限於「統一」的談判。北京提議兩岸什麼問題都可以談，可以包括政治談判的程序性安排、正式結束兩岸敵對狀態、及其他台灣關心的議題。

從 1990 年代初期以後，中國愈來愈強調「一個中國」的重要性，是回應台灣不再國際上堅持「一個中國」，尤其是李登輝在下台前還將兩岸關係定位為「國與國的關係」，徹底打破「一個中國」的原則。雖然北京強烈要求台北遵從「一個中國」原則，但是北京也不斷放寬「一個中國」的定義及運用，讓台北較容易接受。

北京對於「一個中國」的定義歷經三次主要的修正。在 1993 年「台灣問題與中國統一」白皮書中，「一個中國」的三部份定義是指「世界上只有一個中國、台灣是中國不可分割的一部份、中央政府在北京（中華人民共和國是中國唯一的合法政府）。」[95]江澤民甚至在 1993 年的 APEC 會上表示：「台灣是中華人民共和國的一省，台灣與大陸必須統一在一個中國之下，而這個中國就是中華人民共和國。」[96]

在「江八點」中，北京修正傳統定義的第三部份，「一個中國」是指「世界上只有一個中國、台灣是中國不可分割的一部份、中國的主權和領土完整不容分割」。此外，在 1998 年 10 月，汪道涵會見辜振甫時提出所謂「八十六字」的「一個中國」定義：「世界上只有一個中國，台灣是中國的一部份，目前尚未統一，雙方應共同努力，在一個中國

---

[95] 行政院大陸委員會，《大陸工作參考資料》，頁 275。

[96] 汪莉娟，〈近年來中共對『一個中國』說法〉，《聯合報》，2000 年 1 月 31 日，版 13。

的原則下，平等協商、共議統一。一個國家的主權和領土是不可分割的，台灣的政治地位應該在一個中國的前提下討論。」[97]從 1997 年至 1999 年，汪道涵與台灣訪客見面時，曾經三次提出更加彈性的說法：「一個中國不是中華人民共和國，也不是中華民國，而是台海兩岸人民未來締造統一的中國。」[98]

到了陳水扁上台之後，北京再次修正傳統定義的第二部份，「一個中國」是指「世界上只有一個中國、台灣和大陸都是中國的一部份、中國的主權和領土完整不容分割」。雖然這項定義仍然無法被陳水扁政府接受，但是最新定義已經非常接近台灣國統會在 1992 年所界定的「一個中國」內涵。可見，北京希望以更寬鬆的定義來換取台北的認可。

除了在「一個中國」定義上趨於彈性之外，北京對於「一個中國」在兩岸關係的運用上也顯得更加彈性。首先，在李登輝於 1995 年訪問美國之前，北京默認海基會與海協會以「一個中國、各自表述」（一中各表）的方式進行兩岸的事務性協商。雖然北京否認兩岸有「一中各表」的共識，但是在李登輝訪問美國之後，國台辦新聞局長張銘清被問到兩會談判問題時曾表示：「一九九二年十一月兩岸在香港文書驗證談判中，所達成的『一個中國』原則和內涵各自表述共識，仍然有效。」[99]1996 年 8 月，國台辦研究局局長邢魁山也表示：「一九九二年兩岸對於一個中國的表述，所謂各自表述，乃指在事務性協商議題上，不涉及政治性議題可以各自表述。」[100]因此，北京希望以彈

---

[97] 汪莉娟，〈近年來中共對『一個中國』說法〉，《聯合報》，2000 年 1 月 31 日，版 13。

[98] 工商時報，〈汪道涵提出：一個中國的分治〉，《工商時報》，1999 年 4 月 6 日，版 2。陶允正，〈汪道涵：中國分治概念　即 86 字政策〉，《聯合報》，1999 年 4 月 10 日，版 2。

[99] 白德華，〈中共對台政策急轉彎〉，《工商時報》，1999 年 8 月 6 日，版 10。

[100] 張五岳，《一九九六年後中共對台策略之演變》，行政院大陸委員會委託專案研究報告，頁 82-3。

性的方式處理「一個中國」的問題，以便順利展開兩岸的事務性協商。直到台北方面利用「一中各表」說詞拓展外交，北京才不得不停止。

北京的務實態度再次展現在「三通」的問題上。如前所述，在 2000年 8 月以前，中國要求台灣必須回到「一個中國」的原則，兩岸才有可能談「三通」。在陳水扁上台之後，台灣更加不可能接受以「一個中國」為「三通」的前提。因此，北京為推動「三通」，便在 2002 年 7月取消「一個中國」原則作為「三通」談判的前提。

總而言之，北京為回應台灣在外交上的拓展與統一承諾上的改變，所以將「一個中國」加諸為兩岸談判與互動的前提；在面對台北強烈挑戰「一個中國」原則，同時有外力的支持下，北京也會以強硬的武力威嚇回應，展現中國的立場。但是，中國的底線是不與美國有正面軍事衝突，只希望適當地表達中國的立場。北京也希望爭取台北合作的態度，以維持一個穩定的兩岸關係與集中精力發展經濟。因此，北京不斷修改、擴大「一個中國」定義，以維持表面上「一個中國」的架構，甚至盡量規避以「一個中國」作為兩岸經濟交流的障礙，以免妨礙經濟發展。

四、結論

從 1949 年以後，中國雖然一直堅持兩岸必須統一與「一個中國」的對台政策，但是中國對台政策的內涵有很大的改變。最明顯的變化是中國目前主張和平統一，不再強調武力解放台灣，武力只不過是北京促成兩岸談判、改變台灣選民支持取向、脅迫台北讓步、及避免兩岸戰爭（嚇阻台灣宣佈台獨）的策略。第二，北京提出「一國兩制」的解決方式，希望以北京為中央政府的前提下，盡最大可能地維護台灣的現狀與利益，達成形式上的統一。第三，北京不再視台北為地方政權，至少願意在兩岸談判上平等協商；北京並且認識到必須與台灣

政府談判，不再是共產黨與國民黨之間的談判；談判議題不再侷限於「統一」談判，而是包括政治談判程序性議題、結束敵對狀態、台灣的國際活動空間、台灣當局的政治地位、及其他台灣所關心的議題。

第四，自從 1950 年代中期以後，受限於美國的干預，北京便認知到統一是不可能在短期間達成，而且無法以武力解決兩岸統一問題。第五，雖然北京在過去拒絕國際強權對於台灣問題干涉，但現在則是積極利用中國的國際戰略優勢，爭取國際強權支持中國對台政策，並且施壓台灣在「一個中國」原則的前提下坐上談判桌。第六，雖然北京一直堅持「一個中國」原則是兩岸互動的前提，但是北京在「一個中國」的定義上至少經歷過二次重大的轉變，希望採取更寬鬆的定義以換取台北的認同。第七，原則上，北京不希望以政治干涉兩岸經濟交流與合作，包括在 2002 年 7 月以後明確表示不再以「一個中國」作為「三通」的前提，以及在 10 月份提出兩岸通航為「兩岸航線」，不再視為「國內航線」。

整體而言，中國對台政策的目標為「一個中國」、「和平統一」、「一國兩制」、「維持兩岸關係穩定」、及「促進兩岸經濟交流」。為達到上述政策目標，中國採取的策略主要有二大類：「內外兼施」與「軟硬兩手」。所謂「內外兼施」指的是「分化內部」（分化台灣內部）與「聯外制台」（聯合外在力量箝制台灣）。所謂「軟硬兩手」，硬的一手指的是「以戰促談、以戰脅民、以戰逼讓、以戰止戰」；軟的一手指的是透過兩岸經貿交流達成「以經濟促進統一」與「發展中國經濟」兩項目標。

造成北京在上述對台政策的轉變原因主要是因為中國需要發展經濟、解決內部很多問題，所以需要穩定的兩岸關係與和平的國際環境；其次，是美國對於兩岸問題和平解決的持續關切與壓力；第三，則是北京在被動地回應台灣內部政治局勢與對外政策的變化，希望爭取台灣的合作，以維持一個穩定的兩岸關係與集中精力發展經濟。也就是說，中共權力鬥爭或繼承對於它的對台政策影響不大。

第參章　中共十七大後對台政策分析

一、前言

　　中國共產黨（中共）於 2007 年 10 月 15 日至 21 日舉辦第十七次全國代表大會（十七大），會議通過中共總書記胡錦濤的政治報告，作為未來五年中共執政路線的指導思想與方針。同時，在經過胡錦濤掌權五年之後，是重要的時機檢視中國過去五年對台政策的具體內涵與實施成效。最後，馬英九總統已經於 2008 年 5 月 20 日就任，也是檢討陳水扁政府時代中國與台灣互動經驗的適當時機。本章檢討中共十七大之後至 2009 年初的對台政策，其後的中國對台政策演變與兩岸關係發展在後面幾章闡述。

　　在研究方法上，本章收集相關的中英文文獻進行分析，包括兩岸官方、媒體、雜誌與專書資料，再者透過 2002-2006 年期間多次田野調查的訪談資料，以補足文獻資料的不足。[1]同時，在國際政治的背景之下，本章從政治、經濟、社會、軍事等各個面向分析當前中國對台政策與兩岸關係互動的宏觀全貌。在分析結構方面，首先本章說明胡

---

[1]　過去五年，筆者引述對中國官員與學者訪談資料之主要參訪時間包括 :2002 年 11 月 18 日-12 月 7 日、2003 年 3 月 20 日-3 月 29 日、2004 年 4 月 25 日-5 月 2 日、2004 年 7 月 4-8 日、2004 年 12 月 15-24 日、2005 年 7 月 15 日-8 月 10 日、2006 年 7 月 16-29 日。其他部份訪談資料是中國學者到台灣參訪時的筆記。

錦濤報告的對台政策新意與矛盾，再闡述中國對台政策框架與作法，最後則是評估中國對台政策的成效與展望兩岸關係。

二、胡錦濤政治報告對台政策的新意與矛盾

整體而言，胡錦濤的政治報告對台部分有四項新意，但卻又充滿矛盾。第一項新意：相較於江澤民在十六大的政治報告對台部份，胡錦濤在十七大的政治報告對台部份較為審慎沈穩。江澤民的政治報告強調中國要「早日解決台灣問題」與「台灣問題不能無限期拖延下去」；胡錦濤的政治報告則認為中國要「牢牢把握兩岸關係和平發展的主題」與兩岸應「達成和平協定，建構兩岸和平發展框架，開創兩岸關係和平發展新局面」。顯然，胡錦濤為首的第四代中國領導人已經比較務實地面對兩岸關係的複雜性，願意較有耐心處理兩岸問題。

經過民進黨七年執政經驗之後，中國逐漸務實調整對台灣的認知與政策，但調整幅度仍相當有限。中國在 2000 年 7 月以後採用「一個中國原則」的新三段定義[2]，並且在 2005 年 1 月 2 日以後放棄「一個

---

[2] 　在 1995 年 1 月底發表的「江八點」中，所謂「一個中國」指的是「世界上只有一個中國，台灣是中國不可分割的一部份，中國的主權和領土完整不容分割。」不過，「江八點」也強調，這樣做，當然不會、也不容許損害中華人民共和國政府在國際上是代表中國唯一合法政府的地位。在 2000 年 2 月的「一個中國的原則與台灣問題」白皮書中，中國仍沿用「江八點」關於「一個中國」的定義。到了陳水扁就任總統之後，北京修正「一個中國」定義如下：堅持世界上只有一個中國，中國的主權和領土完整不容分割。「一個中國」在國際上當然以中華人民共和國是唯一合法政府，但在處理兩岸關係上，「一個中國」可以不是指中華人民共和國，台灣和大陸都是中國的一部份。在 2002 年 11 月召開的中共十六大會議上，江澤民在他的政治報告中明確指出，「世界上只有一個中國，大陸和台灣同屬一個中國，中國的主權和領土完整不容分割」。這是中共第一次將新定義納入正式文件中。

中國原則」作為兩岸功能性議題談判的前提。雖然中國對台政策已經做了部份調整，但是中國仍不願務實與台灣政府進行互動。

　　第二項新意：在胡錦濤的政治報告當中，中共第一次明確建議兩岸在「一個中國原則」的基礎上，達成和平協定，建構兩岸和平發展框架。自從 1992 年十四大以來，中共便不斷建議，在「一個中國原則」的前提下，兩岸應就正式結束兩岸敵對狀態進行談判，並達成協議。2004 年 5 月 17 日，中國發表聲明指出，只要台灣接受「一個中國原則」，兩岸便可以協商「兩岸關係和平穩定發展的框架」。2005 年 3 月 4 日，胡錦濤發表四點聲明建議，只要台灣承認「九二共識」，兩岸便可以協商「兩岸關係和平穩定發展的框架」。

　　事實上，2000 年 3 月 18 日，陳水扁總統在他的當選感言便提出，台灣願意與中國進行「和平協定」的協商。2003 年 1 月 1 日，陳總統建議，兩岸應「建立和平穩定的互動架構」，創造兩岸經濟發展的共同利基，營造長期交往的良性環境。2004 年 2 月 3 日，陳總統全面闡述「兩岸和平穩定互動架構協議」的內涵。此後，陳總統在多個場合中不斷重申，台灣願意就任何形式的和平協定與中國進行協商。經過七年，中國領導人終於在「十七大」的政治報告中正式回應陳總統的建議，但是仍然設置「一個中國原則」的政治障礙，導致兩岸和平協商無法展開。

　　「一個中國原則」前提即是兩岸關係發展的最大障礙，阻礙兩岸展開「和平協定」的談判，更不要說簽訂「和平協定」。如果台灣接受「一個中國原則」為前提進行談判，台灣可能淪為中華人民共和國的一個地方政府。連國民黨的總統候選人馬英九也在 2006 年 4 月 3 日公開表示不能接受「一個中國原則」，只能接受「一個中國、各自表述」。[3] 顯

3　林淑玲、蕭旭岑，〈九二共識　扁馬激辯　扁籲胡錦濤接受一中各表〉，《中國時報》，2006 年 4 月 4 日，版 A1。

然，中國提出「和平協定」的目的不是要真正促進兩岸和平發展，而是要營造「中國和平形象」，爭取國際社會與台灣人民的認同。

第三項新意：胡錦濤的報告沒有直接批評或以武力威脅被中國批評為台獨活動的台灣入聯公投。2007 年 7 月 24 日，中國國務院台灣辦公室批評台灣「申請加入聯合國活動與公投」是走向「台灣獨立」的重要步驟；9 月 5 日，胡錦濤在訪問澳洲時，進一步將「申請加入聯合國活動與公投」定位為「台獨分裂主義」；9 月 6 日，在與美國總統布希會晤時，胡錦濤強調 2007-2008 年是台海局勢的高危期。但是一個月之後，胡錦濤的政治報告卻以「和平統一、和平發展、和平協定」三個「和平概念」作為貫穿整個政治報告的主軸，完全沒有提到「使用武力」，或直接威脅台灣最近推動加入聯合國的活動與公投。

中國沒有直接威脅台灣的入聯公投可能有以下四個原因：第一，中國希望專注精力解決內部經濟發展問題。[4]例如，在 9 月 6 日與布希會晤時，胡錦濤便特別指出，中國政府必須創造一年二千五百萬個就業機會，因此會集中精力解決內部經濟發展問題。[5]第二，雖然美國不同意台灣舉辦入聯公投，但是美國也相當嚴厲警告中國不可使用武力解決兩岸爭議。[6]第三，中共希望化解「中國威脅論」、營造「中國和平形象」、誣賴台灣為「麻煩製造者」，以爭取國際社會支持中國、施

---

[4] 數位北京與上海資深台灣研究學者，2004 年 4 月 26 日至 5 月 1 日，訪談。上海資深台灣研究學者，2005 年 6 月 23 日，訪談。北京資深台灣研究學者，2005 年 11 月 18 日，訪談。中國國台辦資深官員訪談，2006 年 7 月 28 日，訪談。

[5] John D. Negropont,. "Remarks at the American Enterprise Institute Symposium on China/Taiwan (excerpt)," US Department of State, October 23, 2007.

[6] John D. Negroponte,. . "Remarks at National Committee on U.S.-China Relations Dinner on China/Taiwan (excerpt)," US Department of State, October 24, 2007. 張從興，〈美副助理國務親柯慶生：開放政治有利中國長治久安〉，《聯合早報網》，2007 年 10 月 26 日。自由時報，〈中央社，「美副卿：中國國際打壓台灣沒作用」〉，《自由時報》，2007 年 10 月 26 日，版 A2。

壓台灣。第四，中國不希望武力威脅造成台灣選民的反感，避免造成中國不願意看到的 2008 年台灣總統選舉結果。[7]

　　第四項新意：中共試圖以民主口號包裝民族主義，壓制台灣的民主與主權。胡錦濤的政治報告提出，十三億中國人民與二千三百萬台灣人民是命運共同體，任何涉及中國主權和領土完整的問題，必須由包括台灣人民在內的全中國人民共同決定。面對台灣民主深化與民意高漲的情勢下，中共終於正式打出中國的民意牌，試圖以「中國大民意」壓制「台灣小民意」，在心裡上嚇阻台灣人民行使公投與決定台灣前途的權利，在實質上強化對國際社會遊說，降低台灣公投的合理性。

　　在胡錦濤的報告出爐之後，台灣朝野口徑一致地回應：台灣的未來，由台灣二千三百萬人民決定，不關中國的事，也不容許中國干涉！[8]事實上，台灣早已確立民主原則作為兩岸關係未來發展的最後底線，只要在和平自主的環境中獲得兩千三百萬台灣人民同意，台灣便可以接受任何形式的兩岸新政治關係。在 2000 年 5 月的就職演說中，陳總統便提議以「民主原則」處理兩岸的問題：「〔兩岸應該〕秉持民主對等的原則，在既有的基礎之上，以善意營造合作的條件，共同處理未來『一個中國』的問題。」[9]在 2004 年 5 月的就職演說當中，陳總統更明確地闡述：「如果兩岸之間能夠本於善意，共同營造一個『和平發展、自由選擇』的環境，未來中華民國與中華人民共和國或者台

---

[7]　在 2004 年台灣總統大選前，一位國台辦資深官員便向作者表示，中國過去威脅的作法才能民進黨於 2000 年上台，所以中國不會再犯同樣的錯誤。中國國台辦資深官員，2003 年 3 月 23 日，訪談。幾位北京台灣研究資深學者訪談，2003 年 3 月 25-26 日，訪談。

[8]　行政院大陸委員會，〈陸委會針對中共「十七大」報告對台部分之回應〉，2007 年 10 月 15 日，〈http://www.mac.gov.tw/big5/cnews/cnews961015.htm〉，2007 年 10 月 18 日下載。蘋果日報，〈馬嗆胡錦濤　台灣不關你事〉，《蘋果日報》，2007 年 10 月 16 日，版 A6。

[9]　行政院大陸委員會，〈陳總統五二○就職演說：有關兩岸關係談話內容〉，2000 年 5 月 20 日，〈http://www.mac.gov.tw/big5/mlpolicy/cb0520.htm〉，2007 年 10 月 3 日下載。

灣與中國之間，將發展任何形式的關係，只要兩千三百萬台灣人民同意，我們都不排除。」[10]

在「十七大」之後，美國副國務卿尼格羅龐帝（John D. Negroponte）與副助理國務卿柯慶生（Thomas J. Christensen）都一致表示，兩岸的政治爭議必須和平解決，而且必須是兩岸人民都能夠接受的方式。特別是，柯慶生還指出，美國注意到有部份台灣人民無法接受中國預設的「一個中國原則」為談判前提。[11]也就是說，美國並不支持中國「兩岸共同體」的說法，不認為兩岸人民是一體的；美國支持兩岸政治爭議的和平解決需要兩岸人民同意，但不是台灣的前途需要由兩岸人民共同決定。

除此之外，胡錦濤的政治報告並沒有提出新政策構想，只是延續過去的對台政策框架與手段，很多說法是老調重談。以下將進一步闡述中國對台政策的架構與實際作法。

三、中國對台政策框架

總體而言，中國對台政策框架仍為：一個中國、一國兩制、和平降服、武力併吞。無論是透過和平的方式降服台灣或是武力的方式併吞台灣，中國達成統一台灣的目標是不會改變。中國的「一個中國原則」是指，世界上只有一個中國，台灣是中國的一部份，中華人民共和國政府是代表中國的唯一合法政府。所謂「一國兩制」是指，中華

---

[10] 行政院大陸委員會，〈陳總統五二〇就職演說：有關兩岸關係談話內容〉，2004 年 5 月 20 日，〈http://www.mac.gov.tw/big5/mlpolicy/ch930520.htm〉，2007 年 10 月 3 日下載。

[11] John D. Negroponte,. "Remarks at National Committee on U.S.-China Relations Dinner on China/Taiwan (excerpt)," US Department of State, October 24,2007. 張從興，〈美副助理國務卿柯慶生：開放政治有利中國長治久安〉，《聯合早報網》，2007 年 10 月 25 日。

人民共和國政府是中國的中央政府，台灣政府是中國的一個地方政府，台灣沒有主權地位。

雖然2000年7月以後中國政府對台灣的訪賓表示「一個中國原則」的定義改變為「世界上只有一個中國，台灣與大陸是中國的一部份，中國的領土與主權不可分割」，但是在國際社會上，中國仍採取嚴格的定義。例如，2007年6月1日中國與哥斯大黎加的建交公報便指出：「世界上只有一個中國，中華人民共和國政府是代表全中國的唯一合法政府，台灣是中國領土不可分割的一部份。」[12]

具體而言，中國採取「內外兼施」與「軟硬兩手」的對台政策手段。所謂「內外兼施」指的是「分化內部」（分化台灣內部團結）與「聯外制台」（聯合外國勢力壓制台灣）。所謂「軟硬兩手」則包括「經濟利誘」、「血緣情感」、「大國榮耀」、「武力威脅」、「國際圍堵」與「經濟制裁」。中國「軟的一手」是利用經濟利益的誘惑與血緣榮耀的情感籠絡台灣人民、瓦解台灣人民心防、分化官民關係、與分化朝野政黨。中國「硬的一手」是藉由軍事、外交與經濟實力的施壓，操弄和平發展的訴求，威逼台灣屈服於中國的政治條件，甚至在軍事實力準備齊全之後以武力併吞台灣。這些手段交互使用、相互掩飾，企圖達成對台灣不戰而屈人之兵的戰略目標。

四、中國的「內外兼施」作法

在「內部分化」的作為上，從2000年以來，中國政府便強調只願意與接受「一個中國原則」或「九二共識」之台灣政黨與政治人物進行交流與合作，並且只有在「一個中國原則」的前提下才願意進行兩

---

[12] 常璐，〈中國與哥斯達黎加建立大使級外交關係〉，《新華網》，2007年6月7日，〈http://www.xinhuanet.com〉，2007年11月1日下載。

岸政治與功能性議題的談判。中國的目的非常清楚，試圖孤立台灣政府與執政黨，同時希望泛藍勢力[13]與台灣利益團體施壓台灣同意中國的政治原則。[14]特別是，在 2005 年 4 月以後，中共多次透過與中國國民黨及親民黨的論壇平台，操弄和平發展的訴求與經濟利益的誘惑，透過在野黨的配合施壓台灣政府，擴大中國分化台灣內部的效應，並且預先設定台灣在野黨未來執政之後與中國互動的政治框架。[15]

從 2004 年迄 2008 年初，民進黨政府向中國具體建議至少二十項協商議題，以建構兩岸交流與合作架構，包括三通、觀光、經貿關係之整合、文化與科技交流的深化、共同打擊犯罪、共同開發經濟海域、漁事糾紛的解決、貨幣清算、投資保障、金融監理、避免雙重課稅、智慧財產權保護、司法互助、商務仲裁、人身保護、人貨包機、海空運直航、偷渡犯遣返、海漂垃圾處理與漁工協議等等議題。但是，在 2005 年 1 月 2 日以前，中國的回應始終非常冷淡或堅持「一個中國原則」作為兩岸功能性議題談判的前提，甚至連兩岸春節包機都不願意談判。直到 2005 年 1 月 2 日，中國終於放棄「一個中國原則」作為兩岸功能性議題談判的前提，兩岸在十三天之內完成兩岸春節包機的談判，成為日後談判的重要模式。

---

[13] 一般而言，泛藍勢力包括中國國民黨、親民黨、新黨。

[14] 不過，中國學者表示，國民黨也反過來施壓中國政府不能與台灣政府進行談判，否則不排除支持台獨，導致中國政府也不敢積極與民進黨政府進行相關功能性議題談判。一位上海資深台灣研究學者，2005 年 7 月 22 日，訪談。一位北京資深台灣研究學者，2005 年 8 日 30 日，訪談。一位上海資深台灣研究學者，2006 年 4 日 8 日，訪談。二位上海資深台灣研究學者，2006 年 5 日 28 日，訪談。

[15] 2005 年 4 月 29 日，當時國民黨主席連戰與中國共產黨總書記胡錦濤在會晤之後發佈一份新聞公報，其中提到兩黨都堅持「九二共識」、反對「台獨」，但中國對「九二共識」的定義一直是「海峽兩岸均堅持一個中國」，而且 2000 年以前中國也不斷批評國民黨政府的作為是邁向台獨。日後，一旦國民黨執政，中國勢必以它的標準與定義嚴格要求台灣遵守連胡公報的政治框架。

　　雖然中國希望藉此功能性議題談判落實「寄希望於台灣人民」的工作，並且穩定兩岸關係的發展[16]，但是中國對於兩岸談判仍充滿政治計算與顧慮，避免為民進黨政府在兩岸問題上加分，寄望台灣在野黨制衡與運用利益團體施壓民進黨政府，以操作分化台灣內部的政治戲碼。中國不願協商台灣農產品出口中國、中國漁工勞務輸出台灣與其他功能性議題；中國不願積極協商中國砂石出口到台灣的問題，甚至刻意設置兩岸觀光協議與客貨運包機談判的政治障礙。這都可以清楚看出中國政治操作的痕跡。2007 年 10 月 18 日，中國人民銀行行長周小川更指出，如果「台獨的聲音很響」，中國便不願與台灣協商兩岸金融監理協議與貨幣清算協議，非常清楚指出中國內部的政治計算。[17]

　　在「聯外制台」的作為上，在 2000 年以前，中國非常介意外國勢力介入兩岸問題，甚至在中共 16 大的政治報告中還出現，中國不放棄使用武力的原因之一是針對「外國勢力干涉中國統一」；但是在十七大的政治報告中，胡錦濤完全不提外國勢力干預兩岸問題。1995-2000 年中國軍事威嚇造成台灣民意的反效果之後，中國便傾向利用優勢的國際戰略地位與快速成長的綜合國力施壓國際社會，特別是美國，壓制台灣，以達成中國的政治目的。在最近四年，中國非常明確地表示希望美國協助中國處理兩岸的問題，包括台灣在 2003-2004 年與 2007-2008 年推動兩次公民投票時，中國不斷利用美國施壓台灣調整某些政治議題的立場。

　　陳總統在 2003 年 6 月 27 日開始提出公民投票的議題時，中國便透過各種發言管道向美國表達台灣的作法將會造成台海的不穩定與衝

16　一位國台辦資深官員，2003 年 3 日 23 日，訪談。一位上海資深台灣研究學者，2005 年 7 日 22 日，訪談。一位北京資深台灣研究學者，2005 年 11 日 18 日，訪談。

17　林則宏，〈周小川：台獨兩岸金融協商絆腳石〉，《經濟日報》，2007 年 10 月 19 日，版 A6。

突，要求美國必須公開反對台灣的作法。7 月 21 日，中國國台辦主任
陳雲林第一次訪問華府，他向美國表示，儘管中國會在台灣總統大選
前自制，但是台灣漸進式台獨的作法將讓中國無法坐視，希望美國要
反對台灣的作法，以維持亞太地區的和平與穩定。[18]11 月下旬，中國
總理溫家寶在接受華盛頓郵報訪問時強調，美國必須認清台灣挑釁言
行的嚴重性與危險性，美國應該非常明確地表達反對台灣透過公民投
票、修改憲法或其他手段追求分離主義的作法。[19]在幾天之後，12 月
9 日，美國總統布希終於在訪問白宮的溫家寶面前公開表示，美國反
對台灣總統片面改變現狀的言行。[20]

　　從上述的發展可以看出，中國將台灣的作法與亞太和平與穩定做
連結，要求美方介入兩岸問題、施壓台灣讓步，以化解中國的困境。
2004 年 1 月 15 日，當時的中國中央軍委主席江澤民便向來訪的美國
參謀首長聯席會議主席邁爾斯表示，希望美國繼續為和平解決兩岸問
題發揮建設作用。[21]2005 年 9 月 13 日，胡錦濤主席與布希總統在紐約
會晤時再次重申，希望中美兩國共同維護台海和平穩定與反對台獨。[22]
中國企圖透過美國的協助以壓制台灣的政治目標已經非常明確。[23]

　　中國不僅強化與美國溝通台海問題，甚至主動事先徵詢美國對
於中國對台政策或聲明的看法，以獲得美國的政治諒解與支持。例
如，美國與中國都證實，2004 年 5 月 17 日中國發表對台聲明前，中

---

[18] 張宗智，〈國台辦正副首長訪美　談台灣公投〉，《聯合報》，2004 年 7 月 26
日，版 A1。

[19] "Interview with Wen Jiabao," *Washington Post*, November 23, 2003, p. A27.

[20] Guy Dinmore, "Bush Sides with China over Taiwan Referendum," *Financial
Times*, December 10, 2003, p. 1.

[21] 徐尚禮，〈軍售台灣　邁爾斯：有責任助台自衛〉，《中國時報》，2004 年 1
月 16 日，版 A13。

[22] 王良芬、劉屏，〈布胡會 60 分鐘　兩岸對話布希促擴及台灣政府〉，《中國
時報》，2005 年 9 月 15 日，版 A10。

[23] 數位北京與上海資深國際與台灣研究學者，2004 年 4 月 26 日至 5 月 1 日，
訪談。

國事先將聲明知會美國，聽取美國的看法。[24]在通過「反分裂國家法」之前，中國國台辦主任陳雲林特地於 2005 年 1 月初前往美國遊說，會晤即將出任美國國家安全顧問的哈德利、國安會亞洲事務資深主任葛林、國務院副國務卿阿米塔吉，針對「反分裂國家法」的內容進行溝通。[25]

2007 年 3 月 26 日，陳總統第一次表示他將透過公民投票的方式推動台灣加入聯合國之後，中國便又開始積極遊說美國公開反對台灣的作法。美國副國務卿尼格羅龐提在 8 月 27 日接受媒體訪問時指出，美國反對以台灣名義加入聯和國的公民投票，因為美國將入聯公投視為宣布台灣獨立的一步，也朝向改變現狀。[26]9 月 13 日，陳雲林主任在華府與美國國務院官員溝通，向美方表達中國反對台灣入聯公投的強硬態度。9 月 27 日，中國外長楊潔篪在白宮會晤布希總統時再次表達，希望美國妥善處理台海問題，與中國共同維護台海的和平穩定。[27]

五、中國的「軟的一手」作法

「軟的一手」作法包括「經濟利誘」、「血緣情感」與「大國榮耀」。在「經濟利誘」作為上，中國的實際作為可以分成兩大類，包括片面經濟優惠措施、兩岸交流便利與保障措施。從 2005-2007 年，中國的具體作法包括擴大對台灣蔬果及水產品准入品種，並實行零

[24] 林淑玲、劉屏、王綽中，〈美中台微妙，517 聲明先告知美方〉，《中國時報》，2004 年 5 月 19 日，版 A1。

[25] 劉屏，〈陳雲林結束訪美　反分裂法未出鞘〉，《中國時報》，2005 年 1 月 9 日，版 A13。

[26] 彭志平，〈美副卿：入聯公投　視同搞台獨〉，《中國時報》，2007 年 8 月 29 日，版 A1。

[27] 徐尚禮，〈國會金獎授達賴　布希將出席〉，《中國時報》，2007 年 9 月 29 日，版 A17。

關稅等優惠便利措施，成立兩岸農業合作試驗區及台灣農民創業園，採購台灣農產品、設立台灣農產品運輸「綠色通道」及產銷集散中心，保障台灣農產品智慧財產權，保障台商投資權益及人身安全，放寬對台商融資限制並提撥貸款，簡化台灣人民入出境中國程序，提供青年交流與就學便利，開放部份醫療服務，與開放台灣人民報考中國部份證照資格。

此外，中國利用與台灣在野黨領導人的會晤或國共論壇的平台發佈所謂的共識、新聞公報或宣布片面優惠措施，擴大中國對台灣的宣傳或統戰效果。特別是，中國經常在國共共識或協議當中夾帶中國對台灣的政治立場，或刻意將兩岸協商的責任推諉台灣，以便分化台灣內部，施壓台灣屈服於中國的政治條件。2005-2007 年，國共總共進行四次高層會晤或論壇。2005 年 4 月 29 日，當時國民黨主席連戰與中共總書記胡錦濤會晤，並發佈公報。2006 年 4 月 14-15 日，國民黨與中共的經貿論壇在北京舉行，中國公佈十五項對台灣的優惠措施。同年 10 月 17 日，國民黨與中共的「兩岸農業合作論壇」在海南舉行，國共達成七項農業合作建議，同時中國宣佈二十項擴大和深化兩岸農業合作的政策措施。2007 年 4 月 28-29 日，國民黨與中共的「兩岸經貿文化論壇」在北京召開，提出六點「共同建議」，中國並宣布十三項配套政策措施。

在「血緣情感」方面，中國特別邀訪台灣的青年與南部人民前往訪問，並且提供諸多優惠。以青年交流而言，根據行政院大陸委員會的統計，在 2007 年，中國對台系統提供落地接待的條件，邀訪台灣青年學生交流活動超過一百團，人數超過七千八百人，活動的內容主要包括文化尋根、名勝遊覽、名校參訪、與 2008 奧運等主題。中國除了擴大邀請台灣對象之外，在地域上也加重南部學生的比重，年齡上也向下延伸到高中生。事實上，自從 2005 年以後，中國便將台灣南部作為工作重點，包括加強與農會、漁會、媒體、宗教、地方黨派之交流，並且以血緣親情與經濟利益交互運用，試圖改變這些人對中國的政治

觀點，甚至改變他們對於台灣政府的支持與施壓台灣政府接受中國的
政治立場。

在「大國榮耀」方面，中國善加利用 2008 年奧運舉辦的機會宣揚
中國「大國榮耀」，藉以召喚台灣民心與達成中國宣示對台灣主權的政
治目的。具體而言，中國拉攏台商參與奧運建設工程、推出奧運旅遊、
組織民間參觀奧運建設、招募奧運志工、拉攏台灣學生參與奧運活動、
釋放部份奧運比賽項目給台灣、規劃奧運聖火傳遞台灣。以奧運聖火
傳遞台灣規劃而言，中國始終以政治考慮聖火傳遞台灣之安排，企圖
矮化台灣的主權地位，導致兩岸在 2007 年 8-9 月經過一個多月的談判
仍然無法達成結論。[28]

六、中國的「硬的一手」作法

「硬的一手」作法包括「武力威脅」、「國際圍堵」與「經濟制裁」。
在「武力威脅」作為上，當前中國是做得多、說得少，以避免在中國
軍事實力足以併吞台灣之前造成台灣人民的反彈與驚動其他國家的抵
制。從 1990-2007 年，中國公開的國防預算持續以兩位數成長，2007
年國防預算約 450 億美元，增幅達 17.8%，遠超過中國的經濟成長速
度。相較之下，同時期的台灣國防預算幾乎僅維持穩定局面。根據兩
岸官方公開的統計資料顯示，1993 年，台灣的國防預算尚高於中國，
但至 2007 年中國的國防預算已是台灣的 4.7 倍。根據斯德哥爾摩國際
和平研究所(Stockholm International Peace Research Institute)的統計，
2006 年中國是亞洲第一大、全球第四大軍事支出國家。[29]更令人憂心

---

[28] 中華台北奧會與行政院體育委員會，〈兩岸奧運聖火傳遞談判未達成協議〉，
行政院體育委員會新聞稿，2007 年 9 月 21 日。黃淑蓉，〈北京奧運聖火終
究未能體現奧運精神〉，《交流》，第 95 期，，2007 年 7 月 10 日，頁40-42。

[29] Stockholm International Peace Research Institute, *SIPRI YEARBOOK 2007:*

的是，依照各國政府與國際機構的評估，中國實際的國防預算應至少為其公開預算的 3-4 倍，相當於台灣國防預算的 14-19 倍；而且，兩岸軍力懸殊差距還在持續惡化當中。

在推動「國防現代化」名義的包裝下，中國對台的針對性軍事部署已愈有變本加厲之勢。2000 年，中國在其東南沿海部署 200 枚各型常規導彈對準台灣，迄 2008 年初累計增加到 1,328 枚以上。[30]同時，除南京、廣州軍區部署兵力近 40 萬人外，另可立即投入對台作戰之應急機動作戰部隊將近 18 萬人，再配合沿海軍區具聯合登陸作戰訓練經驗之部隊，中國對台作戰戰力日益增強是不爭的事實。

除部署傳統武力之外，中國更積極運用非傳統的威脅手段，如超限戰、「三戰」（輿論戰、心理戰、法律戰）等，迫使台灣屈從其意志，或作為正規軍事攻擊的輔助。根據中國軍方的訊息顯示，中國預計在 2007 年以前完成對台「全面應急作戰能力」準備，2010 年前具備對台「大規模作戰能力」，2015 年前具備對台「決戰決勝能力」。[31]

在國際圍堵上，中國不斷破壞台灣與其邦交國之間的關係，阻止台灣加入聯合國、世界衛生組織及其他國際組織，在國際社會上對台灣兩千三百萬人民進行政治隔離。根據行政院大陸委員會的統計，自 2005 年至 2007 年，中國在國際外交上打壓台灣的案例超過 110 件，施壓國際組織變更台灣的會籍名稱為「中國台灣」、「中國台北」、矮化台灣地位的案例超過 18 件。[32]中國在各種國際組織中矮化台灣的

Armaments, Disarmament and International Security, 〈http://yearbook2007.sipri.org/chap8/〉, accessed on October 31, 2007.

[30] 根據台灣政府的資料，2007 年初中國已經部署 988 枚針對台灣的飛彈，而且每一年增加超過 120 枚飛彈對準台灣「總統接受美國『有線電視新聞網』國際頻道訪問」，中華民國（台灣）總統府，2007 年 1 月 27 日。

[31] 溫貴香，〈總統：催生日本版台灣關係法〉，《中央通訊社》，2006 年 12 月 28 日。

[32] 童振源，〈「中國外交攻勢與對台策略」致詞稿〉，行政院大陸委員會，2008 年 1 月 18 日，〈http://www.mac.gov.tw/big5/mlpolicy/tung970118.htm〉，2008 年 2 月 16 日下載。

國際地位，早已不分領域、不分官方或民間組織，只要是有機可乘，就無所不用其極地打壓台灣的國際生存空間。例如，在世界動物衛生組織將台灣的地位降格為「非主權區域會員」，要求各國承認「台灣是中華人民共和國的一部份」，不讓台灣加入聯合國、世界衛生組織等；還有其他包括國際鳥盟、國際獅子會、船舶運攬協會、園藝協會等國際非政府組織（INGO）組織，中國也要求台灣更改名稱為「中國台灣」。[33]2007 年底，中國甚至對世界衛生組織（WHO）施壓，將台灣八個港口列為中國境內港口。

　　在台灣的邦交關係方面，中國以霸權崛起的姿態，挾龐大的經濟資源打壓台灣，台灣的國際處境實備極艱辛，每位外交部長都面臨極大的斷交壓力。從 2000 年至 2008 年初，馬其頓、賴比瑞亞、多米尼克、格瑞那達、諾魯、塞內加爾、查德、哥斯大黎加與馬拉威都在中國的金援利誘下，相繼與我國斷交。2002 年 7 月，中國承諾援助諾魯六千萬美元及代價七千萬美元債務。2003 年 10 月，中國答應援助賴比瑞亞一億二千萬美元。2004 年 3 月，中國答應金援多米尼克一億二千萬美元。2005 年 1 月，中國與格瑞那達建交時，承諾金援二億五千萬美元；同年 10 月中國與塞內加爾建交時，承諾金援六億美元；2006 年 12 月中國與查德建交時，光賄賂查德總統金額便高達五千萬美元；2007 年 6 月，中國承諾哥斯大黎加的金援金額為四億三千萬美元；2008 年 1 月，中國承諾給馬拉威的金援金額為六十億美元的天價。從 2002 年至 2008 年初，中國至少花費 77 億美元進行金援外交，挖走台灣的邦交國。[34]在哥斯大黎加與台灣斷交之後，哥斯大黎加總統阿里亞司便公開承認，轉向中國建交確實是因為中國答應更多的金錢援助。[35]

---

[33]　行政院大陸委員會，〈中國近年來在國際間對台打壓事例〉，2007 年 11 月 1 日，〈http://www.mac.gov.tw/big5/cnews/ref961101.pdf〉，2007 年 11 月 5 日下載。

[34]　行政院大陸委員會，童振源，〈「中國外交攻勢與對台策略」致詞稿〉，2008 年 1 月 18 日，〈http://www.mac.gov.tw/big5/mlpolicy/tung970118.htm〉，2008

　　面對中國的霸權崛起，台灣的國際處境備極艱辛，這不是只有民進黨政府才面對這樣的壓力，2000 年以前的國民黨政府時期也是如此，並沒有因為國民黨政府堅持「一中各表」或追求統一目標，中國就仁慈地放鬆對台灣的國際打壓、甚至給予台灣更大的國際生存空間。例如，從 1990 至 2000 年國民黨執政時期，與台灣斷交的國家共計 11 個國家；從 2000 年至 2008 年初民進黨執政時期，與台灣斷交的國家共有 8 個。2007 年 6 月國民黨的總統候選人馬英九出訪印度時，中國政府仍對印度政府提出抗議，並且要求馬英九必須表明支持台灣不是一個國家，台灣是中國的一部份、是中國的一個省，而且不得在他的座車上展現台灣的旗幟。[36]此外，他在台北市長任內的 1999 年，台北市被趕出世界首都論壇（WCF），2005 年他應邀到香港、韓國等地，香港、韓國政府也都在中國壓力下取消他的簽證。

　　關於「經濟制裁」的作法，2000 年 4 月 8 日，中國國台辦副主任李炳才表示，「極個別台灣工商界的頭面人物一方面在島內公開支持『台獨』，為『台獨』勢力張目、造勢，鼓吹『繼續』分裂祖國的所謂『李登輝路線』，影響極其惡劣；另一方面又從與祖國大陸經濟活動中撈取好處，這是絕對不允許的。」[37]李炳才的講話立即引起了台商的普遍焦慮，擔憂北京會透過經濟制裁的威脅，要求一般台商公開表態支持中國的政治立場。在隨後幾個月，中國不僅沒有採取具體制裁台商的作法，反而中央到地方的涉台官員不斷安撫台商，強調中國不論在何種條件下都將保護台商的各種利益。[38]

年 2 月 16 日下載。

[35] 林修卉，〈哥批援助少　外交部：太不君子了〉，《中國時報》，2007 年 6 月 9 日，版 A4。

[36] 郭傳信，〈中國不反對馬英九訪印　但不得展現旗幟〉，《中央社》，2007 年 6 月 8 日。

[37] 人民日報，〈中央台辦國務院台辦負責人答記者問〉，《人民日報》（海外版），2000 年 4 月 10 日。

[38] 童振源，《全球化下的兩岸經濟關係》（台北：生智，2003 年），頁 235-243。

　　2001 年 3 月初，因為奇美集團董事長許文龍對二次世界大戰期間日軍裡的台灣「慰安婦」的爭議性評論，傳言奇美集團在北京的壓力下被迫關閉在江蘇省鎮江的石化工廠。然而，就在同一天，奇美集團和中國政府都否認了這項報導。隔天，國台辦發言人重申，中國反對某些人一面在中國賺錢，一面在台灣支援獨立。但是，他同時指出，中國既保護台商在中國的合法權利，也會對那些違法的人採取相應措施。[39]

　　2004 年 5 月 24 日，國台辦發言人再度以沈重語氣表示，中國雖一本初衷推動兩岸經貿交流，但是中國不歡迎在中國賺了錢又回台支持台獨的綠色台商。[40]一個禮拜後，人民日報於頭版刊登大幅文章，點名奇美集團創辦人許文龍是「獨派大老」、「一直支持李登輝與陳水扁搞台獨」，表示中國「不歡迎這樣的『台商』。」[41]這篇報導引發一連串中國媒體與網民批判綠色台商的風暴。

　　在 2004 年的綠色台商風暴當中，中國陸續針對一些在台灣總統大選中與民進黨陣營較為親近的工商團體或個人展開懲罰措施，包括台灣工業協進會理事長李成家、中小企業協會理事長戴勝通、唐榮公司董事長劉憲同、及中鋼董事長林文淵等人均遭中國拒發簽證。此外，幾家與陳水扁關係密切的企業，如和大電機、力山工業、環隆科技等上市公司，早自 2003 年底開始便被中國官方嚴厲查稅。[42]不過，除了極少數的台商因為非常明顯支持民進黨而受到中國地方政府的關切與騷擾（刁難），包括查稅或入境限制，其他台商只是有些困擾，但沒有受到中國地方政府的嚴重干擾。[43]

---

[39] 同上。

[40] 〈大陸鐵腕解獨　台商避貼綠標籤〉，《經濟日報》，2004 年 5 月 31 日，版 2。

[41] 程剛，〈在祖國大陸賺錢卻支持「台獨」，豈有此理！〉，《人民日報》，2004 年 5 月 31 日，版 1。

[42] 陳玉華，〈台商老闆挺綠　中共嚴厲查稅〉，《中國時報》，2004 年 6 月 2 日，版 4。

[43] 珠三角地區台商，2004 年 9 月 2-10 日，訪談。長三角地區台商，2005 年 7 月 12-21 日，訪談。

　　然而，為化解普遍台商可能被中國經濟制裁的疑慮，中國政府也積極透過公開記者會、座談、與約見等方式強化台商在中國經營的信心。由國家主席胡錦濤領銜，中國官方一再表示「對台商的保護政策不變」、「鼓勵兩岸經濟合作不變」、「鼓勵台商投資的政策未變」、「政治不影響經濟」，希望穩住台商投資中國的信心。中國各地台辦也陸續召集台商協會會長座談，以瞭解台商意見。[44]此外，國台辦也不斷澄清，中國不歡迎的是「極少部分以實際行動支持台獨者」、「反對與抵制的是頑固堅持台獨立場、公開支持台獨的極個別的人」，並不存在封殺綠色台商的問題，中國將繼續鼓勵台商到中國投資。[45]

　　不過，中國對某些台商針對性的經濟制裁畢竟達成一定的政治效果。中國官方對於綠色台商的宣示動作讓支持民進黨的台商有所顧忌、至少不敢公開支持泛綠陣營。中國官方的警告及民間的強烈情緒反應，的確使台商感受到相當程度的表態壓力。有的企業如奇美便改組公司高層來向中國官方輸誠。雖然中國中央政府一再重申鼓勵保護台商的政策不變，一股寒蟬效應卻快速在地方上發酵。

　　更顯著的案例是許文龍的個案。許文龍在 2000 年總統大選時支持陳水扁總統，被視為台獨的支持者，也因此受到中國媒體的嚴厲批判。在 2005 年 3 月 26 日，就在執政的民主進步黨舉辦反對中國制定「分裂列國家法」的百萬人大遊行當天，許文龍發表一篇退休感言。他表示，「台灣、大陸同屬一個中國，兩岸人民都是同胞姊妹」、「我支持陳水扁並不是支持台獨」、「台獨只會台灣引向戰爭，把人民拖向災難」。

---

[44] 張義宮，〈胡錦濤：宏觀調控　不影響外銷產業〉，《經濟日報》，2004 年 5 月 6 日，版 9。王綽中，〈胡錦濤視察昆山台資企業〉，《中國時報》，2004 年 5 月 5 日，版 11。仇佩芬，〈大陸鼓勵台商投資 政策未變〉，《經濟日報》，2004 年 6 月 17 日，版 9。謝偉姝、王茂臻，〈大陸積極瞭解台商意見〉，《經濟日報》，2004 年 5 月 21 日，版 2。

[45] 於慧堅，2004/6/19，〈「誰說封殺阿妹？國台辦撇清」〉，《中國時報》，版 A13。

而且，他還強調，最近胡錦濤的講話與「反分裂國家法」的出台讓他心裡踏實了許多。[46]

上述立場的表述完全與中國一致，與過去許文龍的政治立場有別，顯然奇美集團受到中國經濟制裁的極大壓力。五個月之後，許文龍在接受《商業週刊》訪問時公開表示，統獨是私人情感問題，但是奇美集團有幾十萬個員工需要生活，而且奇美不到中國投資 LCM（TFT-LCD 的後段模組）一年便會增加成本 45 億台幣，所以他不能不顧慮奇美集團的員工生活與公司的發展，必須向中國政府表達上述立場。[47]

七、中國的「軟硬兩手」效果評估

在「軟的一手」方面，中國的操作手法包括刻意片面釋放兩岸經濟優惠給台灣特定團體、透過國共論壇擴大統戰宣傳效果、杯葛兩岸功能性議題協商、指定台灣的協商機構、將無法協商的責任推給台灣。然而，最後的結果卻是中國的片面優惠很多無法落實、兩岸經貿交流問題依然存在、兩岸經貿合作架構無法建立；也就是說，中國的作法充其量只是「口惠而實不至」與「軟而不實」。

舉例而言，2005 年 6 月 13 日，台灣便已經授權中華民國對外貿易發展協會與中國的對口單位針對台灣農產品出口中國的問題進行接觸與協商，但是中國始終不願意與外貿協會協商。[48]7 月底，中國片面

---

[46] 許文龍，〈退休感言〉，《聯合報》，2005 年 3 月 26 日，版 A4。

[47] 鄭呈皇，〈許文龍七十七年的人生智慧〉，《商業週刊》，2005 年 8 月 8 日，第 924 期。

[48] 根據中國學者的說法，中國不願與台灣外貿協會談判主要是受制於國民黨的壓力。一位上海台灣研究資深學者，2005 年 7 月 22 日，訪談。一位北京台灣研究資深學者，2005 年 8 月 30 日，訪談。

宣佈將從 8 月 1 日開始開放 15 項水果免關稅從台灣進口。然而，2005
年台灣出口水果到中國（包括香港）的金額反而較 2004 年衰退 19％。
2006 年，台灣出口水果到中國的金額僅僅 155 萬美元，占台灣水果出
口之 4.5％。在中國政治操作之下，2008 年 7 月，三年前國共論壇所
推動到上海的台灣水果及農產品進口商全部退出中國市場，而且最後
一家退出的「吉谷食品」還虧損將近一億新台幣。[49]

2006 年 10 月底，中國透過與國民黨溝通的管道，同意採購 2,000
噸台灣香蕉，以解決台灣香蕉產銷失衡的問題，並且對每公斤香蕉補
助金額超過 20 元。然而，根據農委會的統計，從 2006 年 10 月至 2007
年 1 月中旬，中國實際向台灣採購香蕉的數量僅僅 118 公噸，也就是
不到中國承諾金額的 6％。[50]2007 年 1 月初，中國又宣布要高價收購
台灣生產過剩的柳丁到中國銷售，但因破壞既有貿易商的利益、破壞
市場價格機制，中國僅僅採購一批柳丁後便不再進行。

再以「台灣開放中國觀光客來台」協商為例。台灣自從 2001 年 7
月經濟發展諮詢會議之後便已經確立要開放中國觀光客來台的政策，
隨後在 2002 年 1 月開放第三類中國觀光客前來台灣觀光旅遊，同年 5
月再開放第二類中國觀光客前來台灣。所謂第三類中國觀光客是指中
國人民取得第三國的永久居留權或學生簽證；第二類中國觀光客是指
中國人民取得第三國觀光或商務簽證。但是一般身份的第一類中國觀
光客至 2008 年初仍未開放，主要因為兩岸沒有適當的交流機制，無法
有效辨認中國人民的身份及處理兩岸旅遊糾紛與急難事件，所以必須
透過兩岸協商建立機制。

2005 年 7 月 28 日，台灣正式授權「中國民國全國旅行商業公會
全國聯合會」與中國對口單位聯繫與協商。但是中國方面始終不願積

---

[49] 徐尚禮，〈最後一位　台灣水果進口商　滅頂上海灘〉，《中國時報》，2008
年 7 月 9 日。

[50] 吳明敏，〈夾縫中茁壯的台灣農業〉，立法院吳明敏委員辦公室新聞稿，
2007 年 2 月 16 日。

極與台灣授權單位接觸與協商，反而是不斷透過各種管道與國共論壇對外表示即將開放中國觀光客到台灣旅遊。例如，該年 11 月 6 日，中國國家旅遊局長邵琪偉在離開台灣的前夕表示，他獲得國台辦主任的授權，正式宣布開放中國人民來台旅遊。[51]之後，中國卻沒有具體的開放動作，也沒有將台灣列為對外開放旅遊的目的地。2006 年 4 月中，中國企圖再利用國共論壇操弄兩岸觀光議題，當時行政院大陸委員會主委吳釗燮便宣布，如果六個月之內，兩岸未完成協商，台灣不排除片面開放中國觀光客來台。[52]

然而，中國仍不願意接受台灣的授權機構為協商對口單位，因為該機構名稱有「中華民國」四個字。[53]在 2006 年 8 月 27 日，台灣新成立「台灣海峽兩岸觀光旅遊協會」與中國的「海峽兩岸旅遊交流協會」進行觀光議題協商，中國才較積極與台灣的授權單位進行協商。截至 2008 年年初，雙方已進行 6 次技術性商談，並已就大部分技術問題達成共識，但中國在協議文字表述上設置政治障礙，明顯在刻意拖延協商、試圖影響台灣總統大選結果。[54]

最後，以「兩岸金融交流議題」為例。台灣在 2001 年便開放國內銀行赴中國設置辦事處，2002 年 8 月開放保險業赴中國設置子公司、2004 年 4 月開放保險業赴中國參股，2005 年 2 月開放證券業赴中國成立分公司及子公司。由於兩岸沒有簽訂金融監理協議，台灣無法開放銀行到中國設立分行或子公司，但又希望兼顧企業的商機，所以逐步

---

[51] 陳麒全，〈獲中共國台辦授權　邵琪偉宣布大陸開放對台旅遊〉，《中國時報》，2005 年 11 月 7 日。

[52] 2005 年 9 月 24 日，吳釗燮主委向作者表示，台灣非常希望與中國談成相關議題，但是中國一直不願意談判。吳主委的宣布應該可以說是為了反制中國利用國共論壇的統戰作法，凸顯不願談判的責任在中國。

[53] 一位國台辦資深官員，2006 年 7 月 28 日，訪談。

[54] 行政院大陸委員會，〈針對中國「國台辦」10 月 31 日記者會談話〉，2007 年 10 月 31 日。行政院大陸委員會，「來函」，《聯合報》，2008 年 2 月 16 日，版 A19。

開放金融風險較小的保險業與證券業到中國設立分公司或子公司。至
2007 年 10 月為止，台灣共核准七家保險公司與七家證券公司赴中國
投資。然而，中國只准許一家台灣保險公司設立合資公司，而且以兩
岸必須簽訂銀行監督管理合作機制與證券監理合作備忘錄為由，未同
意任何台灣銀行與證券公司在中國成立分公司或子公司。

　　2006 年 4 月 15 日，中國透過國共經貿論壇表達願意加強兩岸金
融交流，並且在 2007 年 1 月 17 日記者會上中國國台辦提出願意與我
國授權單位進行協商兩岸金融監理合作機制。依據中國在 2006 年 11
月 15 日公佈的「中華人民共和國外資銀行管理條例」，針對外資包括
台資銀行到中國設立分行或子銀行及參股設置前提條件，要求前往設
置上述分支機構之外資銀行所在國家或地區之金融監管當局必須先與
中國銀行業監督管理委員會建立監督管理合作機制。然而，對於兩岸
可否循「澳門模式」處理兩岸金融監理合作機制備忘錄的協商，中國
銀行業監督管理委員會主席劉明康明確表示，兩岸必須有正式的法律
框架安排，而且與兩岸直航的澳門談判模式不同。[55]中國政府迴避與
台灣政府協商，卻又設置雙方需建立金融監理合作機制之前提條件，
很明顯是台灣銀行業赴中國設置分機機構的最主要障礙。

　　在「硬的一手」方面，2007 年 8 月底胡錦濤在一場中央內部會議
上強調，中國軍隊目標只有一項，就是對台作戰。[56]8 月 30 日，中國
國防部長曹剛川在對日本防衛省官員及國會議員發表的演講中，聲稱
中國擴大國防支出，是因應台灣的情勢、對付台獨。[57]隔天，日本防
衛大臣卻召開記者會，指曹剛川對中國軍事擴張的解釋過於抽象，令

---

[55] 林則宏，〈銀監會　全面清查股市違規資金〉，《經濟日報》，2007 年 3 月 6
日，版 A6。

[56] 王玉燕，〈胡錦濤　共軍唯一工作　對台作戰〉，《聯合報》，2007 年 8 月 27
日，版 A14。

[57] 大陸新聞中心，〈曹剛川：中國擴軍　為對抗台獨〉，《中國時報》，2007 年
8 月 31 日，版 A16。

人失望，日本將持續向中國施壓。[58]雖然中國刻意掩飾軍事擴張的事實，或者對外表示中國軍事擴張的唯一目標是針對台灣，但是其他國家卻一再質疑中國的戰略目標是超越圍堵台灣，成為區域霸權；也就是說，中國無法掩飾其「硬要崛起」的戰略企圖，對亞太和平與穩定造成嚴重影響。

中國擴建軍備的目標不只是針對台灣，而是企圖將東亞地區納入中國的勢力範圍，建立中國霸權架構。例如，中國的 094 核動力戰略潛艇正式於 2004 年 7 月下水，裝備有巨浪二型核彈頭洲際導彈（陸基洲際導彈東風 31 型的潛射型號），射程長達 8,000-12,000 公里，顯然目標不是針對台灣。又如，2006 年底中國政府正式解密顯示，殲 10 戰鬥機已經成軍，正在研發殲 14 戰鬥機，等同於美國 F-22 等級的最先進戰鬥機。2007 年初，中國軍事將領更展現野心表示，希望在 2010 年完成第一艘航空母艦（北京號）。此外，中國也向俄國購買潛水艇、長程轟炸機、空中加油機，這些都超過中國對付台灣的武器需求。目前中國擁有 60 艘先進潛水艇，實際上，12-16 艘潛艇即足以封鎖台灣海峽。台灣距離中國僅有 150 公里，中國根本不需要以長程轟炸機、空中加油機對付台灣。

中國以台灣為藉口行軍備擴張之實，成為亞太及全球和平穩定的最大風險，包括美國、日本、澳洲在內的國際社會紛紛質疑中國擴軍的目的。在 2005 年 6 月，當時的美國國防部長倫斯斐就在新加坡公開質疑，世界上並沒有國家威脅到中國，但中國卻仍積極擴張軍備。[59]2007 年，美國副總統錢尼、國務卿賴斯、國務院發言人、國防部長蓋茲與美軍太平洋總部司令吉亭都一致批評中國軍事力量的成長遠超過中國的需要與區域所扮演角色之需。6 月中，美國國防部副次長勞樂斯更明確指出，中國軍力發展的近程目標在台灣海峽，但發

---

[58] 星島日報，〈日指中國軍費說明「過於抽象」〉，《星島日報》，2007 年 9 月 1 日。
[59] 梁東屏、劉屏，〈倫斯斐：中共擴軍　威脅全球〉，《中國時報》，2005 年 6 月 5 日，版 A2。

展趨勢卻是超越台灣海峽。[60]日本與澳洲在 7 月初發表國防白皮書警告，中國的軍備擴充已經超越應付台灣的需求，危及到區域安全。

中國推行「軟硬兩手」策略的結果可說是「軟而不實」、「硬要崛起」，軟硬兩手相互抵銷、相互制肘，對兩岸關係的發展或中國的統一目標沒有正面幫助，同時引起亞太地區國家的高度警戒，以下數據應該可以充分說明。根據行政院大陸委員會委託的民意調查，從 2002 年至 2007 年，台灣人民認知中國政府對台灣政府具有敵意的比例始終維持在六成左右，對台灣人民具有敵意的比例始終維持在四成左右；支持盡快統一的民眾維持在 2％左右，但是支持儘快宣布獨立的民眾卻從 3-5％增加到 8-10％；其餘是維持兩岸現狀。[61]

再從國家認同的角度來看，台灣人民的台灣認同迅速增強。根據政治大學選舉研究中心的調查，2000 年 4 月台灣人民認同自己是台灣人的比重為 42.5％，中國人的比重為 13.6％，兩者都是的比重為 38.5％；2006 年 11 月台灣人民認同自己是台灣人的比重為 60.1％，中國人的比重為 4.8％，兩者都是的比重為 33.4％。[62]即使中國台商的態度也沒有因為中國的優惠措施或在中國長期經商利益而明顯改變他們的國家選擇，這讓中國政府感到相當挫折。根據中國對台研究單位的調查，90％的台商支持中華民國在台灣是一個主權獨立的國家，7％支持兩岸統一，3％支持台灣宣布獨立。[63]

---

[60] 林寶慶，〈共軍全面轉型　實力讓美國吃驚〉，《聯合報》，2007 年 6 月 15 日，版 A21。

[61] 行政院大陸委員會，〈民眾對統一、獨立或維持現狀的看法〉，2007 年 11 月 18 日下載，〈http://www.mac.gov.tw/big5/mlpolicy/pos/9608/9608_1.gif〉。行政院大陸委員會，〈民眾認知大陸當局對我敵意態度〉，2007 年 11 月 18 日下載，〈http://www.mac.gov.tw/big5/mlpolicy/pos/9608/9608_7.gif〉。

[62] 行政院大陸委員會，〈附表十二：民眾對自我認同的看法〉，2007 年 11 月 18 日下載，〈http://www.mac.gov.tw/big5/mlpolicy/pos/9001/table12.htm〉。行政院大陸委員會，〈附表十：95 年度民眾對國家認同的看法〉，2007 年 11 月 18 日下載，〈http://www.mac.gov.tw/big5/mlpolicy/pos/9602/10.pdf〉。

[63] 一位上海台灣研究資深學者，2005 年 7 月 22 日，訪談。

八、結論

　　「十七大」之後，中國的對台政策框架仍為「一個中國」、「一國兩制」、「和平降服」、「武力併吞」，具體的手段包括「內外兼施」與「軟硬兩手」。從 2000-2007 年，武力威脅、聯美制台、分化內部、經濟利誘是中國對台政策的四大支柱。在那個階段，中國經濟崛起、國際反恐格局、台灣朝野對立賦予中國相對優勢的戰略地位對台灣施加巨大政治壓力，導致中國不願大幅度務實調整對台灣的政策框架與作為，持續杯葛或延宕與台灣的功能性議題協商。雖然中國口口聲聲說要「寄希望於台灣人民」，但是具體的作為卻是「寄希望於美國政府與台灣在野黨」。

　　根據兩岸在 2000-2008 年互動的經驗，中國推行「軟硬兩手」策略的結果可說是「軟而不實」、「硬要崛起」，軟硬兩手相互抵銷、相互制肘，對兩岸關係的發展或中國的統一目標沒有正面幫助，同時引起亞太地區國家的高度警戒。中國的片面優惠很多無法落實、兩岸經貿交流問題依然存在、兩岸經貿合作架構無法建立；也就是說，中國的作法充其量只是「口惠而實不至」與「軟而不實」。同時，中國以台灣為藉口行軍備擴張之實，成為亞太及全球和平穩定的最大風險，包括美國、日本、澳洲在內的國際社會紛紛質疑中國擴軍的目的。

　　過去將近二十年，中國嘗試瞭解台灣的民意與民主政治，對台政策已經比較彈性與務實。然而，這些改變是建立在過去中國對台政策的失敗教訓上。在 1995-96 年，中國對台文攻武嚇，希望阻撓李登輝總統連任；結果李總統高票連任。2000 年初，中國對台政策白皮書表示，如果台灣拒絕和平統一談判，中國將不排除使用武力；結果美國明確表達反對中國的武力促談政策，從此中國不敢再提到這項動武條件。

　　2000 年大選時，中國威脅，如果陳水扁當選總統，兩岸可能發生戰爭；結果陳總統當選，兩岸並沒有發生戰爭。不僅如此，在國民黨執政時期，中國要求台灣接受一個中國原則，兩岸才可能恢復對話。但是，陳總統當選後，中國反而改變立場，表示兩岸經貿對話不需要一個中國為前提，而且兩岸開始實施小三通與第一次春節包機。

　　2004 年，中國在台灣大選前保持極度低調，深怕刺激台灣選民，但選後即發表 517 聲明，表明陳總統繼續台獨路線，兩岸便可能發生戰爭；唯有台灣接受一個中國原則，兩岸才有和平發展。結果，陳總統連任後，兩岸沒有發生戰爭，反而開始談判。兩岸不僅談成二次春節包機與四項專案包機協議，而且針對陸客來台與客貨運包機進行八次協商、針對奧運聖火來台進行兩個月的密集談判。

　　中國第一次面對民進黨執政，未能即時回應陳水扁總統所提出的善意政策，因而錯過很多兩岸良性互動的機會，導致兩岸僵局難以解開。[64]2008 年 5 月 20 日馬英九就任為中華民國總統後，兩岸政治對峙氣氛緩和、兩岸兩會恢復協商、兩岸經貿進一步開放、兩岸外交對抗似乎緩和。面對之前八年的互動僵局，中國比較務實面對馬政府，珍惜兩岸關係緩和的契機。

　　下一章將分析目前兩岸互動最為關鍵的要素、也是爭議最大的內容：「九二共識」。

---

[64] 中國官員與學者普遍認為陳水扁總統在第一任期內初期提出一些善意的說法，但是中國不敢回應，因為內部的評估需要時間，等到評估完成之前，陳總統已經提出新的說法，導致中國已經錯失回應陳總統善意的黃金時間，擔心任何回應都會遭到國內強硬派的攻擊。對數位中國涉台資深官員與資深學者訪談，2002 年 11 月 21、23、26 日、2004 年 4 月 26、27、28、30 日、2005 年 6 月 23 日、2011 年 5 月 23 日。

第二部份

兩岸與國際戰略情勢

第肆章 從「九二共識」到「零八共識」

一、前言

兩岸存在主權衝突已經超過 60 年，其核心便是一個中國的問題。在 1991 年之前，兩岸政府都認定台灣與大陸都屬於中國的一部份，自稱是中國的唯一合法政府，視對方政權為叛亂團體，在國際社會競逐中國的唯一代表權。1991 年之後，中國沒有改變這項立場，但是台灣為爭取國際社會的參與權與國家的生存權，藉由民主化的歷程改變政府合法性，進而在憲政秩序、國族認同、國際參與、國際政策方面都有大幅度的調整，無可避免改變原來的一個中國原則立場。

另一方面，1987 年後兩岸的政策開放與社會交流，逐漸需要兩岸政府務實協商解決兩岸交流的問題，甚至需要兩岸政府合作創造互惠利益。然而，在國民黨政府時代，如何從兩岸都代表中國政府的僵局中找到協商的方式，既要避免兩岸對彼此的政府與國家承認問題，又要務實而有效解決兩岸交流問題，成為兩岸無法逃避的棘手課題。最後，台灣政府授權成立民間組織——海峽交流基金會（海基會），中國政府也成立相對應的組織——海峽兩岸關係協會（海協會），兩會務實協商交流問題，以規避兩岸政府承認的問題。

不過，兩會在協商事務性議題前，中國政府一度要求台灣政府必須先承諾一個中國原則。但經過兩岸的折衝協調之後，兩岸終於在 1992 年達成共識，擱置政治爭議、務實協商事務性議題。但是這

項共識的時空背景是在台灣民主化、本土化與國際參與剛啟動之際，所以中國對於台灣是否堅守一個中國原則並沒有太多疑慮，所以透過各自表述一個中國問題的權宜作法，暫時化解兩岸對於一個中國原則的爭議。

然而，1992 年以後，台灣的憲政秩序、國族認同、國際參與、國際政策方面都有大幅度的調整，最後李登輝總統在 1999 年 7 月 9 日提出特殊國與國關係的兩岸定位，直接挑戰一個中國原則立場。中國政府決定採取強硬的回應，釐清一個中國原則、明確否定一中各表的九二共識、切斷兩岸兩會協商、提升對台灣的軍事威脅與國際圍堵，脅迫台灣回歸一個中國原則。

中國的強硬作法並沒有讓台灣選民屈服，反而讓民進黨的陳水扁在 2000 年當選總統。針對兩岸的「一個中國原則」僵局，時任行政院大陸委員會（簡稱陸委會）主委的蘇起在 2000 年 4 月 28 日建議，以「回到九二共識」取代「一個中國」的爭執。不過，蘇起也強調，中國一直不承認「一個中國、各自表述」八個字，因此建議兩岸各自解釋「九二共識」的內容，而不用出現「一個中國」四個字。[1]其實，蘇起的話確實是馬總統在 2008 年 5 月執政以後的兩岸共識濫觴，但這項共識不是「九二共識」，而是「九二共識、各自表述」。

面對台灣的政治變局，中國順勢而為。一方面，中國要求台灣承認「九二共識」才願意恢復兩會協商，但強調「九二共識」不是一中各表，而是兩岸都接受一個中國原則，以此作為施壓民進黨政府接受一個中國原則的途徑。另一方面，中國政府提出兩岸政府授權非海基會的民間組織進行功能性議題協商，以便解決兩岸交流與合作的問題。這項協商模式後來稱為「澳門模式」，其本質是兩岸擱置爭議、不設前提、相互尊重、實事求是、政府主導、民間協助，由兩岸政府授

---

[1]　張慧英，〈蘇起建議：兩岸以九二共識取代一中爭執〉，《中國時報》，2000年 4 月 29 日。

權特定民間協會，由兩岸官員實際上談判桌進行協商。不過，兩岸對於主權立場的爭議，以及中國刻意以兩會協商作為兩岸和平與合作的象徵，因此兩岸透過澳門模式完成協商的議題有限，協商進度也非常緩慢。

經過民進黨八年的執政，中國終於等到國民黨的馬英九恢復執政。「九二共識」成為兩岸協商與互動的關鍵要素，截至 2011 年中，兩岸完成十五項協議，包括兩岸經濟合作架構協議，同時中國減少對台灣的軍事恫嚇言詞，並且兩岸在國際社會參與的衝突略微減緩，台灣克制不提出聯合國的參與，中國同意台灣以觀察員的身份參與世界衛生大會，同時兩岸暫停競逐邦交國數目。

在 2000 年前，國民黨執政時並無法以「九二共識」恢復兩會協商，中國要求台灣一定要接受「一個中國原則」才願意恢復協商，而且斷然否定「一中各表」的「九二共識」。在 2008 年後，「九二共識」好像變成兩岸關係發展的靈丹妙藥，成為國民黨與共產黨推崇的歷史成就。

不過，問題還是在兩岸共識的內涵與實質作為。本章將先討論「九二共識」的背景與內涵，進而分析「九二共識」的爭議與瓦解，最後則闡述 2008 年以後「零八共識」的形成與內涵。

二、「九二共識」的背景與內涵

1949 年，國民黨政府撤退來台，中國共產黨（簡稱中共）於北京宣布建立中華人民共和國（簡稱中國）政府，至此台海兩岸正式進入分裂狀態。中華民國（簡稱台灣）政府為抵抗赤化洪流，實行「堅壁清野」政策，全面斷絕海峽兩岸人貨往來，與中國展開軍事對峙。然而，國共兩黨並沒有將對方看做「敵對國家」，而是國內的叛亂勢力，自己則是代表中國的唯一合法政府，並且在國際社會爭取作為中國主權代表的唯一合法政府。此即「一個中國」原則的誕生背景。

　　自 1949 年以後，台灣逐漸喪失外交優勢，國際局勢也不容台灣以武力的方式反攻大陸，只能藉助於國際社會反共的浪潮，在國際社會作為中國代表的唯一合法政府。然而，1971 年以後，由於台灣政府連續遭受喪失聯合國席位、斷交潮、及台美斷交的打擊，為了鞏固民心，除奮力批駁國際姑息逆流外，也持續禁止人民與大陸方面有任何接觸。迫於國內的政治壓力以及海外的中國統戰攻勢，台灣政府改以「三民主義統一中國」取代「反共復國」口號。

　　1987 年前，台灣政府的對外政策仍強調「漢賊不兩立」原則，亦即自命為中國唯一合法政府，在外交戰場上與中國進行零和競賽。為了對抗中國「三通四流」的統戰喊話，台灣政府陸續推出不接觸、不談判、不妥協的「三不原則」，以及不通航、不通商、不通郵的「三不政策」。台灣政府拒絕與中共此一「叛亂團體」有任何足以構成非正式「承認」的接觸，同時避免台灣內部民心的崩潰。

　　這樣的立場自 1987 年開始有了變化。蔣經國總統於 1987 年 7 月 2 日正式宣告開放大陸探親、7 月 15 日正式解除實施長達 39 年的戒嚴令，這兩項作為開啟了兩岸交流的先聲。此後，台灣政府陸續於 1990 年成立「國家統一委員會」（簡稱國統會）、於 1991 年終止動員戡亂時期，代表台灣政府願意正視中共政權統治大陸的事實。同時，行政院「大陸工作會報」改組為行政院大陸委員會，並成立半官方性質的海基會。另外，國統會也於 1991 年第三次會議通過「國家統一綱領」。

　　總而言之，在 1987 年前，兩岸政府均認定兩岸關係處於武力衝突的內戰狀態，均自稱為中國唯一合法政府，完全否認對方存在的正當性，不但想獨自佔有中國完整的主權，也誓言將奪回遭對方佔據地區的治權。1991 年，台灣政府取消「戡亂」政策，轉而承認中共政權的存在、強調兩岸處於暫時分裂分治的狀態，但是中國政府的立場卻沒有相應調整。

　　然而，隨著兩岸交流日益密切，衍生出相當多經貿、法律、文書與司法問題，亟需兩岸政府共同解決。因為這樣的客觀需求，導致兩

岸不能再迴避談判。台灣政府希望由兩岸政府授權的民間組織出面協商，以避免政府承認的問題，同時不預設任何政治前提，讓兩岸事務性協商單純化。

於是，台灣政府於 1990 年 11 月 21 日成立了海基會，並且於 1991 年先後兩次在北京與中國國務院台灣辦公室（簡稱國台辦）官員針對事務性議題協商進行討論。由於當時國台辦副主任唐樹備表明，希望台灣方面於事務性協商中，堅持「一個中國」原則，以致兩岸無法達成任何共識。

1991 年 12 月 16 日中國政府成立海協會，作為海基會的對口單位，進行事務性議題的相關協商。1992 年 3 月下旬，兩會重新於北京進行磋商，討論兩岸文書查證使用及間接掛號查詢補償兩項問題。台灣陸委會與海基會自始即堅持一個中國原則和文書使用等「技術性事務無關」。[2]這讓中國方面極不滿意，該次會談持續至 3 月 30 日，沒有達成任何具體協議。

會後，改任海協會常務副會長的唐樹備指出：「一個中國問題不應成為雙方會商的困擾……兩岸沒有統一，但我們是一個國家，這個原則我們是堅定不移的。至於用什麼形式來表達這麼一個原則，我們願意討論。」[3]唐樹備的談話，首次展現中國對事務性協商可能出現的彈性立場。

針對中國對「一個中國原則」表述的喊話，台灣國統會於 1992 年 8 月 1 日正式提出「一個中國」的定義：「海峽兩岸均堅持『一個中國』之原則，但雙方所賦予之涵義有所不同。中共當局認為『一個中國』即為『中華人民共和國』……我方則認為『一個中國』應指 1912

---

[2] 何振忠、尹乃馨，〈果不其然提出來，各說各話解僵局〉，《聯合報》，1992年 3 月 24 日，版 3。

[3] 許世銓，《1992 年共識：海基海協兩會協商之回顧與評析》（北京：中國社會科學院台灣研究所，2000 年），頁 9。

年成立至今之中華民國……民國 38 年起，中國處於暫時分裂之狀態，由兩個政治實體，分治海峽兩岸，乃為客觀之事實……」。[4]

國統會對「一個中國」的定義已經帶有「一中各表」甚至「兩個中國」的意味。然而，針對國統會的定義，海協會負責人卻表示，台灣已經確認兩岸均堅持一個中國之原則，而且在事務性協商中應堅持一個中國原則已成為海峽兩岸的共識。對於台灣強調兩岸賦予一個中國不同涵義，中國卻視若無睹。[5]

同年 10 月 28 日，海基會代表許惠佑與海協會代表周寧於香港進行會商，討論的主題是如何排除在事務性協商中雙邊對「一個中國」問題上的分歧。周寧率先提出中國方面對如何表示兩岸均堅持一個中國原則的五種文字表述方案，而許惠佑也根據陸委會的授權提出五種文字表述方案，但兩會均無法同意對方的提案，談判一時陷入僵局。這時，許惠佑得到陸委會的授權，提出三種口頭表述方案：

1. 鑑於中國仍處於暫時分裂之狀態，在海峽兩岸共同努力謀求國家統一的過程中，由於兩岸民間交流日益頻繁，為保障兩岸人民權益，對於文書查證，應加以妥善解決。
2. 海峽兩岸文書查證問題，是兩岸中國人間的事務。
3. 在海峽兩岸共同努力謀求國家統一的過程中，雙方雖均堅持一個中國原則，但對於一個中國的涵義，認知各有不同，惟鑑於兩岸民間交流日漸頻繁，為保障兩岸人民權益，對於文書查證，應加以妥善解決。[6]

這時雙方立場雖稍有接近，並同意延長半天談判時間，但最後仍舊無法當場達成共識，兩會代表也分別返國。在回國前，有關事務性

---

[4] 何振忠，〈一個中國亦即一國兩區兩體〉，《聯合報》，1992 年 8 月 1 日，版 2。
[5] 許世銓，前引書，頁 8-9。
[6] 蘇起，《「一個中國，各自表述」共識的史實》（台北市：國政基金會，2003 年），頁 4。

協商中對於一個中國原則的表達內容，海基會建議在彼此可以接受的範圍內，各自以口頭方式說明立場。

海協會經過研議後，於 11 月 3 日由副秘書長孫亞夫致電海基會秘書長陳榮傑，表示海協會「充分尊重」海基會以口頭聲明表達一個中國原則的建議。[7]11 月 16 日，海協會再度致函海基會：「海峽兩岸都堅持一個中國的原則，努力謀求國家的統一，但在海峽兩岸事務性商談中，不涉及『一個中國』的政治涵義。本此精神，對公證書使用（或其他商談事物）加以妥善解決。」[8]海協會並暗示，中國可以接受台灣提出的口頭表述方式之第三案。同時，海協會建議兩會約定時間，各自表述「一個中國」原則，但海基會卻表示雙方在香港協商時已經各自表達對「一個中國」的看法，沒有必要再約定時間同時表達。[9]

之後，兩會於 1993 年 4 月上、下旬連續為「辜汪第一次會談」進行預備性磋商，終於排除一切障礙，於 4 月 27-28 日在新加坡舉行歷史性的辜汪會晤，並達成包括兩岸公證書使用查證、兩岸掛號函件查詢補償事宜、兩會聯繫與會談制度、共同協議等四項協議，開啟兩岸藉由協商共同解決問題的大門。

由於 1992 年會談過程並沒有形成文字的共識，只能以歸納的方式詮釋這項共識的內涵。回顧歷史，1992 年兩岸雙方從表態、磋商到合意的過程，我們可以歸納出「九二共識」的特徵為擱置爭議、模糊一中、有限共識、務實協商。具體而言，「九二共識」的內涵為：

1. 為了啟動事務性協商，兩岸諒解彼此的一個中國原則立場，擱置政治爭議，務實進行協商。不過，這項共識是非常模糊，沒有具體的文字敘述或口頭表述的共識內涵。

---

[7] 《新華社電》，1992 年 11 月 4 日。
[8] 蘇起，前引書，頁 5。
[9] 何振忠，〈一個中國各自表述，兩岸存異求同〉，《聯合報》，1992 年 11 月 18 日，版 2。

2. 雙方對於一個中國原則的共識是非常模糊的，幾乎是各說各話。

    (1) 中國強調：兩岸堅持一個中國原則是前提，但在事務性協商中，不涉及「一個中國」的政治涵義。也就是說，台灣必須接受一個中國原則，只是可以諒解台灣對於一個中國有不同的定義，但不代表中國願意接受或默認台灣的定義，只是現階段擱置爭議罷了。這可以簡稱為「各表一中」。

    (2) 台灣強調：雖然兩岸均堅持一個中國原則，但兩岸對於一個中國的涵義認知不同。也就是說，台灣接受一個中國原則，但是中國必須默許台灣對於一個中國的定義與中國的定義不同，甚至默認中華民國存在的事實。這可以簡稱為「一中各表」。

3. 這項共識的適用是有限制的，只適用在事務性議題的協商，不涉及到其他議題的協商，更不適用到其他場合或議題，例如兩岸政治定位與台灣的國際參與。

三、「九二共識」的爭議與瓦解

1993 年以後，兩岸時而在外交戰場上出現摩擦、時而因為對國家定位的爭議平添齟齬，「九二共識」對於一個中國原則的諒解與擱置爭議反而成為國民黨政府推動務實外交的重要掩護，使得「九二共識」的內涵成為兩岸爭議的焦點，最後「九二共識」逐漸瓦解。以下便從外交與國家定位兩方面探討 1993 年至 1999 年兩岸關係的變化，藉此說明「九二共識」步向瓦解的過程。

（一）台灣的外交攻勢

原本兩岸在正式交流之前便存在著外交鬥爭，待李登輝總統倡言台灣必須「走出去」，改行「務實外交」政策之後，台灣便逐漸改變一個中國立場，以爭取較為合理而寬廣的國際空間。1993 年至 1999 年，台灣官方積極拓展外交與參與國際社會的行動，可依性質分為下面三種：

1、參與國際組織

其中最重要的就是「台灣重返聯合國」運動。台灣藉著邦交國在聯合國的發言，積極表達重返聯合國的意願。台灣在 1993 年 5 月 17 日發表的「中華民國參與聯合國」專文中解釋：台北與北京在台海兩岸各自對部分中國土地與人民行使治權，為近代國際政治史上所僅有。中國卻利用兩個政治實體並存、而國際法無從規範之實，對中華民國肆行打壓。[10]

同時，台灣也積極加入其他國際組織。除原已加入的亞太經濟合作會議（APEC）及亞洲開發銀行（ADB）之外，台灣也申請加入世界貿易組織（WTO）、世界衛生組織（WHO）、與中美洲統合體（Central American Economic Integration）。不論台灣是以中華民國的稱號或其他名稱要求參與國際組織，中國都強烈批評台灣違反一個中國原則、實行「一中一台」或「二個中國」的政策。

2、拓展雙邊外交關係

自 1978 年台美斷交之後，台灣的外交處境一直處於風雨飄搖當中，邦交國一度僅剩下 22 個，且多為小型國家。但其後銳意經營，

---

[10] 行政院外交部，《中華民國參與聯合國》（台北市：外交部，1993 年 5 月）。

自 1992 年開始，台灣的邦交國數目穩定增加，甚至成功與馬其頓締結外交關係，做為台灣在歐洲除教廷之外另一個外交據點。此外，台灣外交單位也靈活運用各種手段，與非邦交國或達成互設辦事處、或相互承認（如 1992 年與萬那杜、1995 年與巴布亞紐幾內亞）的協議。

前述外交勝利，固然對於拓展台灣國際空間裨益良多，但也同樣激起中國的不滿，甚至起而與台灣競相「收買」、「裏脅」邦交國，導致兩岸嚴重的外交競賽，也讓台灣陸續失去南非、尼日和中非等友邦。當然，更重要的是，中國不斷批評台灣背離「一個中國」原則，推行「二個中國」與「一中一台」政策。[11]

3、元首外交

這是台灣自李登輝總統就任之後，方才發展成熟的外交手段。李總統率團出訪的國際媒體聚焦能量，使得台灣「走出去」的訴求廣為各國所知。其犖犖大者，如 1994 年 2 月走訪菲律賓、泰國與印尼的「南向之旅」、1994 年 5 月走訪拉丁美洲與非洲邦交國的「跨洲之旅」、1995 年 4 月的中東之旅、1995 年 6 月的康乃爾之行與 1996 年 9 月的「太平之旅」等，均展現出李總統所帶動的強大外交動能。

其中，尤以康乃爾之行所引發的政治效應最引人關注。當年李總統應邀前往其母校康乃爾大學發表「民之所欲、長在我心」演說，成為中華民國史上首位訪問美國的現任總統。中國隨後展開猛烈的文攻武嚇，批判台灣違反一個中國原則，甚至將導彈發射至台灣高雄與基隆兩大港口的鄰近海域。

---

[11] 根據筆者對人民日報涉台內容的統計，中國批判台灣當局搞「一中一台」、「兩個中國」，以及對台灣從事務實外交的批評，自 1993 年台灣申請加入聯合國後急遽增加。

（二）台灣的國家定位

　　1992 年以後，李總統開始提出一些對兩岸關係與台灣國家定位的主張，這些主張與民進黨強調台灣主權獨立的想法有許多契合之處，但卻沒有其獨立建國主張的激進性，對中間選民具備較強吸引力。[12]李總統巧妙的政治手腕、柔軟卻不失堅定的身段，帶領本土化後的國民黨重新打造中華民國內涵的主權獨立。其兩岸政策也從一開始的「一個中國」，過渡到「一國兩府」、「兩個中國」，最後抵達「特殊國與國關係」的終站。

　　1993 年 5 月 20 日，李登輝在就職三週年記者會上，提出「生命共同體」此一具社群主義色彩的名詞，以及「中華民國在台灣」的主權論述。[13]前者意在化解國內的族群衝突，為台灣打造嶄新的國族內涵，希望鎔鑄出台灣人的集體意識；後者則是「中華民國台灣化」的首次嘗試，企圖讓中華民國的主權與治權範圍固定在台澎金馬，與在大陸的中華人民共和國呈現對等的關係。這兩點成為日後李總統相關論述的兩條敘述軸線，也就是新國族與文化的再造，以及中華民國法理定位的變更。

　　李總統在 1994 年 4 月 23 日國民黨年終工作檢討會上表示：「在我們之間，不應該有任何族群分化論調。大家都是中國人，而且只要認同台灣，為台灣的生存發展奉獻心力，不論哪一個族群，不論來台先後，也都是台灣人。」[14]1995 年 1 月 14 日，李總統出版《經營大台灣》一書，提出「經營大台灣、建立新中原」口號，他認為台灣文化的豐沛活力，乃是中國文化的新生力量，甚至是躍升中的「新中原」。1998

---

[12] 林佳龍、鄭永年主編，《民族主義與兩岸關係：哈佛大學東西方學者的對話》（台北市：新自然主義出版社，2001 年），頁 257。
[13] 聯合報，〈李總統記者會特別報導〉，《聯合報》，1993 年 5 月 21 日，版 4。
[14] 林佳龍、鄭永年主編，前引書，頁 252。

年台北市長改選前夕，李總統為了化解民進黨陣營對國民黨候選人馬英九的攻擊，於投票前夕舉著馬英九的手而高喊「新台灣人」。至此李總統的台灣國族論述業已完備，以台灣為認同對象與文化主體的觀念成為「中華民國在台灣」厚實的思想基礎。

　　在中華民國法理定位的變更方面，李總統運用多元的表達管道逐步調整中華民國的國家定位。1993 年 11 月，台灣推派江丙坤擔任西雅圖 APEC 會議台灣代表。會中，江丙坤提出「以一個中國為指向性的階段性兩個中國」主張，與中國的「一個中國」主張抗衡，但這項宣言因為受制於國內外龐大的壓力，沒有進一步宣揚這項主張。但是李總統則繼續以不同的表述方式詮釋兩岸關係的新定位。1994 年 4 月 14 日，李總統接受《自由時報》專訪時表示，現階段是「中華民國在台灣」與「中華人民共和國在大陸」並存。

　　歷經 1995-1996 年台海危機後，李總統接受《亞洲華爾街日報》訪問時仍表示：「兩岸主權分享、治權分立，中華民國自 1912 年就是主權獨立的國家。」[15]在 1997 年接受《華盛頓郵報》與《泰唔士報》訪問時，李總統一再強調：「台灣早就獨立，是主權獨立國家」、「台灣就是台灣，不是中華人民共和國的一省。」[16]最後，1999 年 7 月 9 日，李總統在接受德國之音訪問時終於拋出「兩國論」，稍後並由陸委會主委蘇起宣布放棄「一個中國、兩個對等政治實體」主張、兩岸進入國與國的政治談判階段，台灣正式告別「一個中國」的原則。[17]

---

[15] 何振忠，〈李登輝：台灣希望香港成功〉，《聯合報》，1997 年 6 月 27 日，版 4。

[16] 張宗智，〈『台灣是獨立國家』兩度獲總統確認〉，《聯合報》，1997 年 11 月 11 日，版 2。

[17] 何明國、謝公秉、張青，〈蘇起：兩岸將進入國對國政治談判〉，《聯合報》，1999 年 7 月 15 日，版 2。

（三）北京的強烈回應

面對台灣一連串的外交攻勢與國家定位調整，北京的態度逐漸轉趨強硬，除了不斷發言表達堅持「一個中國」原則之外，也數度否認兩岸間曾有過「一中各表」的共識，並一再釐清「一個中國」原則的定義，斷然拒絕台灣利用在事務性議題協商所同意的模糊「九二共識」為掩飾推動外交活動與更改國家定位。

中國除了傾全力與台灣在外交戰場上周旋外，並且於 1993 年 8 月底發表第一份對台政策白皮書──《台灣問題與中國統一》。白皮書中特別釐清中國對「一個中國」原則的定義與基本立場，以反對台灣推動務實外交與參與國際組織的任何活動。北京強調，「世界上只有一個中國，台灣是中國不可分割的一部份，中央政府在北京。」[18]

1995 年 1 月 30 日，中國國家主席江澤民發表對台政策重要講話，俗稱「江八點」。「江八點」的第一點即點明兩岸必須堅持「一個中國」原則，並且駁斥台灣的「分裂分治」與「階段性兩個中國」等主張都是違背「一個中國」的原則，中國堅決反對。[19]

1995 年 6 月，李總統率團訪美，至其母校康乃爾大學發表「民之所欲，長在我心」演說，數度提及「中華民國在台灣」。這項動作立刻招來中國方面嚴厲的指責，更於 1995 年 7 月到 1996 年 3 月對台發動六波軍事演習。

海協會常務副會長唐樹備在 1996 年 10 月 9 日舉行國際記者會非常清楚詮釋中國的立場，指出：「海協會和海基會在 1992 年底，關於「一個中國」的問題，確實有過共識，這一共識就是海峽兩岸都堅持「一個中國」的原則，我們各自口頭上表述這句話，關於「一個中國」

---

[18] 行政院陸委會編，《大陸工作參考資料》，第二冊（台北：行政院陸委會，1998），頁 275。

[19] 行政院陸委會編，《大陸工作參考資料》，第二冊，頁 367-368。

的政治內涵我們兩會不去討論它。這是有資料可查的。現在形勢已經變化，93 年 6 月以來，台灣方面開始進行加入聯合國的行動。這是 1971 年台灣離開聯合國、中華人民共和國恢復聯合國代表權以來，台灣第一次採取這樣的行動，這嚴重悖離了「一個中國」的原則。1994 年、1995 年，台灣的領導人又頻繁地到與中國建交的國家「出訪」，製造「兩個中國」和「一中一台」的活動，這就導致了兩會商談一事無成。因此可以這樣講，1993 年「汪辜會談」以來，台灣在背離「一個中國」的原則方面做了一系列事情，造成了兩岸關係緊張。我們認為，關於「一個中國」的政治內涵，主要有兩點：第一，台灣是中國的一部份，中國的領土和主權的完整絕對不允許分割。第二，我們對台灣和與中國建交的國家進行民間經貿文化往來不持異議，但反對台灣當局以擴大所謂國際生存空間的名義為由，來進行製造「兩個中國」、「一中一台」的活動。」[20]

從 1995 年到 1998 年，唐樹備等涉台官員數度出面否認兩岸存在「一中各表」的共識，認為「一中各表」的說法是台灣刻意歪曲，並要求台灣立刻回到「一個中國」立場，但未獲台灣的正面回應。[21]為了反制李總統的「特殊兩國論」，2000 年 2 月，中國再發表對台政策白皮書──《一個中國原則與台灣問題》，再次釐清北京的「一個中國」原則與內涵，批判台灣的務實外交與參與國際組織的活動都是違背「一個中國」原則。[22]

前陸委會主委蘇起在 2003 年也同意，在 1996 年 11 月中國正式否認兩岸有「一中各表」共識之前，台灣官方即已大量使用此一名詞，

---

[20] 〈唐樹備昨在北京答記者問〉，《文匯報》，1996 年 10 月 9 日。

[21] 劉剛，〈海協負責人接受記者採訪時指出：只有堅持一個中國原則，兩岸關係才能穩定發展〉，《人民日報》，1995 年 9 月 20 日，4 版。賴錦宏，〈張銘清：『適當氣氛』要台灣『不做什麼』〉，《聯合報》，1996 年 9 月 25 日，9 版。

[22] 中國國務院台灣事務辦公室新聞局編，《兩岸關係與和平統一：2000 年重要談話和文章選編》（北京：九洲出版社，2001），頁 186-205。

而當時中國並沒有直接否認。本來兩岸要擱置政治爭議而進行事務性議題協商的「九二共識」當中，兩岸對於一個中國原則存在各自表述的諒解，但台灣卻拿來當作是國家定位與外交活動的兩岸共識。[23]

　　兩岸對於「一個中國」原則本來就沒有共識，「九二共識」只是擱置一個中國原則的政治爭議，務實展開事務性議題協商的權宜之計。然而，兩岸是同床異夢，台灣希望詮釋「九二共識」為可以表述「一個中國」不同定義的自由，爭取台灣在國際與兩岸互動的空間；中國則強調台灣已經接受「一個中國」原則，希望以此作為兩岸互動與台灣在國際社會地位的行為規範。在李總統提出「兩國論」之後，中國認為台灣的作法已經是「兩個中國」或「一中一台」，因此北京便全面性否定與批判兩岸存在「一中各表」的九二共識，使得「九二共識」至此瓦解。以下再詳細說明兩岸對於「九二共識」的爭執。

四、「九二共識」的爭執

　　「九二共識」爭執的本質便是「一個中國」的爭執與妥協。1995年9月19日，中國海協會負責人表示：「台灣『國統會』在對一個中國原則表述所做的『結論』中企圖口頭上講『一個中國』，而實際上搞『兩個中國』、『一中一台』。」這正是中國認定台灣堅持「一中各表」的陽謀，是要推動兩個中國或一中一台。

　　1996年4月27日，陸委會主委張京育表示香港會談結果是「一個中國、各自表述」。然而，9月23日，當時的海協會副會長唐樹備強調，「一中各表」是「台灣當局的故意扭曲」，事實是兩會在1992年達成口頭共識就是「一個中國」。他強調，台灣將「各自表述」放到

---

[23] 蘇起，前引書，序言第5頁。

「一個中國」後面，與原意根本風馬牛不相及。此後，唐樹備等涉台官員便不斷出面否認兩岸存在「一中各表」的共識。

1999 年 7 月 9 日李前總統的兩國論發表後，唐樹備在 7 月 12 日便回應，兩會曾對堅持一個中國原則達成共識，要求台灣回到 92 年共識的基礎。緊接著，8 月 1 日陸委會發佈說帖，希望海基會與海協會能在 1992 年 11 月達成的「一個中國，各自表述」共識基礎上盡快恢復兩岸協商與推動兩岸互動。[24]

然而，三天之後，中國立刻以「中共中央臺灣工作辦公室、國務院臺灣事務辦公室負責人」名義發表正式聲明，指出：「1992 年 11 月，海協與海基會達成各自以口頭方式表述『海峽兩岸均堅持一個中國之原則』的共識。臺灣當局將這一共識歪曲為『一個中國、各自表述』，是為了在『各自表述』的名義下塞進分裂主張……海協從來沒有承認、今後也不會接受臺灣當局編造的所謂『一個中國、各自表述』。」[25]隨後幾年，中國都堅持在戰略上清晰定義「九二共識」內容、反對「一中各表」。

當中國認定台灣已經背離「一個中國」原則時，主張台灣獨立的民進黨卻贏得 2000 年的總統大選。此時，海基會仍不斷對外說明九二年兩岸在香港會談曾達成「一個中國、各自表述」的共識。4 月 25 日，海協會副會長張金成嚴正駁斥，表示兩岸從來沒有「一個中國、各自表述」的共識，而是兩岸都接受「一個中國原則」。[26]4 月 29 日，海基會董事長辜振甫再次向中國政府喊話，希望以「一中各表」恢復兩岸的對話，但中國政府一直沒有正面的回應。[27]在陳總統

---

[24] 〈中華民國對特殊國與國關係的立場(88.8.1)〉，行政院大陸委員會，1999年 8 月 1 日，〈http://www.mac.gov.tw/big5/rpir/2nda_2.htm〉。

[25] 王綽中，〈中共國台辦對陸委會說帖做出正式回應〉，《中國時報》，1999 年 8 月 5 日。

[26] 王銘義，〈海協會副會長：一中絕不能作議題討論〉，《中國時報》，2000 年 4 月 26 日。

[27] 伍崇韜，〈辜振甫：兩岸應重回一中各表〉，《中國時報》，2000 年 4 月

就職當天，中國明確要求台灣回到「1992 年達成的各自以口頭方式表述『海峽兩岸均堅持一個中國原則』的共識」，並主張以此共識作為兩岸復談的基礎。[28]

中國沒有直接要求民進黨政府接受「一個中國」原則，而是要求兩岸回到各自以口頭方式表述兩岸均堅持一個中國原則的九二年共識，因為連國民黨政府都不可能接受一中原則，更遑論民進黨政府。同時，「九二共識」存在一定程度的「一個中國」連結，可以作為聯合國民黨、分化台灣、孤立民進黨政府的權宜作法。不過，中國的立場相當明確，是兩岸各自以口頭方式表述兩岸均堅持一個中國原則，並不是兩岸可以針對一個中國原則各自表述其內涵。

雖然歷經承認與否認的反覆過程，陳水扁總統最終決定否認兩岸曾就「一中各表」達成任何共識，拒絕在九二年共識的基礎上恢復兩岸協商。陳總統表示：「只有九二精神，沒有九二共識」[29]、「九二共識就是一國兩制、就是消滅中華民國」。[30]台灣當時處理 1992 年會談的主要決策者，包括當時海基會副董事長許惠佑、前總統李登輝，皆出面否認兩岸兩會曾於 1992 年就「一中各表」達成任何協議。[31]

但是，2002 年 11 月，前陸委會主委蘇起發表新書《一個中國、各自表述的史實》，收錄曾在陸委會、海基會任職的多位官員文章，強調確有「一中各表」為內涵的「九二共識」。[32]到底兩岸是否曾針

---

30 日。

[28] 中國時報，〈中共回應陳水扁就職演說全文〉，《中國時報》，2000 年 5 月 21 日。

[29] 周嘉川，〈陳總統：已做好準備兩岸隨時可談判〉，《聯合報》，2000 年 10 月 22 日，版 3。陳總統所謂九二精神，就是「對話、交流、擱置爭議」的精神，而不是僅圍繞一中原則打轉。

[30] 楊羽雯，〈扁政府：從統合論走向出中國記〉，《聯合報》，2001 年 12 月 27 日，版 8。

[31] 張家樂，〈扁：許惠佑說沒有九二共識〉，《聯合報》，2001 年 10 月 26 日，版 4。〈李登輝：扁兩岸政策有修改〉，《聯合報》，2001 年 11 月 6 日，版 2。

[32] 蕭旭岑，〈九二共識『可推翻不可否認』〉，《聯合報》，2002 年 11 月 2 日，版 2。

對「一中各表」在 1992 年會談達成共識，顯然國民黨當時的官員都有不一致的看法。但是中國的看法卻是相當一致，從來沒有承認「一中各表」。

在 2003-2004 年總統大選競選時，國親內部會議達成避談「一個中國」原則的共識。[33]然而，陳總統將「九二共識」打為「一國兩制」的翻版，指控在野黨企圖將台灣主權邊緣化、矮化。[34]面對陳總統的攻擊，令人驚訝的，身兼立法院長與連宋競選總部主委的王金平竟然表示，泛藍陣營從未反對過陳總統以「一邊一國」定義台灣與中國的關係，也不反對台灣在未來獨立，不排除台灣獨立做為未來台灣人民的選項之一。另外，他強調泛藍陣營將不再堅持所謂「九二共識」與「一中各表」的觀念。[35]

隨後，代表國民黨參選總統的國民黨主席連戰表態認可王金平院長的立場。在一場國際記者會中，連主席明確放棄國民黨長期對台灣終將與中國統一的立場。連主席強調，中華民國已經是一個主權獨立的國家，沒有獨立的問題，也沒有統一的問題，台海兩岸是一邊一國的說法毫無爭議。[36]可以說，國民黨正式在總統大選中放棄「九二共識」與「一中各表」的立場。

---

[33] 林新輝，〈國親高層發言將避談『一中』〉，《聯合報》，2003 年 6 月 1 日，版 4。

[34] 陳敏鳳，〈扁：憲政有問題，台灣是不完整國家〉，《聯合報》，2003 年 11 月 7 日，版 11。

[35] 江慧真、羅如蘭、蕭旭岑、陳嘉宏，火線對談：王金平：國親不反獨，搶攻本土票〉，《中國時報》，2003 年 12 月 16 日。

[36] 黎珍珍，〈連：中國民國主權獨立，無統獨問題〉，《中國時報》，2003 年 12 月 17 日。

五、「零八共識」的形成與內涵

　　2004 年總統大選失敗後，連戰在 2005 年 4 月前往北京與胡錦濤見面。連戰與胡錦濤在會面後發表共同聲明，支持「九二共識」作為兩岸互動的基礎。「連胡公報」開宗明義就表示，堅持「九二共識」，反對「台獨」，是中國共產黨與中國國民黨兩黨的共同主張。顯然，中國著眼國民黨願意配合中國的「反台獨」目標，建立一個中國的連結。「連胡公報」並沒有澄清「九二共識」的內容，似乎雙方刻意維持模糊的操作空間。

　　然而，一個多月之後，海協會出版專書《九二共識歷史存證》仍強力反駁「一中各表」的「九二共識」，強調：「台灣當局……歪曲兩會共識，謊稱兩岸達成過『一個中國、各自表述』的共識，甚至說成是『一個中國涵義、各自表述』，為李登輝製造『兩個中國』的分裂活動辯護。……海協堅決反對台灣當局把兩會共識歪曲為『一個中國、各自表述』。……我們要求台灣當局領導人明確承認『九二共識』，就是要求他回到『海峽兩岸均堅持一個中國原則』的立場上來。」[37]

　　可見中國並沒打算接受國民黨的「一中各表」之「九二共識」。不過，中國政府從此幾乎沒有再公開否定「九二共識」為「一中各表」的說法，僅僅強調「九二共識」為兩岸「各自以口頭方式，表述海峽兩岸堅持一個中國的共識」。甚至到了馬總統執政的前兩年，中國甚至更模糊，既不公開反對「一中各表」，也幾乎不談「九二共識」的內涵。

---

[37] 海峽兩岸關係協會編，《「九二共識」歷史存證》，（北京：九州出版社，2005 年 6 月），頁 3、12-13、15、24-25。

2006 年 4 月 3 日，當時擔任台北市長的馬英九訪問美國回台灣之後晉見陳水扁總統。他表示，如果「九二共識」只是一個中國，國民黨也不會接受。2008 年 4 月 1 日，剛當選總統的馬英九與陳水扁總統會晤時，他再一次強調，「如果他們說『不行，只有一個中國沒有各自表述』，『對不起，我們不談了』，就這麼簡單，就不談了，因為沒有辦法談了。」而且，馬英九指出，美國總統布希與胡錦濤在 3 月 26 日熱線電話中提到，「九二共識」就是「一中各表」。

時間回到 3 月 26 日的布胡熱線電話後，美國國家安全顧問哈德利（Stephen Hadley）對媒體簡報表示：「He (Hu Jintao) said that it is China's consistent stand that the Chinese mainland and Taiwan should restore consultation and talks on the basis of the 1992 consensus, which sees both sides recognize there is only one China, but agree to differ on its definitions.」後來新華社的英文稿件引述哈德利的簡報說法，兩岸同意一個中國，但有不同的解釋。

然而，對照中國外交部網站 3 月 26 日所刊登的中文新聞稿很清楚地寫道：「胡錦濤表示，在『九二共識』的基礎上恢復兩岸協商談判是我們的一貫立場。我們期待兩岸共同努力、創造條件，在一個中國原則的基礎上，協商正式結束兩岸敵對狀態，達成和平協定，構建兩岸關係和平發展框架，開創兩岸關係和平發展新局面。」即使是中國外交部的英文新聞稿也是與中文新聞稿一模一樣，只有「九二共識」、「一個中國原則」，完全沒有「一中各表」。

從中國官方新聞稿內容來看，哈德利對於「一中各表」的簡報說法只不過他個人的詮釋，應該不是胡錦濤的說法。但是，哈德利的簡報並沒有說清楚是否胡錦濤有說過這段話，而且新華社是中國官方的通訊社，當然讓馬總統有合理詮釋的空間。即使哈德利的說法是他個人的詮釋，也代表美國政府認同「一中各表」，讓馬總統的詮釋具有美國支持的意義。

2008 年以後，中國對於「九二共識」的態度確實有些調整，從戰略清晰轉變為戰略模糊。當馬總統強調「九二共識」是「一中各表」，而且「一中」是中華民國時，中國至今沒有公開否定「一中各表」，但也沒有公開承認「一中各表」。過去三年，中國在戰略上模糊處理「九二共識」的內涵，儼然讓兩岸找到新的戰略基礎：「九二共識、各自表述」，以推動兩岸關係的和平發展。

事實上，在 2006 年 3 月 20 日，馬英九訪問美國外交關係協會時，他在回覆關於「九二共識」內容便表示：「For the 1992 consensus, we think that it is one China, different interpretation. So from the mainland side, they usually say just one China. But when we said with a different interpretation, they didn't challenge that. Okay, this is-so we have different interpretations of the 1992 consensus, but still, it's a consensus.」[38]馬英九非常清楚點出國共兩黨對於「九二共識」定義的差異，中國只講「一個中國」，國民黨說「一中各表」，而且他最後承認，國共兩黨對於「九二共識」有不同的詮釋。

不過，中國的目的非常清楚：先利用戰略模糊的作法聯合國民黨政府，達成「反台獨」的政治目標，再逐步落實「一中原則」與推動兩岸統一。在言論上，中國不公開否定「一中各表」，但也沒有同意「一中各表」。在兩岸共同場合上，從來沒有看到台灣官員與國民黨人士公開表達「一中各表」，甚至連中華民國的國號與馬英九的總統稱謂，都不敢向中國政府「各自表述」。每一次中國領導人與官員都向國民黨的代表強調，兩岸共同的政治基礎是「反對台獨」與「九二共識」，但不表述「九二共識」的內涵。

---

[38] "A Conversation with Ma Ying-jeou," Council on Foreign Relations, March 20, 2006, 〈http://www.cfr.org/publication/10217/conversation_with_ma_ying jeou_ rush_transcript_federal_news_service_inc.html〉, accessed February 12, 2008.

在具體作法上，中國要求台灣必須落實「一中原則」。馬英九在2007 年競選總統期間，他已經多次闡明接受「九二共識」。然而，他在該年 6 月出訪印度時，中國政府仍對印度政府提出抗議，並且要求馬英九必須表明支持台灣不是一個國家，台灣是中國的一部份、是中國的一個省，而且不得在他的座車上展現台灣的旗幟。[39]

在馬總統執政後，以台灣成為世界衛生大會（WHA）的觀察員為例，台灣加入的過程是兩岸協商、中國向 WHA 的幹事長提出邀請台灣參加之建議、而且台灣每一年參加大會都必須獲得中國同意。台灣出席 WHA 大會的模式似乎凸顯中國是台灣的宗主國，因為不是經由大會通過決議而邀請台灣，而是中國的同意與邀請建議，台灣才能參與。再以台灣參與東亞經濟整合體制為例，中國要求兩岸必須先簽經濟合作架構協議（ECFA），然後再透過兩岸協商取得中國同意，才能與其他國家簽署自由貿易協定。台灣的國際參與程度與身份似乎成為中國壟斷的國內事務。

此外，2010 年 10 月中國以新會員國的身份在「美洲熱帶鮪魚委員會」提案要求，台灣不得坐於其他「國家」之間，禁用台灣的國歌、國徽、國旗，而且文件中禁止出現中華民國、台灣、行政院、外交部等具有主權意涵的稱謂。同樣的，台灣從 1992 年起便是東南亞國家中央銀行總裁聯合會的會員。中國在 2010 年要加入此組織，竟要求台灣的名稱必須從原來的官方名稱改為「中華台北中央銀行」。即使中國在2011 年初要加入國際非政府組織——國際亞洲醫學生聯合會，也要求創始會員國的台灣必須將台灣的名稱更改為「中國台灣」。2011 年 5月，蕭萬長副總統前往巴拉圭參加慶典，結果五個國家元首因為「一個中國原則」而取消出席，背後應該是中國的壓力。[40]

---

[39] 郭傳信，〈中國不反對馬英九訪印 但不得展現旗幟〉，《中央社》，2007 年6 月 8 日。

[40] 郭篤篤，〈蕭萬長訪巴拉圭〉，《中國時報》，2011 年 5 月 14 日。

　　胡錦濤在 2008 年 12 月 31 日提出胡六點，第一點即指出兩岸應該恪守「一個中國」原則，認為兩岸在一個中國框架的原則達成共同認知與一致立場，兩岸才有政治互信進行協商。胡錦濤強調這便是雙方的「互信基礎」。至於這「一個中國」的涵意是什麼，胡表示，是「大陸和臺灣同屬」的「一個中國」，而且「世界上只有一個中國」。胡強調，繼續反對台獨分裂活動是推動兩岸關係和平發展的必要條件。然而，台灣總統府的回應卻是兩岸協商交流的基礎是「九二共識、一中各表、互不否認」，顯示兩岸的政治歧異與認知差距明顯存在。

　　兩岸在 2010 年 6 月 29 日簽訂經濟合作架構協議之後，中國海協會副會長李亞飛在 8 月 11 日於台灣兩次公開指出，1992 年海基會與海協會達成的「各自以口頭方式，表述海峽兩岸堅持一個中國的共識」，這就是「九二共識」。這是中國首度在馬總統執政後對「九二共識」做出明確定義，而且幾乎是正式的照會，包括在公開場合致詞與拜訪海基會副董事長高孔廉時都提出。

　　隨後，台灣總統府強調，「九二共識」是指：「一個中國、各自表述」，而「一個中國」，我方指的是中華民國，沒有第二種解釋。很明顯的，兩岸對於「九二共識」內容根本沒有共識。國民黨副秘書長張榮恭在接受訪問時坦承，李亞飛對於「九二共識」內容的定義基本上符合當年的事實。但是張榮恭強調，儘管兩岸對「九二共識」內涵存在分歧，兩岸在過去兩年多的持續互動協商，「證明九二共識是行之有效的」。[41]

　　到了 2010 年底，馬總統更明確同意李亞飛所說「九二共識」就是一九九二年兩會達成「各自以口頭方式，表述兩岸均堅持一個中國原則的共識。」馬總統強調，國民黨與共產黨都認為「九二共識」是存在的，我們的版本是「一中各表」，他們版本是「各表一中」：這兩個

---

[41] 秦蕙媛，〈張榮恭：九二共識行之有效〉，《中國時報》，2010 年 8 月 12 日。

意義是一樣的。[42]這樣的說法再度印證，目前支持兩岸關係發展的共識不是「九二共識」，而是「零八共識」，也就是說，「九二共識、各自表述」。

從上述發展可以總結，馬總統上台後的兩岸關係發展確實有些兩岸共識作為支撐，所以兩岸得以穩定發展與協商對話。然而這項共識卻不是「九二共識」本身，而是「九二共識、各自表述」與「反對台獨、實質一中」的默契。更具體而言，「零八共識」的內涵包括：

1. 九二共識、各自表述：

   (1) 中國強調「九二共識」是「各表一中」：兩岸各自以口頭方式，表述海峽兩岸堅持一個中國的共識。

   (2) 台灣強調「九二共識」是「一中各表」：兩岸接受一個中國，但是兩岸對於一個中國有不同的表述內容。

   (3) 中國不公開反對「一中各表」，不承認「一中各表」，但也不同意台灣在兩岸共同場合或中國表述「一中各表」，或強調中華民國（台灣）的國家地位與主權身份。

   (4) 中國在兩岸共同場合強調「九二共識」是「各表一中」，台灣不否定與認知中國的立場。

2. 反對台獨、實質一中：

   (1) 台灣內部的國家定位與論述必須符合一個中國的原則，亦即台灣與大陸同屬一個中國、兩岸人民同屬中華民族、兩岸人民不是國籍不同。

   (2) 世界上只有一個中國，台灣不能以主權獨立國家的身份參與國際組織。

   (3) 台灣參與國際組織或國際活動必須事先取得中國的同意與推薦，而且只能以非主權國家的身份參與。

---

[42] 江慧真，〈馬：否認九二共識太脫離現實〉，《中國時報》，2000 年 12 月 29 日。

(4) 台灣不能申請參加聯合國或其他必須具有主權身份為會員的國際組織。

　　當然，上述「零八共識」的內涵不符合「一中各表」的實質內涵，而是台灣屈從中國的作法。事實上，台灣只有口頭上對「一中各表」的有限表述自由，連在中國或兩岸共同場合都無法表述，更何況「零八共識」的實質運作是一個中國原則。不過，在言詞上，馬總統也有不同於中國的立場，他有時強調「台灣是一個主權獨立的國家」、「他是台灣總統」，而且一貫堅持「2,300萬人民可以決定台灣的前途」。當然，只要不是實質作為，中國仍會將馬總統視為在台灣合作與扶持的夥伴。

六、結論

　　2006年5月12日，中國總理溫家寶在北京會晤新加坡內閣資政李光耀時表示：「中國堅持『一個中國』的立場，而『九二共識』則是中國的底線。」[43]溫家寶只說了部份實話，事實上，中國的的底線是「九二共識、各自表述」與「反對台獨、實質一中」，也就是「零八共識」的內涵。中國至今從來沒有公開承認「一中各表」，仍然強調「兩岸口頭表述接受一個中國」的「九二共識」。採取這樣的戰略，中國得到的最壞結果是兩岸「各表一中」，絕對不容許台灣表述成「兩個中國」[44]，而且能動態微調「零八共識」的立場，逼迫國民黨落實一個中國原則、施壓民進黨接受一個中國原則。

　　如同「九二共識」的內涵，「零八共識」的形成是透過兩岸默契在運作，並沒有成文的共識內涵。在「零八共識」的基礎上，兩岸協商

---

[43] 〈溫家寶：『九二共識』是大陸對台政策底線」，《星島環球網》，2006年5月14日，〈http://www.stnn.cc:82/global/head/t20060514_212238.html〉。

[44] 上海涉台資深官員，2011年5月2日。

恢復與交流擴張，兩岸的外交衝突出現非常初階的緩和，兩岸邦交國的數目凍結，台灣得以觀察員身份參與世界衛生大會，中國對台灣的武力威嚇言詞降低。「零八共識」確實帶來一些正面的發展，但卻存在兩股抗衡力量的緊張關係，使得未來「零八共識」是否能持續運作充滿不確定。

一方面，台灣民意對於「零八共識」所帶來的台灣國際空間不甚滿意，而且認為馬政府立場太過傾中。根據新台灣國策智庫在 2011 年 5 月初的民意調查，台灣民意認為過去三年台灣國際地位提升只有22.3%，認為差不多／沒有變化的有 46.1%，認為下降的有 26.0%（見表 4.1）。根據遠見雜誌在 2011 年 5 月中旬的調查，台灣民意認為馬總統執政三年外交政策成功為 43.5%，認為失敗的比例為 40.5%。過去三年，台灣民意認為成功的比例幾乎維持在 43%，但是認為失敗的比例卻從 2009 年 5 月的 28.8%增加到 2010 年 5 月的 37.0%及 2011 年的40.5%。[45]

表 4.1　台灣民意對國際地位提升的看法

	台灣國際地位	
	次數	百分比
提升	241	22.3
差不多/沒有變化	497	46.1
下降	280	26.0
不知道/拒答	60	5.6
總計	1,078	100.0

資料來源：新台灣國策智庫，〈馬政府執政三週年總檢驗民意調查〉，2011 年
　　　　　5 月 14 日，〈http://www.braintrust.tw/download/會議資料（全）.pdf〉。

註：　問卷題目為：整體來說，馬英九政府執政三年以來，請問您覺得台灣的
　　　國際地位是提升、下降，還是差不多？

---

[45] 遠見雜誌民調中心，〈馬總統施政三週年評價民調〉，2011/5/20，
http://www.gvm.com.tw/gvsrc/20110515S01AP00PR1R.pdf，2011/6/17 下載。

其次，根據 TVBS 在 2011 年 2 月初的民意調查，台灣民意認為馬政府的立場傾向中國的比例高達 53％，而且比馬總統剛就職時 42％增加 11 個百分點，而不同意的比例為 39％，比馬總統就職時降低 5 個百分點（見表 4.2）。

表 4.2　馬政府傾中立場的民調結果

	馬就職 百日	二次 江陳會前	二次 江陳會後	ECFA 爭議	517 遊行前	馬就職 週年	四次 江陳會	歐胡 會後
	97/8/26	97/10/28	97/11/10	98/3/11	98/5/4	98/5/21	98/12/17	100/1/28
	N=1102	N=907	N=1080	N=1113	N=1019	N=1236	N=1075	N=888
同意	42	46	42	43	47	43	52	53
不同意	44	40	47	40	42	40	33	39
沒意見	14	14	11	16	11	18	15	9

Base：20 歲以上台灣地區民眾

資料來源：TVBS 民意調查中心，〈歐胡會後美中台關係民調〉，2011 年 1 月 28 日，〈http://www.tvbs.com.tw/FILE_DB/DL_DB/rickliu/201102/rickliu-2011020 1165030.pdf〉。

註：　問卷題目為：有人說馬府的兩岸政策過於傾向中國大陸，請問您同不同意這樣的說法？

另一方面，馬總統不時強調「台灣是一個主權獨立的國家」、「他是台灣總統」、「2,300 萬人民可以決定台灣的前途」，當然中國會不高興。而且在台灣民意結構上，馬總統上台後，台灣人認同不斷強化，而且反對統一的比例愈來愈高。根據政治大學選舉研究中心的調查，1992 年台灣人認同為 17.6％，中國人認同為 25.5％，2007 年分別為 43.7％與 5.4％，到了 2010 年台灣人認同已經到達 52.6％，中國人認同只剩下 3.7％。如果我們將台灣人認同比重減去中國人認同比重當作是台灣人認同淨比重，則台灣人認同淨比重從 1993 年的負 7.9％增加到 2000 年的 24.4％，再增加到 2007 年的 38.3％，最後增加到 2010 年的 48.9％（見圖 4.1）。

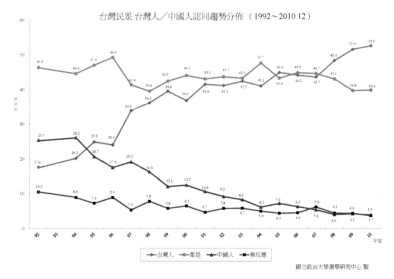

圖 4.1　台灣人民認同調查

資料來源：〈台灣民眾　台灣人／中國人認同趨勢分佈〉，政治大學選舉研究中
　　　心，〈http://esc.nccu.edu.tw/modules/tinyd2/content/pic/trend/People
　　　201012.jpg〉，2011 年 5 月 15 日下載。

　　再者，雖然絕大多數的台灣民眾支持廣義維持兩岸現狀，但是贊成
兩岸最終應該統一的比例不斷下降，贊成台灣最終應該獨立的比例不斷
上升。根據遠見民調中心，贊成兩岸最終應該統一的比例從 2006 年 2
月的 28.7％逐漸下降到 2011 年 4 月的 15.7％，而不贊成的比例從 54.5
％提高到 69.6％。此外，贊成台灣最終應該獨立的比例從 2006 年 2 月
的 44.3％提高到 2011 年 4 月的 49.3％，甚至在馬總統執政不久的 2008
年兩度超過 50％，而不贊成的比例從 2006 年 2 月的 40.3％降到 2011
年 4 月的 34.7％。如果我們將贊成兩岸最終應該統一（獨立）的比重減
去不贊成兩岸最終應該統一（獨立）的比重當作是台灣人統一（獨立）

指數，則台灣人統一指數從 2006 年的負 25.8％惡化到 2011 年的負 53.9
％；台灣獨立指數從 2006 年的 4.0％提高到 2011 年的 14.6％(見圖 4.2)。

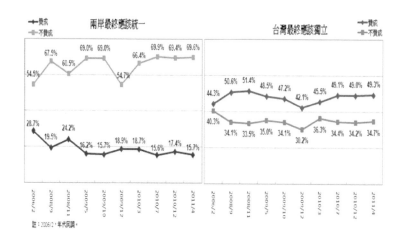

圖 4.2　台灣人民對國家前途的終極看法

資料來源：〈馬總統執政滿意度、民眾終極統獨觀民調〉，遠見民調中心，2011
　　　年 4 月 20 日，〈http://www.gvm.com.tw/gvsrc/20110413S01AP00PR
　　　1R.pdf〉，2011 年 5 月 15 日下載。

　　面對 2012 年台灣總統大選，中國的兩岸關係佈局早已展開。中國
的策略非常清楚：首先，要求馬政府配合中國落實「反台獨」的作法
與強化「一個中國原則」的承諾。特別是，如果馬總統連任，中國應
該會傾盡全力要求馬總統落實反台獨與一個中國原則的立場，甚至逐
漸推動兩岸統一的政治工程。如果馬總統連任而不落實中國的政治立
場，恐怕馬總統會承受兩岸關係緊張與協商中斷的壓力。

　　其次，利用兩岸關係穩定與兩岸維持協商作為施壓民進黨總統
候選人接受「九二共識」的槓桿。中國的策略是立足於過去事實(「九

二共識」)存在的正當性與主導「九二共識」的詮釋權,以「九二共識」包裝「一個中國」原則爭議,降低反對力量、形成擴散效果、擴大聯合勢力。中國再以過去三年的兩岸和平與發展為餌,配合國民黨政府的選舉操作,施壓民進黨接受「九二共識」。特別是,在 2006 年以後,中國很少公開反對「一中各表」,讓「一中各表」支持者找到各說各話的空間,同時讓民進黨難以反擊「九二共識」的兩岸認知差距。然而,一旦民進黨無法抵擋壓力而被迫接受「九二共識」,中國便可以有詮釋權,要求民進黨堅持一中原則、反對台獨、甚至促進兩岸統一。

面對中國國力的快速增長,無論是馬英九總統或蔡英文主席當選 2012 年總統,都需要儘速凝聚台灣內部的共識、團結台灣力量,才能抵擋中國的壓力、捍衛台灣的國家利益。

第伍章　中國對台灣進行經濟制裁的可能性評估

一、前言

2004 年總統大選後，海峽兩岸瀰漫一股不安的氣息。在選舉過程中，陳水扁總統強調台灣主體性、主張公投制憲，被中國認為這些都是傾向台獨的言論與作法。出乎中國的預料，陳總統竟然突破重圍連任，讓中國在對台政策方面感到相當挫折與兩難。面對此結果，中國一方面不希望兩岸發生戰爭、希望繼續發展經濟；另一方面則希望阻止陳總統再繼續對中國的挑釁言行。中國採取兩手強化的策略，即硬的一手更硬、軟的一手更軟，以達成其反獨促統的目的。[1]

面對中國更加強硬的一手，台灣方面首當其衝的便是在兩岸交流中扮演最重要角色的台商。自中國國務院台灣辦公室（以下簡稱國台辦）發言人張銘清發言抨擊「在大陸賺錢卻支持台獨」的「綠色台商」後，中國政府一系列有意似無意的作法，在投資中國的台商之間引發一場風波。中國後續是否會落實抵制綠色台商、甚至對台灣實施全面性的經濟制裁，成為台灣內部當時十分關注的焦點。

---

[1] Chen-yuan Tung, "Cross-Strait Relations after Taiwan's 2004 Presidential Election," presented at the 33rd Sino-American Conference on Contemporary China, Institute of International Relations, National Chengchi University, May 27-28, 2004.

由於兩岸經濟交流相當密切，而且兩岸經濟實力差距愈來愈大，所以台灣非常擔心台灣經濟過渡依賴中國，而使中國可以有籌碼對台灣進行經濟制裁。本章將先分析經濟制裁的概念與手段，其次探究經濟制裁在國際政治的運作上是否有效，繼而闡述中國制裁台商的過去經驗，最後則分析目前中國對綠色台商的態度，以評估中國這波制裁台商舉動的意圖與發展趨勢。

二、經濟制裁的概念與手段

在國際關係中，經濟制裁的使用可謂源遠流長，依照哈福包爾（Gary Hufbauer）、梭特（Jeffrey Schott）、和伊利特（Kimberly Elliott）（以後簡稱 HSE）的研究，在第一次世界大戰以前，至少有 13 起著名的經濟制裁事件。[2]其中最出名的一起發生於西元前 432 年，當時伯裏克利（Pericles）頒佈了「墨伽拉法令」（Megaran decree），該法令限制墨伽拉國的產品進入雅典人的市場。由於隨後雅典人拒絕取消對墨伽拉的封鎖從而引發了伯羅奔尼撒戰爭。[3]

二十一世紀日益融合的全球經濟已使經濟制裁成為一項廣為使用的治國之術，而二十世紀九十年代的美國對其應用尤為突出。在 1919 年，美國威爾遜總統認為國際聯盟可用「經濟的、和平的、安靜的、致命的」經濟制裁手段來管理國際社會。[4]賀緒曼（Albert Hirschman）在其研究中也說明了各國是如何儘量減少由中斷戰略物資的進口所引

---

[2] Gary Clyde Hufbauer, Jeffrey J. Schott, and Kimberly Ann Elliott, *Economic Sanctions Reconsidered: History and Current Policy*, 2nd ed.(Washington, D.C.: Institute of International Economic, 1990), pp. 28-32.

[3] Thucydides, *History of the Peloponnesian War*, translated by Rex Warner (New York: Penguin Books, 1972), pp. 72-3, 118.

[4] Hufbauer et.al., *Economic Sanctions Reconsidered*, 2nd ed., p. 9.

起的脆弱性，同時盡可能擴大別國對其貿易的需求。為了對其他國家施加影響，納粹德國採取積極措施，不斷培養那些東歐鄰國在經濟上對其的依賴性。[5]進入冷戰時期，經濟制裁手段的運用更為突出。由於認識到在諸如波斯尼亞、車臣、索馬利亞等地的軍事干預代價過高，許多大國紛紛尋找其他政策工具來實現其國家利益。例如，在 1997年俄羅斯國防外交政策委員會主席卡拉岡諾夫（Sergei Karaganov）在闡述俄羅斯政策時聲稱，運用經濟手段施加影響，將使俄羅斯擁有帝國般的能力而無需對其他地區進行實際的領土控制。[6]

依照 HSE 三位學者的研究，從 1914 年到 1998 年之間共發生了165 起經濟制裁案件，其中 115 件與美國有關，而且 68 件由是由美國單方面發起的。[7]另外，在 1992 年至 1997 年期間，俄羅斯為了迫使新獨立國家〔前蘇聯共和國〕（Newly Independent States, NIS）作出政治讓步，動用經濟制裁多達 35 次以上。[8]聯合國安理會在其剛成立的45 年內只動用了兩次制裁，分別是 1996 年針對羅得西亞以及 1977 年針對南非。然而，在二十世紀九十年代，聯合國安理會卻使用了全面或局部的制裁多達 16 次以上。空前頻繁的經濟制裁活動引發了政界和學術界對其進行深入的探討。

經濟制裁有時與「經濟威壓」（economic coercion）同義，其在表現形式、使用目的和運用時機上與經濟戰（戰略禁運）、經濟誘導（economic inducements）、和貿易戰爭（trade war）的概念有明顯區別。

---

[5]　Albert O. Hirschman, *National Power and the Structure of Foreign Trade*, expanded ed. (Berkeley, C.A.: University of California Press, 1980).

[6]　Chrystia Freeland, "From Empire to Nation State," *Financial Times*, July 10, 1997, p. 29.

[7]　Gary Clyde Hufbauer, "Trade as a Weapon," paper for the Fred J. Hansen Institute for World Peace, San Diego State University, World Peace Week, April 12-18, 1999, 〈http://www.iie.com/TESTMONY/gch9.htm〉, accessed July 25, 2000, p. 3 of 5.

[8]　Daniel W. Drezner, *The Sanctions Paradox: Economic Statecraft and International Relations* (New York: Cambridge University Press, 1999), p. 154.

根據包德溫（David Baldwin）的理解，經濟制裁基本上只是經濟治國術中的一種而已，主要依賴具有合理的市場價格特徵的資源來實施影響。經濟戰（戰略禁運）則試圖削弱對手的綜合經濟潛能以達到減弱其無論是在軍備競賽（和平時期）還是在戰爭中的軍事能力。經濟戰代表著一種與敵手較量的長期方法，而經濟制裁則通常帶有直接的政治目的。經濟誘導指發起方為獲取目標國政治順從所給出的經濟好處，如商業讓步、技術轉讓及其它的經濟利益。「經濟誘導」又被稱為「正面制裁」。貿易戰則指由非政治安全目標引起的有關經濟政策和行為的糾紛。[9]

根據過去的文獻資料回顧，經濟制裁可以被定義為：由一個國家或一個國家聯盟（發起方）採取中斷與另一個國家（目標國）常規經濟往來的威脅措施或實際行為，目的是懲罰對方，脅迫其改變政策，或向國內或國際社會表明發起方對目標國有關政策的立場。發起方是指發起制裁行為的主要國家或是國際組織。目標國是指直接成為制裁目標的一個國家。經濟制裁不包含經濟戰、經濟誘導、和貿易戰爭。[10]

發起方主要運用四種經濟制裁手段：分別是貿易控制、暫停資助或技術援助、凍結目標國的金融資產、以及將從事雙邊商業往來的公

---

[9] David Baldwin, *Economic Statecraft* (Princeton, N.J.: Princeton University Press, 1985), pp. 12-40. Miroslav Nincic and Peter Wallensteen, "Economic Coercion and Foreign Policy," in Miroslav Nincic and Peter Wallensteen (eds.), Dilemmas of Economic Coercion: Sanctions in World Politics (New York: Praeger, 1983), p. 3. Richard J. Ellings, *Embargoes and World Power: Lessons from American Foreign Policy* (Boulder: Westview Press, 1985), p. 8. Richard N. Haass (ed.), *Economic Sanctions and American Diplomacy* (New York: Council on Foreign Relations, 1998), p. 1. Drezner, *The Sanctions Paradox*, pp. 2-3. Steve Chan and A. Cooper Drury, "Sanctions as Economic Statecraft: An Overview," in Steve Chan and A. Cooper Drury (eds.), *Sanctions as Economic Statecraft: Theory and Practice* (New York: St. Martin's, 2000), pp. 1-2.

[10] 童振源，《全球化下的兩岸經濟關係》（台北：生智，2003），頁 80-85。

司列入黑名單。[11]第一，由發起方實施的貿易控制（無論是貨物還是服務）主要包含以下一項或多項要素：（1）進／出口限額；（2）限制發放進/出口許可證；（3）有限的或全部出口限制（禁運）；（4）有限的或全部進口限制（封鎖）；（5）歧視性的關稅政策（包括取消最惠國待遇）；（6）限制或取消捕魚權；（7）中止或取消貿易協定；（8）取締戰略性物品和高新技術產品出口。

　　第二，由發起方實施的暫停資助或技術援助包含以下一項或多項要素：（1）減少、中止或取消依照市場價格或特別優惠的信用條件；（2）減少、中止或取消技術援助，軍事援助，發展援助和培訓計劃；（3）由國際組織投票反對給予技術或其他援助的貸款、捐助、補助、和基金。

　　第三，由發起方實施的金融資產凍結包含以下一項或多項要素：（1）凍結或沒收目標國的政府或國家的銀行資產；（2）沒收或徵用目標國的其他資產，包括其在發起國的投資；（3）凍結利息或其他轉帳款項；（4）拒絕提供資金或重新考慮債務償還款項（包括利息和本金）；（5）中止或取消合作專案。

　　第四，由發起方實施的將從事雙邊貿易的公司列入黑名單，主要包括以下一些行為方式：（1）將發起國或第三方與目標國有商業往來，包括貿易往來、投資專案往來的公司列入黑名單；（2）將與發起方有貿易和投資等商業往來的目標國公司列入黑名單。

---

[11] Margaret P. Doxey, *Economic Sanctions and International Enforcement*, 2nd ed. (New York: Oxford University Press, 1980), pp. 14-15.

三、經濟制裁是否有效？

在有關經濟制裁文獻中最經常會出現的一個問題是：「經濟制裁是否有效？」絕大多數學者認為經濟制裁總體上是無效的，一些學者在他們闡述中表明這一共識：[12]

賈頓（Johan Galtung）認為：「經濟制裁的效用通常是負面的。」[13]

竇克斯（Margaret P. Doxey）指出：「案例研究表明，幾乎很少有經濟制裁能提供誘使他國遵守國際行為準則的可靠方法。」[14]

任武克（Robin Renwick）也認為：「至少到目前為此，(經濟制裁)很少能成功地產生所希望的結果。」[15]

林賽（James M. Lindsay）認為：「有關制裁文獻的一個共識是，貿易制裁一般無法改變目標國的行為。」[16]

HSE 也指出：「以制裁手段來達到外交政策目標，即強迫目標國去做他們堅決抵制的事情的作用是有限的。」[17]

哈斯（Richard Haass）則指出：「幾乎可以肯定，不斷利用制裁手段去達到外交政策目標的結果是無效的。」[18]

---

[12] For more witnesses on the effectiveness of economic sanctions, see M. S. Daoudi and M. S. Dajani, *Economic Sanctions: Ideal and Experience* (Boston: Routledge & Kegan Paul, 1983), pp. 174-188.

[13] Johan Galtung, "On the Effects of International Economic Sanctions," *World Politics*, vol. 19 (October 1966- July 1967), p. 409.

[14] Doxey, *Economic Sanctions and International Enforcement*, 2nd ed., p. 125.

[15] Robin Renwick, *Economic Sanctions* (Cambridge, Massachusetts: Center for International Affairs, Harvard University, 1981), p.91.

[16] James M. Lindsay, "Trade Sanctions as Policy Instruments: A Re-examination," *International Studies Quarterly*, no. 30 (1986), p. 155.

[17] Hufbauer, et. al., *Economic Sanctions Reconsidered*, 2nd ed., p. 92.

[18] Richard N. Haass, "Sanctioning Madness," *Foreign Affairs*, vol. 76, no. 6

裴博（Robet A. Pape）同樣認為：「很少有迹象表明制裁可以達到雄心勃勃的外交政策目標。」[19]

裴瑞格也說：「一個總體評價是，20 世紀 90 年代美國發起的單邊經濟制裁幾乎很少能達到它們的外交政策目標，卻反而會給美國的其他利益帶來各種負面影響。」[20]

然而，學者們對於如何定義經濟制裁的成功有很大的辯論。包德溫認為運用經濟制裁手段——更一般意義上指經濟治國之術，都包含到多目標的，針對多個目標國。如果要從發起國角度來評判制裁是否成功，最有說服力的做法是用其他治國之術手段與經濟治國之術手段的實施成本和收益進行比較。雖然包德溫並沒有明確指出經濟制裁有可能成功，但他的概念框架以及在重新探討經典案例過程中，把多重目的因素納入考量之中則表明，從發起國的視角來看，經濟手段比學者通常認為的要相對有用些。[21]

但事實上，包德溫論述的是經濟制裁的效用或功效（utility），而不是效力（effectiveness）。他將政治家定義的多重目標、成本與效力平衡表以及在評判經濟制裁效力時，幾種治國之術相互比較等因素都納入考量範疇。包德溫的方法對發起國決策者選擇其他治國之術手段具有重要意義，但是他並沒有回答經濟制裁的效力問題。[22]

一些學者承認，發起國實施經濟制裁往往有多重目標，但是這些專家又將經濟制裁的效用與效力這兩個概念加以區分。例如，林賽認

(November/December 1997), p. 75.

[19] Robert A. Pape, "Why Economic Sanctions *Still* Do Not Work," *International Security*, vol. 23, no. 1 (Summer 1998), p. 66.

[20] Ernest H. Preeg, *Feeling Good or Doing Good with Sanctions: Unilateral Economic Sanctions and the U.S. National Interest* (Washington, D.C.: Center for Strategic and International Studies, 1999), p. 207.

[21] Baldwin, *Economic Statecraft*, pp. 115-205.

[22] David Baldwin, "The Sanctions Debate and the Logic of Choice," *International Security*, vol. 24, no. 3 (Winter 1999/2000), pp. 80-107.

為：「貿易制裁很少能強制目標國順從或顛覆目標國政府，並且其威懾作用也很有限，當然，制裁在發揮國際和國內象徵性影響方面往往頗為成功。」[23]羅培芝（George Lopez）和柯立芝（David Cortright）也指出：「如果對於制裁的效力分析僅僅按照字面上的主要目標（官方或公開聲明的制裁目標）來理解，那麼制裁的效力確實十分有限。」[24]美國國會審計總署向美國參議院對外關係委員提交的有關報告中，也認為經濟制裁對於贏得有限和未明確表明的目標更為有效，諸如捍衛國際規範，阻止未來的不當行徑等。但是，對於迫使目標國順從發起國聲明的願望這一制裁最主要的目標而言，制裁就不那麼成功。[25]

　　HSE 的研究把經濟制裁的成功界定為兩個方面：政策結果和制裁貢獻。政策結果是衡量發起國達成政策目標的程度，而制裁貢獻是衡量制裁在多大程度上有助於實現這一結果。HSE 用比率系統來判定目標國是否按照發起國的目標行事以及經濟制裁是否促成變化的主要原因，他們計算出制裁的總體成功率是 34%，即 115 個案例中有 40 個成功的例子。其中，發生於 1973 年前期的制裁的成功率是 44%，而發生於 1973 年後的制裁的成功率不足 25%。更為明顯的情況是，用制裁去實現有限目標的成功率也呈下降趨勢，由以往的 75%下降至21%，絕大多數涉及美國。另外，由美國在近幾年發起的單邊制裁也大都無效，在 1970 年至 1990 年之間，美國單邊制裁取得效果的只有13%（39 個內有 5 個）。[26]

---

[23] Lindsay, "Trade Sanctions as Policy Instruments," p. 154.

[24] George A. Lopez and David Cortright, "Economic Sanctions in Contemporary Global Relations," in David Cortright and George A. Lopez (eds.), *Economic Sanctions: Panacea or Peacebuilding in a Post-Cold War World?* (Boulder, Colorado: Westview Press, 1995), p. 7

[25] United States General Accounting Office, *Economic Sanctions: Effectiveness as Tools of Foreign Policy*, Report to the Chairman, Committee on Foreign Relations, U.S. Senate, GAO/NSIAD-92-106, February 1992, p. 2.

[26] According to Cortright and Lopez, in 1999 a revised and updated version of HSE study, encompassing 170 sanctions episodes from 1914 through 1999,

　　裴博經過對許多 HSE 認為的成功案例進行重審，並且分辨出成功產生的不同起因後，總結認為，制裁真正的成功率應低於 5%。諾沙（Kim Nossal）認為自 1945 年以來的許多制裁事件中，只有 14 起看來是毫無疑問的成功，因為它們真正促使目標國改變其行為。諾沙通過對 HSE 研究的全部 115 個案例進行考察，認為只有 8 起是成功的。[27]

　　根據裴博的定義，經濟制裁是通過減少國際貿易來降低目標國的經濟福利總和，以強迫目標國政府改變其政治行為。他指出該定義應排除貿易戰和經濟戰，這點 HSE 也同意。此外，裴博認為經濟制裁的成功須達到三個標準：(1)目標國向發起國要求的主要的部分妥協。(2)經濟制裁威脅使用或實際使用必須先于目標國改變其態度之前。(3)對目標國的態度行為不存在其他更具說服力的解釋。[28]

　　裴博指出，在 HSE 所指的 40 個成功案例中，經考查顯示，事實上只有 5 個是明確成功的。其他 35 個所謂成功的例子中則存在 4 類統計上的錯誤（1）其中 18 個最終是由武力而非經濟制裁促成；（2）8

---

gives an overall success rate of approximately 35 percent. Hufbauer, et. al., *Economic Sanctions Reconsidered*, 2nd ed., p. 93. Kimberly Ann Elliot, "Factors Affecting the Success of Sanctions," in David Cortright and George A. Lopez (eds.), *Economic Sanctions: Panacea or Peacebuilding in a Post-Cold War World?* (Boulder, Colorado: Westview Press, 1995), p. 54. Kimberly Ann Elliott, "The Sanctions Glass: Half Full or Completely Empty," *International Security*, vol. 23, no. 1 (Summer 1998), p. 58. David Cortright and George A. Lopez, *The Sanctions Decade: Assessing UN Strategies in the 1990s* (Boulder, Colorado: Lynne Rienner, 2000), p 15.

[27] Kim Richard Nossal, "Liberal Democratic Regimes, International Sanctions, and Global Governance," in Raimo Vayrynen (ed.), *Globalization and Global Governance* (Lanham, Maryland: Rowman & Littlefield Publishers, Inc., 1999), pp. 128-129, 135.

[28] Robert A. Pape, "Why Economic Sanctions Do Not Work," *International Security*, vol. 22, no. 2 (Fall 1997), pp. 93-97.

個是失敗的，因為目標國沒有向發起國的要求做出讓步；（3）6 個是
貿易糾紛，而非經濟制裁；（4）3 個結果是無法確定的。[29]

　　裴博指出，有兩個問題導致了 HSE 的錯誤結論。第一，雖然他們
的目的是研究運用經濟制裁去爭取政治目的，但他們的資料都不恰當
地包含了其他兩種經濟治國術手段的例子：商業談判和經濟戰。第二，
HSE 基本上沒有把武力因素進行對照比較。根據裴博分析，大約有一
半 HSE 聲稱的成功事件，事實上是以武力取勝的例子，而 HSE 則基
本上低估甚至沒有充分說明這一原因。[30]

　　伊利特對裴博的批評進行辯駁，對裴博詮釋的 7 個案例提出異
議，並且指出只有 12 起成功的經濟制裁沒有軍事干預。莊子納（Daniel
Drezner）一方面同意裴博的觀點，認為在 HSE 統計的 40 起成功案件
中有 7 起是有誤的，並且 11 起是與軍事暴力有關，但同時對裴博對兩
個案例的詮釋提出異議。此外，伊利特和莊子納都批評裴博沒有闡述
經濟制裁是否能夠提高武力效力的問題，這主要是因為裴博的目標只
判斷制裁的單獨作用。[31]

　　然而，裴博指出他的研究和 HSE 的研究針對的都是相同問題：即
如果經濟制裁不作為武力的輔助手段而作為獨立的外交政策工具，它
的效果究竟如何？也就是，選擇經濟制裁手段是否比選擇武力手段更

---

[29] Pape, "Why Economic Sanctions Do Not Work," pp. 99-105.

[30] Pape, "Why Economic Sanctions Do Not Work," pp. 105-106.

[31] Daniel Drezner argues the following success cases in HSE data set are either economic warfare or strategic embargoes: 14-1, UK vs. Germany; 21-1, League of Nations vs. Yugoslavia; 25-1, League of Nations vs. Greece; 39-1, Allied powers vs. Axis; 62-1, UN vs. South Africa; 77-4, Canada vs. the European Community; 79-3, Arab League vs. Canada. Elliott, "The Sanctions Glass," pp. 60-65. Pape, "Why Economic Sanctions *Still* Do Not Work," pp. 72-76. Drezner, *The Sanctions Paradox*, pp. 103-06. Daniel W. Drezner, "The Complex Causation of Sanction Outcomes," in Steve Chan and A. Cooper Drury (eds.), *Sanctions as Economic Statecraft: Theory and Practice* (New York: St. Martin's, 2000), pp. 218-19.

好？[32]事實上，沒有經濟制裁的軍事行動照樣可以通過正規戰爭或是封鎖手段，對目標國施加同等或更大的經濟損失。因此一般不會把經濟制裁作為武力的輔助手段，除非用於警示目的。

另外，柯立芝和羅培芝像包德溫一樣，也對 HSE 只注重研究制裁聲明的政策目標，而忽略制裁可能用於其他目標的研究方式提出質疑。他們認為如果只狹窄地側重制裁的工具性目標，不但會導致制裁無效這一錯誤印象，還會低估制裁產生的廣泛政治影響。除了官方與公開聲明的目標，制裁能夠用於其他目的或是起象徵性作用，其中包括用於阻遏將來的不當行為，或是向盟國或是國內選民表明決心，或是捍衛國際規範，或是向反感的行為表示反對。[33]然而這些批評似乎無的放矢，因為在這裏，柯立芝和羅培芝討論的是制裁的用處而不是制裁的效力。

總之，既便我們考慮到 HSE、裴博、和諾沙對成功經濟制裁的判斷分歧，如果我們根據嚴格的經濟制裁定義，並排除經濟戰和貿易糾紛，那麼按照 HSE 的資料，經濟制裁的成功率也只有在 4.6%（109個案例中有 5 個）[34]和 10.4%（115 個案例中有 12 個）之間。這個成功率非常低，由此我們可以總結經濟制裁一般是無效的。

不過，一個國家對某些公司的威壓是比對其他國家的威壓來的容易。正如商保（George E. Shambaugh）在他的《國家、公司與權力》一書中所講的，當公司依賴於美國市場和供給時，美國政府通常可以通過威脅切斷其美國的市場和供給渠道來迫使它們改變經營行為。[35]誠如莊子納所指出，與國家相比，商人並不關心相對收益或政治聲譽，

---

[32] Pape, "Why Economic Sanctions *Still* Do Not Work," pp. 69-70.

[33] Cortright and Lopez, *The Sanctions Decade*, pp. 15-6.

[34] 109 cases exclude 6 cases in the HSE database, which, Pape argues, are trade disputes, not instance of economic sanctions.

[35] George E. Shambaugh, *States, Firms, and Power: Successful Sanctions in United States Foreign Policy* (Abany, New York: State University of New York Press, 1999).

他們只關心利益。如果制裁只停留在公司層面，那麼就有絕對的理由相信制裁會取得成功。然而，當其政府介入並支援被制裁公司時，這些公司就不一定會屈服。莊子納對 80 年代早期美國制裁輸油管道公司的分析就明確地說明了這一點。[36]

過去，北京曾經成功地對一家香港公司進行制裁以懲罰其總裁的政治立場。1994 年 8 月 8 日，香港一家在大陸市場上最成功的零售商佐丹奴公司被迫關閉在北京的分部，因為北京說它沒有完全達到某種執照要求。但是，許多觀察家相信，真正的原因是佐丹奴公司總裁黎智英攻擊中國總理李鵬。他在他的《壹周刊》中把李鵬叫做「怪物」和「共產黨的羞恥」，並批判說他「不僅是一個私生子，而且是一智商為零的私生子」。[37]

5 天以後，黎智英辭去了佐丹奴公司總裁之職，並放棄對集團36.5%的股票控制權，把它交給自己委託的副手，新上任的總裁劉國權，和其他兩位部門主管。9 月 8 日，佐丹奴公司在北京的分部重新開張。在這個事件中，北京成功地懲罰了黎智英，但在黎智英辭去總裁職務後，北京並沒有永久性地關閉佐丹奴公司的北京分部。

2001 年初，波士頓第一信貸公司幫助促成了台灣財政部長顏慶章同各地財務經理在一次歐洲國際巡迴展上進行會面。中國官員感到不快，指責巡迴展完全是一個旨在提高台灣國際承認的陰謀。結果，中國第二大移動通訊商中國聯通公司拒絕將波士頓第一信貸公司列入旨在幫助中國聯通公司募集數十億美元資金的證券商名單中。只有在波士頓第一信貸公司領導邁克（John Mack）親自向北京保證不支援台灣未來在國際上的活動，中國才把波士頓第一信貸公司從將來在中國作生意要遭制裁的黑名單上撤下來。北京成功地讓波士頓第一信貸公司作出了讓

---

[36] Drezner, *The Sanctions Paradox*, pp. 80-87.

[37] Japan Economic Newswire, "China Snubs Businessman for Criticism of Li Peng; Daily," *Japan Economic Newswire*, August 10, 1994.

步，並向外國公司顯示了其在台灣問題上的政治決心。中國財政部長項懷誠說，「只要跟政治無關，（中國）政府是不會干涉的。」[38]

四、2000-2005 年中國制裁台商的經驗

鑒於北京的戰略是「以商圍政」，台灣人推測，北京也會使用同樣的策略影響台灣在中國投資者的政治立場。事實上，北京在 2000－2001 年已經表達了對「極個別重要」的台商政治立場的關注。2000年 3 月 10 日，陳水扁宣佈了他的國家政策顧問名單，包括宏碁集團董事長施振榮、奇美集團董事長許文龍、長榮集團總裁張榮發、和台灣高鐵董事長殷琪。上海台辦主任張志群很快召集這些企業在上海的代表，表達了中國對他們支援陳水扁的關切。[39]

2000 年 4 月 8 日，儘管中國向台商保證會繼續保護他們在中國的合法利益，但是，國台辦副主任李炳才說，「極個別台灣工商界的頭面人物一方面在島內公開支持『台獨』，為『台獨』勢力張目、造勢，鼓吹『繼續』分裂祖國的所謂『李登輝路線』，影響極其惡劣；另一方面又從與祖國大陸經濟活動中撈取好處，這是絕對不允許的。」[40]

李炳才副主任的講話引起了台商的普遍焦慮，北京則試圖幫助台商減少這種焦慮。4 月 24 日，海協會副會長唐樹備強調，對於大多數台商來說，北京歡迎並鼓勵他們來中國投資，並保護他們的重要利益。但是，唐樹備副會長指出，中國只對某些「極個別重要」的台商有看

---

[38] Bill Savadove, "China May Let CSFB in from the Cold, Official Says," *Reuters*, October19, 2001, 2:23 am Eastern Time.

[39] 宋秉忠，〈中共警告支持台獨台商〉，《中國時報》，2000 年 4 月 9 日。

[40] 人民日報，〈中央台辦國務院台辦負責人答記者問〉，《人民日報》（海外版），2000 年 4 月 10 日。

法，因為他們公開支援「台獨」。5 月 7 日，李炳才副主任在上次講話的一個月後向台商保證，中國將繼續遵從「江八點」，並有效保護台商的全部合法利益。他還澄清，北京關注的只是那些「極個別重要」的台商，因為他們公開支援「台獨」。9 月 23 日，李副主任再度強調，兩岸政治分歧不應妨礙經濟交流與合作。他保證，中國非常重視台商，而且不論在何種條件下都將保護台商的各種利益。[41]

2001 年 3 月初，奇美集團董事長許文龍對二戰期間日軍裡的台灣「慰安婦」爭議性評論，出現在日本漫畫作家小林善紀的連環漫畫《台灣論》一書中。結果有報道說，2001 年 3 月 10 日，奇美集團在江蘇省鎮江的石化工廠由於北京的壓力下被迫關閉。另外，中國還對奇美集團鎮江石化廠進行了好幾輪稅務檢查，這被普遍看作是北京對許文龍言論的報復。

台商對此報導表示震驚，並馬上要求中國當局依照法律妥善處理此事，以便將此事對日益緊密的兩岸貿易和經濟關係的影響減至最小程度。台灣中華民國商業總會的代表警告說，「如果大陸當局不能對在大陸投資的台灣商人給予足夠的保護，如果台資企業在任何時候、缺乏法律基礎的情況下被關閉，那麼這將極有可能在台資企業之間引起連鎖反應。」許多當地台商協會領導敦促中國當局，不要干涉投資問題上的不同歧見，以避免在國外投資者中引起恐慌。[42]

但是就在同一天，奇美集團和中國當局否認了奇美集團鎮江石化廠被關閉的報導。此外，國台辦發表聲明指出，中國將保護在華台灣投資者的合法權利。第二天，國台辦發言人重申，中國反對某

---

[41] 亓樂義，〈唐樹備：一個中國各自表述　大陸從未同意〉，《中國時報》，2000年 4 月 25 日。亓樂義，〈國台辦說一套？保護台商投資　大陸打包票〉，《中國時報》，2000 年 5 月 8 日。王綽中，〈中共積極拉攏統合台商組織〉，《中國時報》，2000 年 9 月 24 日。

[42] Flor Wang, "News Report on Chi Mei Mainland China Plant Needs Verification: MOEA," *Central News Agency*, March 10, 2001.

些人一面在中國賺錢，一面在台灣支援獨立。但是，他還同時指出，中國既保護台灣公司在中國的權利，也會對那些違法的人採取相應措施。[43]

事實上，在中國的決策圈內部包括官員和學者是有一種聲音，支持對奇美集團進行經濟制裁。中國當局和民眾一般都憎恨許文龍的說法，但是對奇美集團進行制裁的想法最後並沒有落實為正式政策，而且中國還繼續堅持其「政經分離」的政策。[44]許多中國官員都否認有關中國會以政治原因對奇美集團實施制裁的報導。他們強調，中國將繼續從法律層面上保護台商，並讓台商繼續做生意。[45]

北京把奇美集團列入制裁黑名單的代價很高。就 2001 年來說，奇美集團是台灣在中國的前十大投資者之一。更重要的是，奇美集團是世界上重要塑膠材料 ABS 的最大生產商，中國是它的主要市場。2000年，奇美集團生產一百萬噸 ABS，占世界供應量的四分之一，其中 42 萬 5 千噸 ABS 是由其在鎮江的石化廠生產的。奇美集團鎮江石化廠的產值在 2000 年大約為 10 億元人民幣，2001 年可望達到 20 億元人民幣。奇美集團總產量的 60%在中國市場出售。還有，奇美集團還生產了 70 萬噸 PS 和 18 萬噸橡膠。奇美集團是世界上這三種產品的最大生產商。因此，奇美集團鎮江廠的關閉將對中國經濟發展和世界市場上塑膠材料 ABS、PS 和橡膠的生產造成極大的影響。

不僅如此，中國還將面對奇美集團的報復。2001 年 3 月，許文龍在一次採訪中說，「這一回，中共嚇到我了，讓我興起不如歸去之感，

---

[43] Sofia Wu, "Mainland Official Denies Chi Mei Plant Closure," *Central News Agency*, March 11, 2001.

[44] 北京一位台灣研究資深學者，2001 年 8 月 3 日，訪談。北京一位國際關係資深學者，2001 年 7 月 9 日，訪談。廈門一位台灣研究資深學者，2001 年 6 月 6 日，訪談。

[45] 上海台辦一位資深官員，2001 年 6 月 19 日，訪談。上海一位台灣研究資深學者，2001 年 6 月 26 日，訪談。上海附近城鎮台辦一位資深官員，2001 年 7 月 5 日，訪談。國台辦一位資深官員，2001 年 8 月 9 日，訪談。

我要慎重考慮是否緊縮或取消大陸投資的擴張計畫。」[46]如果中國關閉了奇美工廠，奇美集團將肯定不會再在中國投資。在 2001 年的時候，奇美集團曾計劃追加 5 億美元的投資用於擴大石化生產，甚至要在之後 5 年更多地投資於中國高科技資訊產業。事實上，中國當局很看重這些投資，這恰恰是奇美集團繼續在中國投資的關鍵理由。

另外，如果奇美集團遭制裁，台北也威脅將報復北京。2001 年 3 月 12 日，台北警告北京，任何關閉奇美集團在中國工廠的企圖都將自食其果。台北說：「我們不得不提醒中共當局，中國大陸一旦要求奇美集團關閉其在鎮江的工廠，將給海峽兩岸的經濟紐帶帶來非常嚴重的負面影響。」[47]

實際上，在佐丹奴、波士頓第一信貸公司、與奇美三個案例中，制裁代價的對比非常鮮明。中國制裁佐丹奴和波士頓第一信貸公司所花的代價極小，而中國將為制裁奇美集團付出高昂的代價。因此，對制裁代價的考慮可能是北京不把奇美集團列入制裁黑名單的一個主要因素。上海台辦一位高級官員強調，在處理這件事情的時候，中國當局需要考慮受雇於奇美集團的中國工人，以及對台商和外資企業信心可能帶來的影響。[48]許多中國學者表達了同樣的關切。[49]北京兩位國際關係學者強調，中國政府擔心制裁會影響兩岸經濟關係的全局，並進而影響中國的經濟發展。[50]北京一位資深經濟學家和上海一位台灣研

---

[46] 夏珍，〈中共打壓　奇美早有最壞打算〉，《中國時報》，2001 年 3 月 11 日。

[47] Agence France Presse, "Beijing Warned Against Threatening Taiwanese Businesses," *Agence France Presse*, March 12, 2001, 3:12 AM, Eastern Time, March 12, 2001.

[48] 上海台辦一位資深官員，2001 年 6 月 19 日，訪談。

[49] 上海一位台灣研究資深學者，2001 年 6 月 26 日，訪談。北京一位台灣研究資深經濟學者，2001 年 8 月 3 日，訪談。北京一位美國研究資深學者，2001 年 7 月 30 日，訪談。

[50] 北京一位國際關係學者，2001 年 7 月 19 日，訪談。北京一位國際關係資深學者，2001 年 7 月 9 日，訪談。

究資深學者贊成，制裁奇美集團將危及中國的開放形象，並進而引發國外投資者和政府的連鎖反應。[51]

一位台商說：「鎮江已經被台商買下來了。」台商嚴重主導著鎮江的地區經濟發展，特別是在就業方面。他認為，鎮江政府肯定反對制裁奇美集團，因為鎮江害怕這會影響奇美集團和其他台商在當地的投資。[52]

總之，在奇美事件中，雖然中國作為一個國家在理論上處於優勢地位，可以因政治立場問題把奇美集團列入制裁黑名單，但是以下幾個考慮因素可能使北京制止了這個意圖。如果對奇美集團實施制裁，北京會付出很高的代價，包括：1、喪失奇美集團鎮江石化廠對中國經濟的貢獻；2、中斷石化工業的全球商品鏈，可能引發全球受害國家的報復；3、使台灣和國外投資者對中國投資環境喪失信心；4、遭到奇美集團和台灣政府的報復。這些損害將進一步加劇中國經濟的停滯問題和社會不穩定。因此，北京儘量低調處理此事，並反復向台灣投資者，包括奇美集團，保證將保護他們在中國的利益。

五、2004 年以後中國對綠色台商的態度

待到 2004 年總統大選驗票爭議稍微沈澱之後，國台辦發言人張銘清於 5 月 24 日以沈重語氣表示，中國雖一本初衷推動兩岸經貿，但是中國不歡迎在中國賺了錢又回台支持台獨的綠色台商。[53]一個禮拜後，中國官方媒體人民日報於頭版刊登大幅文章，點名奇美集團創辦

---

[51] 北京一位資深經濟學者，2001 年 8 月 7 日，訪談。上海一位台灣研究資深學者，2001 年 7 月 3 日，訪談。

[52] 上海一位台商，2001 年 7 月 17 日，訪談。

[53] 經濟日報，〈大陸鐵腕解獨　台商避貼綠標籤〉，《經濟日報》，2004 年 5 月 31 日，版 2。

人許文龍，稱他是「獨派大老」、「一直支持李登輝與陳水扁搞台獨」，表示中國「不歡迎這樣的『台商』」。一時之間，兩岸間原本暢旺的經貿交流似乎蒙上一股政治干預的陰影。[54]

除許文龍之外，中國陸續針對一些在台灣總統大選中與民進黨陣營較為親近的工商團體或個人展開懲罰措施，包括台灣工業協進會理事長李成家、中小企業協會理事長戴勝通等人均遭中國拒發簽證。此外，幾家與陳水扁關係密切的企業，如和大電機、力山工業、環隆科技等上市公司，早自 2003 年底開始便被中國官方嚴厲查稅。和大電機董事長，同時也是民進黨台中縣黨部主委的沈國榮無奈表示：「中共以商逼政企圖明顯，再這樣搞下去，台商恐怕只有撤資或換董事長來因應。」[55]同時中國也暗示台商協會幹部不得返台參加台灣海基會的端午節聯誼活動，以阻絕台灣官方與企業界的正常聯繫。[56]

更讓人訝異的是，在 2000 年總統就職典禮上獻唱國歌的台灣歌手張惠妹，在中國反獨網民強大壓力下被迫取消杭州演唱會。不過，中國官員強調，張惠妹無法到杭州演唱一事，完全是地方政府的作為，與中央政府沒有關係。[57]國台辦副主任王在希也表示，中國沒有封殺台灣藝人，張惠妹在北京的演唱會將如期舉行。但是，張惠妹已經表示，未來台灣政府再要求她參加一些表演活動，她應該會拒絕。[58]此外，周杰倫、S.H.E 和伍佰等台灣藝人，因為中國贊助廠商恐遭牽連而遭到撤銷贊助、拖延簽約等不利待遇。[59]

---

[54] 程剛，〈在祖國大陸賺錢卻支持『台獨』，豈有此理！〉，《人民日報》，2004年 5 月 31 日，版 1。

[55] 陳玉華，〈台商老闆挺綠　中共嚴厲查稅〉，《中國時報》，2004 年 6 月 2 日，版 4。

[56] 經濟日報，〈海基會端節聯誼　多位台協會長將缺席〉，《經濟日報》，2004年 6 月 17 日，版 9。

[57] 北京一位資深官員，2004/7/7，訪談。

[58] 中國時報，〈王在希：未封殺台灣藝人〉，《中國時報》，2004 年 6 月 18 日，版 13。

[59] 仇佩芬，〈綠色藝人風波　傳贊助商撤資〉，《聯合報》，2004 年 6 月 18 日，

　　相較於上述強硬的宣示，中國官方也陸續安撫台商。由國家主席胡錦濤領銜，中國官方一再表示「對台商的保護政策不變」、「鼓勵兩岸經濟合作不變」、「鼓勵台商投資的政策未變」、「政治不影響經濟」，希望穩住台商投資中國的信心。中國各地台辦也陸續召集台商協會會長座談，以瞭解台商意見。[60]此外，國台辦強調，中國不歡迎的是「極少部分以實際行動支持台獨者」、「反對與抵制的是頑固堅持台獨立場、公開支持台獨的極個別的人」，並不存在封殺綠色藝人或綠色台商的問題，中國將繼續鼓勵台商到中國投資，也沒有要求台商會長不要回台灣海基會舉辦的端午節活動。[61]對極個別的綠色台商，中國不會直接以政治的方式、充公台商的財產，會以法律的方式處理，不會進一步制裁綠色台商。[62]

　　儘管中國官方對所謂「綠色台商」抱持打壓圍堵的態度，但多為宣示或口頭警告性質。理論上，中國對某些特定台商制裁可能會成功，但制裁代價相當大，中國並不希望真的落實制裁的行動，「對許文龍的抵制最後會『雷聲大、雨點小』」、「經濟制裁是雙面刃，暫時不擬採取後續動作」。[63]更進一步而言，中國不可能全面性制裁台商，否則將嚴重傷害中國的經濟，而且中國的損失將比台灣的傷害還大。根據筆者的推估，在台商雇用了上千萬名中國勞工、對中國經濟的直接貢獻大約 3%的國內生產總值、以及大約 20%的總出口量。[64]

　　版 13。

[60] 張義宮，〈胡錦濤：宏觀調控　不影響外銷產業〉，《經濟日報》，2004 年 5 月 6 日，版 9；王綽中，〈胡錦濤視察昆山台資企業〉，《中國時報》，2004 年 5 月 5 日，版 11。仇佩芬，〈大陸鼓勵台商投資　政策未變〉，《經濟日報》，2004 年 6 月 17 日，版 9。謝偉姝、王茂臻，〈大陸積極瞭解台商意見〉，《經濟日報》，2004 年 5 月 21 日，版 2。

[61] 於慧堅，〈誰說封殺阿妹？國台辦撇清〉，《中國時報》，2004 年 6 月 19 日，版 A13。

[62] 北京一位資深官員，2004 年 7 月 7 日，訪談。

[63] 於慧堅，〈打壓綠色企業　北京目前點到為止〉，《中國時報》，2004 年 6 月 8 日，版 13。

[64] 童振源，《全球化下的兩岸經濟關係》，頁 228-231。

　　綜合各種資訊判斷，中國官方的宣示動作對其他台商將起殺雞儆猴的作用，讓支持台獨的台商有所有顧忌、至少不敢公開挺泛綠陣營。[65]更重要的是，面對台灣總統大選後的尷尬處境，中國政府警誡綠色台商將是目前少數可以紓緩國內批評中國對台政策或反台獨政策失敗的龐大壓力之政策作為。[66]因此，將「經濟制裁」的刀子拿起架在綠色台商的脖子上，卻不真的砍下去，這才能真正嚇阻台商公開支持台獨、消除國內的龐大壓力，同時又不會傷害到自己的經濟，甚至引發全世界對中國的經濟制裁報復。

　　不過，中國官方的警告及民間的強烈情緒反應，的確使台商感受到相當程度的表態壓力。雖然中國政府一再重申鼓勵保護台商的政策不變，一股寒蟬效應卻快速在台商之間發酵。最明顯的例子是，許文龍在 2004 年便卸下奇美企業董事長的職務、並且請辭台灣總統府的資政，以此向中國官方輸誠。更甚者，在 2005 年 3 月 26 日，當民進黨號召百萬人民針對「反分裂法」進行示威遊行時，許文龍竟在當天發表退休聲明，表示「台灣、大陸同屬一個中國」、「反分裂國家法的出台」讓「我們心裡踏實了許多」。[67]

六、結論

　　證諸晚近國際經濟制裁史，單純的經濟制裁鮮少達成目的，甚至連聯合國這樣龐大的國際組織、或是像美國這樣的世界政經超強，也罕有單單運用經濟制裁便達成政治目的的例子。根據過去的案例分析，發起國對目標國進行經濟制裁的成功率只有在 4.6％和

---

[65] 呂雪彗，〈國安部門：大陸並未特別刁難綠色企業〉，《工商時報》，2004 年 5 月 26 日，版 12。上海一位台灣研究資深學者，2004 年 7 月 7 日，訪談。

[66] 上海一位台灣研究資深學者，2004 年 7 月 7 日，訪談。

[67] 許文龍，〈退休感言〉，《聯合報》，2005 年 3 月 26 日，版 A4。

10.4％之間，經濟制裁成功率相當低。特別是，兩岸經濟交流是國際分工的重要一環，兩岸經濟都依賴國際分工體系與共享國際市場，而且兩岸存在嚴重的長期政治對抗，因此，中國要成功制裁台灣幾乎不可能。[68]

　　不過，歷史上特定國家對個別公司的經濟制裁效果卻顯著的多，這是因為公司以營利為最大考量，不像國家必須兼顧長期互動利害關係與信譽等非經濟因素。兩岸在政治問題上屢生齟齬，似有劍拔弩張一觸即發之勢，綠色台商成為中國壓制台獨的第一波受害者。事實上，2004 年中國對台灣的威嚇與 2000-2001 年的威嚇模式非常相似，中國官方似乎並沒有要真的採取全面制裁綠色台商的措施，最多只是給予「極個別台商」一些警誡措施，同時中國也沒有要對台灣進行全面經濟制裁的跡象，中國的作法僅停留在言語恫嚇與騷擾台商等小動作上。

　　為化解台商可能被中國經濟制裁的疑慮，中國官方也積極透過公開記者會、座談、與約見等方式強化台商在中國經營的信心。不過，中國官方的警告及民間的強烈情緒反應，的確使台商感受到相當程度的表態壓力。有的企業如奇美、和大電機，便改組公司高層來向中國官方輸誠；而歌手張惠妹也不再參與政治或政府主辦活動的演唱。雖然中國中央政府一再重申鼓勵保護台灣同胞的政策不變，一股寒蟬效應卻快速在地方上發酵。可預見的未來，這樣的效應仍可能對台商構成一定影響，台商在政治上的態度仍應該謹慎小心，以免惹禍上身。

---

[68] 童振源，《全球化下的兩岸經濟關係》。

◎台灣的中國戰略：從扈從到平衡

第陸章　兩岸簽署 ECFA 的爭議與成效

一、前言

　　過去 30 年，兩岸經濟關係從禁止到逐步開放、再到緊密的經濟交流，主要的動力是單方的政策開放與市場力量的拉動，不是兩岸政府的協調與合作，兩岸經濟關係缺乏制度性的互動與合作架構。事實上，中國已經是台灣最大的貿易與投資夥伴，而且台灣也是中國前五大貿易與投資夥伴，兩岸非常需要制度化的經濟互動與合作架構。然而，即使兩岸都是世界貿易組織（World Trade Organization，簡稱 WTO）的會員，中國卻不太願意在此國際場合進行兩岸經濟互動與合作。

　　另一方面，台灣在東亞地區一直扮演東西橋樑與南北輪軸的關鍵分工角色，上承美國、日本與歐盟的技術、品牌與市場，下啟中國與東南亞的生產資源與快速擴大的市場，台灣扮演提供零組件、管理、行銷與服務的中介角色。台灣在 2002 年加入 WTO，正是希望能確保與擴大台灣在國際經貿分工的效率與權益。然而，WTO 的杜哈貿易談判回合在 2008 年 7 月正式破局，區域協商的東亞經濟整合體制卻是進展快速。台灣因為中國的政治阻撓，而被排除在這一波的東亞經濟整合協定之外。截至 2011 年中，台灣只有與巴拿馬、瓜地馬拉、尼加拉瓜、薩爾瓦多及宏都拉斯簽訂自由貿易協定（free trade agreement，簡稱 FTA），而這些國家與台灣的貿易金額卻是相當有限。

　　面對這樣的情勢，在 2008 年 5 月就任總統之後的第一場國際記者會上，馬英九總統指出，如果台灣不能加入東亞經濟整合協定，台灣

經濟在未來將被邊緣化。因此，馬總統在 2009 年 2 月底提出兩岸簽署「經濟合作架構協議」（economic cooperation framework agreement，簡稱 ECFA）的藥方，希望能藉由 ECFA 開啟台灣加入東亞經濟整合協定的大門，避免台灣經濟被邊緣化。經過一年多的溝通與協商，兩岸於 2010 年 6 月 29 日簽署 ECFA，並在今（2011）年初啟動四項後續協議談判，包括貨品貿易、服務貿易、投資及爭端解決。

政府如何評估 ECFA 的效益？兩岸簽署 ECFA 又引發哪些爭議？兩岸簽署 ECFA 已經將近一年，ECFA 的執行成效為何？本章試圖回答這三個問題。以下便先說明兩岸經濟關係之演變，第二闡述 ECFA 的內容與效益評估，第三討論 ECFA 的經濟爭議，第四分析 ECFA 的政治爭議，第五檢討 ECFA 簽署後的執行成效，最後則是展望。

二、兩岸經濟關係之演變

1978 年中國實施經濟改革開放，同時對台灣展開經濟交流的政策，希望利用台灣的資金、技術與現代化的管理經驗促進中國經濟發展。然而，台灣對於中國的建議回應「三不」（不接觸、不談判、不妥協）政策，禁止各項經濟交流。1984 年，台灣同意透過香港與澳門進行轉口貿易，但禁止直接通商與投資。1987 年 11 月，台灣開放人民到中國探親之後，兩岸交流逐漸從人民往來擴大到經貿投資往來。

儘管台灣在 1980 年代末期、1990 年代初期仍禁止對中國直接貿易與投資，但是台灣商人透過香港與澳門、甚至第三地對中國進行投資與貿易發展相當迅速。面對這樣的發展態勢，1990 年代初期李登輝政府只好逐步調整開放的兩岸經貿交流政策，並追認兩岸經貿發展的事實。然而，中國在 1995-96 年對台灣進行文攻武嚇，而且當時的中國經濟發展缺乏穩定性，所以李登輝政府在 1996 年 9 月採取「戒急用忍」政策，希望減少台灣經濟依賴中國。因此，台灣政府限制高科技

產業與基礎設施產業對中國投資，並且限制台商對中國投資的規模不能超過 5,000 萬美元。

2000 年 5 月以後，陳水扁政府揚棄「戒急用忍」政策，改採「積極開放、有效管理」政策，一方面擴大兩岸經貿開放幅度，同時強化管理兩岸經貿往來機制。陳水扁政府對中國產品開放進口項目從 53％擴大到 80％、取消對中國投資上限與產業別限制、開放部份中國觀光客來台、推動小三通（建立台灣金門與馬祖與對岸港口直接通航與人員往來）、開放兩岸特定節日與功能的包機直航。2006 年 1 月以後，陳水扁總統擔心台灣經濟太過依賴中國，改採「積極管理、有效開放」政策，希望建立更有效的兩岸經濟交流的管理機制。

2008 年以後，馬英九政府採取更加開放的兩岸經貿政策，擴大開放中國觀光客來台、建立與擴大兩岸直接通航、逐步開放中國對台灣投資、簽訂兩岸金融監理備忘錄與 ECFA。特別是，馬政府與中國政府在 2010 年 6 月談成 ECFA，開啟兩岸經濟交流全方位談判的議程，包括貨品貿易、服務貿易、投資、爭端解決與經濟合作等議題。以下將進一步說明當前兩岸貿易、投資、人員、資金往來的狀況。

（一）兩岸貿易

根據行政院大陸委員會對轉口貿易的修正後，2000 年兩岸貿易額為 313 億美元，2008 年為 1,053 億美元。中國是台灣的最大貿易夥伴與出口地區。不僅如此，台灣長期對中國享有貿易順差。在 2000 年，台灣對中國的貿易順差為 188 億美元；2008 年為 426 億美元。2008-09 年的全球金融危機對兩岸貿易往來有很大衝擊。2009 年，台灣對中國出口衰退 16.1％，從中國進口衰退 21.9％，貿易順差減少 11.7％。金融危機後，2010 年兩岸貿易金額為 1,208 億美元，台灣對中國出口大幅成長 36.6％，從中國進口擴增 28.9％，貿易順差增加 30.0％，達到 489 億美元。（見圖 6.1）

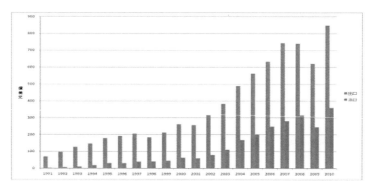

圖 6.1　兩岸進口與出口（1991-2010）

資料來源：台灣經濟研究院 編撰，《兩岸經濟統計月報》，216 期，2011 年 3
　　　　　月，頁 24。

　　再者，隨著兩岸經貿政策的開放，台灣逐步對中國開放進口商品
之項目。在國民黨政府戒急用忍政策之下，從 1996 年至 2000 年台灣
對中國開放進口商品的幅度維持在 53-57％。陳水扁政府改採「積極
開放、有效管理」的政策，2000-2002 年台灣開放的幅度從 56.5％竄
升到 75.8％，一直到 2008 年才再升高到 80.0％。馬英九總統上台後，
幾乎沒有進一步開放。截至 2010 年 10 月底，台灣對中國開放 8,643
項進口產品，但仍限制 2,247 項產品進口，包括農產品 880 項與工業
產品 1,367 項。（見表 6.1）

表 6.1　中國進口商品之管理演變：1988-2010

單位：％

年度	1988	1990	1992	1994	1996	1998	2000	2002	2004	2006	2008	2010
開放幅度	0.2	1.7	4.8	18.2	52.6	54.0	56.5	75.8	78.3	79.5	80.0	79.4

資料來源：經濟部國際貿易局，「歷年開放大陸農、工產品統計表明細」，2010
　　　　　年 11 月。

　　兩岸貿易充分反應產業內貿易的特性，而且凸顯由台灣對中國投資所驅動的兩岸貿易結構。台灣對中國出口主要是中間財與資本財為主，大部分產品在中國加工之後再出口到其他先進國家。台商在中國投資所需機械設備、原材料、半成品、零組件自台灣採購的情形相當普遍，尤其是投資初期；另一方面，台商在中國製造的半成品、零組件等回銷台灣的情形也愈來愈多。總而言之，兩岸貿易的格局主要是，投資帶動兩岸貿易發展，從而促進兩岸產業分工與經濟整合。

（二）兩岸投資

　　截至 2007 年底，台灣經濟部投審會公佈台商在中國直接投資（FDI）的金額為 648.7 億美元。2008 年 5 月馬總統執政後，台灣對中國投資加速，2008 年為 106.9 億美元，同比增加 128％；2009 年為 71.4 億美元，受全球金融危機的影響而比 2008 年減少 33％；2010 年增加到 122.3 億美元，同比增加 102％。累計至 2010 年底，台灣對中國投資共計 973.2 億美元，占台灣全部對外投資的 59.7％。特別是，馬總統上台將近三年期間台灣對中國投資的金額占 1988-2007 年台灣對中國投資金額的比重高達 49％。

　　由於兩岸政治上的特殊關係，台灣政府對台商赴中國直接投資有嚴格的限制，導致許多台商以迂迴的方式，將資金匯往第三地註冊控股公司，再對中國進行直接投資。但投審會並無法完全掌握這些經第三地迂迴投資的資金。根據童振源與洪家科的推估，1997 年以前，台商經香港轉投資的金額，約佔香港對中國直接投資金額的 33％，並且逐年遞減；1997 年以後，台商經英屬維京群島及開曼群島等地轉投資中國的比重為 70％。據此估算，2010 年底台商累計對中國投資 1,897 億美元。（見圖 6.2）

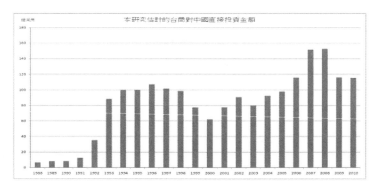

圖 6.2　估計歷年台商對中國直接投資的金額：1988-2010 年

資料來源：童振源、洪家科，「台商對中國經濟發展的貢獻：1988-2008 年」，
　　　　　田弘茂、黃偉峰編，《台商與中國經濟發展》（台北：國策研究院，
　　　　　2010），頁 1-50。筆者對 2009-2010 年數據的推估。

　　關於中國對台灣投資方面，雖然陳水扁政府時期有開放中資來台
投資房地產，但是因為配套措施不足，所以中資來台只有幾項個案。
在馬總統執政之後，開放 247 項中資可來台投資項目，包括製造業 89
項，服務業 138 項，公共建設 20 項。但是，馬政府對於高科技產業與
某些敏感產業仍沒有開放，而且對於中資在某些產業設定持股上限。
因此，2009 年下半年，中資來台僅僅三千七百萬美元，2010 年也只有
九千四百萬美元，僅占台灣當年吸引外資的 2.1％。累計到 2011 年第
一季，中資來台共計一億四千六百萬美元，大約占中國對外投資的 0.05
％。這顯示，中資來台投資仍然敏感，馬政府的配套措施仍然不足，
而且中國可能對台投資的潛力相當大。

（三）兩岸匯款

　　由於台灣從 2001 年 7 月開始辦理國際金融業務分行對中國匯出匯入款業務，所以兩岸匯款金額統計在 2001 年以後會比較完整。2002年台灣匯到中國的金額為 136 億美元，2003 年為 396 億美元，2006年達到 1,289 億美元，2010 年前十一個月達到 2,243 億美元。相對的，中國匯到台灣的金額從 2002 年的 48 億美元增加到 2008 年的 1,192億美元，2010 年前十一個月達到 1,339 億美元。兩岸資金往來相當不對稱，2002 年台灣的資金往來逆差為 88 億美元，2005 年達到 514億美元，2010 年前十一個月已經達到 905 億美元。不過，兩岸資金往來並不全然在兩岸之間進行，有時是透過第三地進行，但是沒有全面性統計與調查，以致我們對於兩岸資金往來真相一直存在盲點。（見圖 6.3）

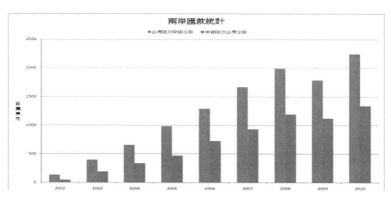

圖 6.3　兩岸匯款統計：2002-2010 年

資料來源：台灣經濟研究院　編撰，《兩岸經濟統計月報》，頁 33-34。

（四）兩岸人員往來

台灣在 1987 年開放探親之後，台灣人民前往中國訪問或旅遊的人數便急遽增加，幾乎每五年便增加一百萬人次。1988 年，台灣便有將近 44 萬人次前往中國旅遊，1992 年一舉突破 131 萬人次，1997 年突破 211 萬次，2000 年突破 310 萬人次，2005 年突破 410 萬人次，2010 年突破 514 萬人次。台灣政府的統計並沒有區別觀光旅遊與商務交流，相當大一部份的台灣旅客應該是與台商在中國的經營活動相關而往來兩岸之間。相對的，中國來台灣的人數一直到 2009 年才有明顯增加，之前都維持在 32 萬人次以下。2009 年中國來台人數突破 106 萬人次，其中 60 萬人次是觀光旅遊；2010 年中國來台人數突破 158 萬人次，其中 119 萬人次是觀光旅遊。累計到 2010 年底，台灣前往中國的人數高達 6,142 萬人次，中國來台灣的人數只有 480 萬人次，兩者差距 5,662 萬人次。（見圖 6.4）

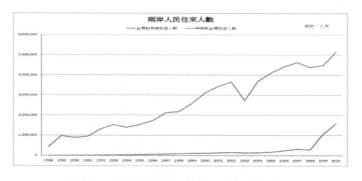

圖 6.4　兩岸人民往來人數：1988-2010 年

資料來源：台灣經濟研究院　編撰，《兩岸經濟統計月報》，頁 37-38。

　　由上面統計數據來看，兩岸貿易、投資、資金與人員交流快速增長，但是嚴重不平衡、不對稱。台灣對中國存在嚴重貿易順差，但是台灣還限制 20%的中國商品項目進口；台灣對中國存在嚴重投資逆差，但台灣仍嚴格限制中國對台灣投資；台灣在兩岸資金往來也存在嚴重逆差；台灣對中國存在人員往來逆差，大量台灣人才前往中國工作，大量消費亦流到中國。因此，兩岸不僅應該推動制度性的經濟互動與合作機制，而且應該促進兩岸資源的雙向流動，而不是台灣的資源片面流向中國，同時應該善加利用中國資源與市場推動國際資源流入台灣。ECFA 是否可以扮演這些功能？以下便說明 ECFA 之內容與政府評估。

三、ECFA 之內容與政府評估

　　ECFA 共分為 5 章 16 條暨 5 項附件，涉及廣泛的經貿議題，包括貨品的降免稅、服務業的市場開放、雙方投資的促進與保障、智慧財產權的保護以及經濟產業的合作等領域。ECFA 是一個架構協議，特別安排早期收穫條款。早期收穫清單的產品將在三年內降為零關稅，但是暫時原產地規則要求適用零關稅產品的附加價值比例必須符合 40-50%的比例。ECFA 生效後，接下來有關貨品貿易協議、服務貿易協議、投資協議、爭端解決等 4 項協議在 6 個月內啟動協商。此外，兩岸同意成立經濟合作委員會處理與協商 ECFA 後續議題相關事宜。

　　在貨品貿易早期收穫的內容，中國同意台灣 539 項貨品列入早期收穫清單，包括 18 項農漁產品，金額達 138.4 億美元（佔 2009 年台灣出口中國總金額的 16.1%）；台灣同意中國 267 項產品列入早期收穫清單，金額達到 28.6 億美元（佔 2009 年台灣自中國進口總金額的 10.5%）。在服務貿易早期收穫清單，中國同意對台灣開放 11 項，包括金融服務業 3 項、非金融服務業 8 項；台灣同意對中國開放 9 項，包括金融服務業 1 項與非金融服務業 8 項。

根據上述 ECFA 的大致內容，經濟部委託中華經濟研究院（簡稱「中經院」）進行 ECFA 的經濟效應評估，結論是：一、如果維持既有 2,249 項農工產品管制、已開放的農工產品自由化、中國商品全面零關稅的前提下，兩岸簽訂 ECFA 對台灣經濟成長率累計增加 1.65％；二、如果維持既有 875 項農產品管制、其他工業產品解除進口管制且自由化、中國商品全面零關稅的前提下，兩岸簽訂 ECFA 對台灣經濟成長率累計增加 1.72％。[1]

中經院的評估報告指出，雖然 ECFA 對台灣經濟的總體影響為正，但對各產業有得有失。ECFA 可能造成生產增加的產業包括：化學塑膠橡膠業（約 14.6％）、機械業（約 14.0-14.3％）、紡織業（約 15.7-15.8％）、鋼鐵業（約 7.7-7.9％）、與石油及煤製品業（約 7.7-7.8％）。相對的，ECFA 可能造成生產減少的產業包括：電機及電子產品業（約減少 7.2％）、其他運輸工具業（約減少 3.5-3.6％）、木材製品業（約減少 4.0％）。

在就業影響方面，中經院利用「可計算一般均衡模型」（computable general equilibrium model，簡稱 CGE 模型）對各產業的上述模擬結果，再串連台灣一般均衡模型包括 2007 年台灣 161 部門的產業關聯表，資料依總體成長率更新至 2008 年，評估 ECFA 對台灣總就業人數可望增加 25.7-26.3 萬人。此外，中經院利用簡單迴歸模型，推估若兩岸簽訂 ECFA，台灣未來 7 年可能增加的外商直接投資（FDI）流入規模將達 89 億美元。

在兩岸簽訂 ECFA 之後，馬總統在去（2010）年 7 月 1 日召開記者會，認為 ECFA 是台灣經濟發展的新契機，冀望 ECFA 能打開台灣參與東亞經濟整合體制的大門，讓台灣可以與其他國簽署自由貿易協

---

[1] 中華經濟研究院，〈「兩岸經濟合作架構協議之影響評估報告」報告〉簡報檔案，2009 年 7 月 29 日，〈http://www.ecfa.org.tw/EcfaAttachment/ECFADoc/05.pdf〉，2009 年 7 月 30 日下載。

定（FTA），提升台灣對中國出口的競爭力，創造更多國內投資與吸引更多外商投資台灣，台灣很可能成為各國企業進軍中國的跳板。[2]

儘管馬政府非常樂觀地預期兩岸簽訂 ECFA 的成效，但在台灣內部仍引發不同的經濟及政治爭議。以下便逐一說明。

四、ECFA 的經濟爭議

（一）簽署 ECFA 的急迫性

在 2010 年 4 月 25 日的 ECFA 電視辯論會，馬總統批評「民進黨採取鎖國政策」，蔡主席則批評「國民黨採取冒進政策」。在辯論當中，馬總統強調東協加一將對台灣出口造成衝擊，所以亟需簽訂 ECFA。但是當蔡主席回應東協加一對台灣的影響不大時，馬總統才強調政府必須針對 2012 年可能達成的東協加三未雨綢繆。

其次，蔡主席強調 ECFA 是鎖定十年必須全面自由化，ECFA 將帶來台灣有史以來最大的產業結構調整與財富重分配，而馬政府在沒有準備好之前不應該簽署協議。馬總統則強調 ECFA 開放時程可以自主，而且已經編列 950 億的產業調整基金。

（二）服務業與投資開放的評估

中經院採用的 CGE 模型無法對國際投資與服務業開放效應進行評估，而東亞經濟分工很大一部份卻是投資驅動貿易，而且服務業占

---

[2] 中華民國總統府，〈總統偕同副總統舉行「台灣新契機，亞洲新時代──關鍵時刻，正確選擇」記者會〉新聞稿，2010 年 7 月 1 日，〈http://www.president. gov.tw/Default.aspx?tabid=131&itemid=21895&rmid=514〉，2011 年 5 月 1 日下載。

台灣 GDP 的比重高達 73％。兩岸簽訂的 ECFA 內容包括後續要談判服務貿易自由化與投資協議。這不僅涉及到效應評估不完整，而且 ECFA 後續談判對各產業與就業的衝擊無法預先評估。至今馬政府仍沒有提出完整的服務貿易協定與投資協定談判的評估報告。

（三）產業調整與所得分配效應

經濟整合的效應不是總體的統計概念而已，更重要的是經濟利益的重新分配。政府在對外宣傳上，經常強調 ECFA 對台灣經濟總體是有利的，所以應該推動。然而，哪些部門受害、受害程度多大，而且政府將如何具體協助，仍然相當含糊。例如，在中經院的評估報告中，針對電機及電子產品業可能受害最大，馬政府卻說是因為模型的充分就業假設，所以現實上不會發生。[3]這樣的模型限制很難讓大家不質疑模型分析的效益程度。

特別是，ECFA 只不過是一個架構協議，不是 FTA 的實質協議。ECFA 後續協商包括貨品自由貿易協議、服務自由貿易協議、投資協議，將造成台灣經濟結構的轉型、就業的調整與經濟利益的重新分配，將出現大規模的受益者與受害者，也可能造成台灣內部所得分配更加惡化。特別是，服務業占台灣就業比重將近六成，幾乎台灣每個人都會面對兩岸開放的競爭壓力與調整成本，但是馬政府卻沒有進行評估。

即便 ECFA 有助於台灣經濟效益，但馬政府似乎沒有適當的政策處理 ECFA 可能造成的所得分配惡化問題。台灣的所得分配惡化是 2001 年來的歷史新高。2009 年的最前 20％家戶平均收入是最後 20％家戶平均收入的 6.34 倍，同時吉尼係數為 0.345；相較之下，2007 年的數據分別為 5.98 倍與 0.340。而且，台灣民眾的薪資成長已經維持

---

[3] 中華經濟研究院，〈「兩岸經濟合作架構協議之影響評估報告」報告〉簡報檔案，頁 13。

幾乎 15 年的停滯，而各種物價（特別是房地產價格）持續攀升，讓一般老百姓有相對剝奪感。

（四）就業效應的評估

中經院沒有公布評估就業效應的詳細報告，但分析方法是有爭議的。中經院評估 ECFA 會增加台灣 25.7-26.3 萬人，但是絕大部分（22.3萬人）是增加在服務業部門。[4]可是，中經院的 CGE 模型當中並無法評估服務業的衝擊，這樣的結論似乎前後不一。而且，中經院在簡報檔案中表示，ECFA 的就業影響不考慮 CGE 模型對於生產資源固定假設之限制所造成之負效益，而且還經過經濟部的「專業調整」，就業人數將增加到 27.3 萬人。

相對而言，民進黨在 2009 年 3 月初公布一份評估報告，ECFA 的就業效應與中經院的評估結果完全不同。根據中經院 2005 年及主計處 2006 年台灣產業「產出變動」、「出口變動」以及「工商普查」的相關數據，民進黨依產能萎縮比例推估計算，屆時台灣的失業人口將至少增加 12 萬人。[5]此外，民進黨表示，如果開放台灣服務業，ECFA 將衝擊台灣三百萬勞工的就業機會，但是民進黨也強調這不是造成失業的規模。[6]

---

[4] 中華經濟研究院，〈「兩岸經濟合作架構協議之影響評估報告」報告〉簡報檔案，頁 13-14。

[5] 大紀元，〈週五 ECFA 公聽會　綠擬文武鬥〉，《大紀元》，2009 年 3 月 10日，〈http://www.epochtimes.com/b5/9/3/10/n2456583p.htm〉，2011 年 5 月 22 日下載。

[6] 鄒麗泳，〈ECFA 將衝擊白領？民進黨批馬說謊〉，中國評論新聞網，2010年 4 月 13 日，〈http://www.chinareviewnews.com/doc/1012/8/7/6/101287 670.html?coluid=93&kindid=2910&docid=101287670〉，2011 年 5 月 21日下載。

（五）國際投資效應評估

中經院推估 ECFA 會為台灣未來 7 年增加 89 億美元的 FDI，但是中經院僅說利用簡單迴歸模型估算，並沒有交代詳細估算的方法。[7]根據中央銀行的統計，2000-2007 年期間，台灣淨流出的 FDI 達 248 億美元；2008-2010 年期間，台灣淨流出的 FDI 達 166 億美元。[8]如果中經院的估算是正確的，顯然 ECFA 吸引國際投資的規模並不大，無法有效解決台灣資金大量外流的困境。

根據童振源的調查，如果兩岸簽訂經濟整合協定，大約 30-41％的台灣企業與外商會考慮增加對台灣投資，不過具體投資行為仍取決於總體投資環境的改善。台灣加入東亞經濟整合協定與兩岸簽訂經濟整合協定都有助於台灣成為東亞地區的生產、行銷、研發與營運平台而吸引各類型企業增加對台灣投資。也就是說，台灣加入東亞經濟整合協定與兩岸簽訂經濟整合協定將有助於台灣達成「全球運籌管理中心」與「亞太經貿樞紐」的經濟發展戰略目標。[9]

五、ECFA 的政治爭議

無論 FTA 或 ECFA 都是 WTO 規範下的經濟整合協定。但是，在兩岸主權衝突的情勢下，ECFA 引發的政治爭議至少包括四個層面：台灣主權地位、台灣經濟自主、區域經濟戰略與民主批准程序。

---

[7] 中華經濟研究院，〈「兩岸經濟合作構架協議之影響評估報告」報告〉簡報檔案，頁 17。

[8] 中央銀行，〈國際收支簡表（年資料）〉，2011a，〈http://www.cbc.gov.tw/ct.asp?xItem=2336&ctNode=538&mp=1〉，2011 年 4 月 17 日下載。

[9] 童振源，2009。《東亞經濟整合與台灣的戰略》，台北：政大出版社，頁 350-352。

（一）台灣主權地位

目前台灣對中國存在長期的貿易順差，金額高達每年 400 億美元以上，而且台灣至今仍違反 WTO 的最惠國待遇，沒有開放片面限制進口的 2,247 項中國產品，反而中國在 ECFA 早收清單中對台灣進行大規模的經濟讓利。中國同意對台灣降稅的早收清單計 539 項，而且中國還主動加入 18 項農漁產品，台灣同意對中國降稅的早收清單只有 267 項。在產值方面，兩岸早收清單貿易值分別占台灣與中國雙邊貿易的 16.1％與 10.8％。相較之下，中國與東協的早收清單項目較為平等，分別為 593 項與 400 項左右，貿易值分別占中國與東協雙邊貿易的 1.7％與 2.1％。

由於兩岸處於主權衝突的敵對狀態，中國對台灣經濟讓利讓國內朝野與社會對於中國的政治企圖與能力有不同的解讀。中國國家主席胡錦濤在 2008 年底發表「胡六點」講話的第一點即是兩岸恪守「一個中國」原則，「胡六點」的第二點才是推動兩岸簽訂經濟合作協議。而且，胡主席強調，兩岸在一個中國框架的原則達成共同認知與一致立場，兩岸才有政治互信進行協商。美國國際經濟研究所的研究報告便指出，中國簽署 ECFA 的主要目的就是政治，希望 ECFA 有助於兩岸統一。[10]

從 2008 年至今的兩岸互動經驗來看，中國對台灣經濟讓利的基礎是台灣對中國的政治讓利。馬政府在政治立場接受九二共識[11]、不反

---

[10] Daniel Rosen and Zhi Wang, "Deepening China-Taiwan Relations through the Economic Cooperation Framework Agreement," *Peterson Institute for International Economics Policy Brief* PB10-16, 2010.

[11] 雖然馬英九政府強調「九二共識」是「一個中國、各自表述」（一中各表），但是中國政府從來沒有公開接受過。從 2008-2010 年的實踐經驗而言，「九二共識」的內容並不是「一中各表」，而是兩岸接受一個中國，但不表述一個中國的內容（一中不表）。

駁中國的一個中國原則、主張兩岸人民是戶籍不同而不是國籍不同、
減緩批評中國政府侵犯人權、反對達賴喇嘛與熱比婭來台灣訪問、在
國際參與上事先取得中國的同意與支持。如果在未來經濟議題協商
時，台灣要求中國繼續對台灣經濟讓利，中國當然會希望台灣回報政
治讓利，這將引發朝野的衝突。

（二）台灣經濟自主

由於中國不願意放棄對台灣的武力威脅與國際打壓，所以某些人
主張：台灣不應該與中國在經濟上走得太近，以避免「中國化」的危
險，應該拓展「全球化」的契機，以維持台灣經濟自主性，並為台灣
創造國際籌碼與戰略空間對抗中國的威脅。[12]民進黨蔡英文主席強
調，民進黨主張台灣走向世界，再和世界一起走向中國，兼顧主權獨
立、國家安全與經濟安全，而國民黨主張走向中國，再透過中國走向
世界，會被鎖在中國。[13]根據政治大學選舉研究中心與中央研究院社
會學研究所的民意調查，超過六成的民眾擔心台灣經濟過度依賴中
國，擔心形成政治主權危機。[14]

然而，根據童振源的調查很明顯發現，各類企業均一致建議台灣
要簽訂經濟整合協定的優先對象是中國，台灣才能吸引更多的國際投

---

[12] 例如，2006 年 7 月台灣政府舉辦的台灣經濟永續發展會議全球佈局與兩岸
經貿分組的結論便指出，台灣對中國市場的依賴關係有擴大趨勢，引發經
濟「中國化」的憂慮。

[13] 李欣芳、王寓中，〈不設政治前提　蔡：不排除與中國對話〉，《自由時報》，
2010 年 5 月 3 日，〈http://www.libertytimes.com.tw/2010/new/may/3/today-
fo1.htm#〉，2011 年 5 月 5 日下載。

[14] 王珮華，〈六成民眾憂　經濟嚴重依賴中國〉，《自由時報》，2009 年 4 月 24
日。〈http://www.libertytimes.com.tw/2009/new/apr/24/today-fo5.htm〉，2009
年 4 月 24 日下載。蘇永耀，〈經濟傾中　6 成民眾憂侵蝕主權〉，《自由時
報》，2011 年 5 月 1 日〈http://www.libertytimes.com.tw/2011/new/may/1/today-
p1.htm〉，2011 年 5 月 1 日下載。

資；他們都一致認為中國是台灣應該優先簽訂經濟整合協定的對象，而且遠比台灣優先與美國簽訂經濟整合協定的共識高很多。[15]充分利用中國市場與生產資源將增加台灣吸引國際投資的優勢，將大幅強化台灣企業與外商對台灣增加投資的誘因，讓台灣成為東亞生產、行銷、研發與營運的平台。因此，台灣要借重「中國化」的手段，比較可能促進「全球化」的目標；「中國化」與「全球化」是相輔相成，而不是相互對立的。

（三）區域經濟戰略

馬政府期待，如果台灣能取得中國的善意，便可以化解台灣遭中國排除在東亞經濟整合體制之外的危機。行政院大陸委員會在《ECFA 政策說明》中強調，「推動 ECFA，毫無疑問是台灣加入區域合作協定及與各國洽簽 FTA，重返世界經濟舞台的敲門磚。」[16]同時，中國也似乎對台灣釋放善意訊息；胡錦濤主席在 2008 年 12 月 31 日「胡六點」中表達，中國願意與台灣簽訂「綜合性經濟合作協定」，並探討「兩岸經濟共同發展同亞太區域經濟合作機制相銜接的可行途徑。」雖然胡主席沒有明說支持台灣參與東亞經濟整合體制，但是馬政府卻解讀為這是台灣的唯一活路。

然而，在戰略上，馬英九政府對中國的善意期待未必符合台灣的利益、也不見得能解決台灣被排除在東亞經濟整合體制之外的困境。首先，在缺乏國際支援的情況下，台灣與中國進行經濟整合協定談判的條件將受制於中國的政治與經濟利益。[17]其次，台灣與其他國家談

[15] 童振源，《東亞經濟整合與台灣的戰略》，頁 362。
[16] 行政院大陸委員會〈ECFA 政策說明〉，2009〈http://www.mac.gov.tw/public/MMO/RPIR/book458.pdf〉，2010 年 7 月 5 日下載。
[17] 台灣在 1991 年加入 APEC 與 1992 年開始進行加入 GATT 的入會談判，都是獲得國際社會(特別是美國)之強力支援，中國才放棄對台灣的抵制。

判經濟整合協定的地位與進程將取決於中國對台灣的不確定善意。[18]
中國國務院台灣事務辦公室曾公開表示，台灣與其他國家簽訂 FTA 需
經由兩岸協商，而且否認會協助台灣與其他國家簽訂 FTA。[19]

（四）民主批准程序

　　一般而言，區域貿易協定的目的或效應不僅是單純牽涉到經濟效
益或經濟成長，而是觸及到經濟利益分配與政治考量。WTO 的杜哈回
合談判會觸礁便是因為各國的產業保護利益作祟。美國是中國的最大
貿易夥伴，但美國與中國卻沒有協商 FTA。況且，FTA 的效應可能是
高度政治性的。例如，歐盟整合的結果是形成共同外交與安全政策。
馬政府國安幕僚也在 2009 年提出，ECFA 是兩岸政治談判三要素的第
一項。[20]ECFA 簽訂之後，難免社會質疑馬政府是不是要與中國進行政
治談判，進而觸及台灣的主權。

　　根據各種民調，認為 ECFA 應該交付公投的民眾比例一直維持在
六成至八成左右。[21]可見 ECFA 是一個高度爭議的公共政策。但是，
馬政府以 ECFA 為經濟議題不牽涉主權及政治問題，而且各國簽訂
FTA 沒有經過公投的先例，拒絕 ECFA 公投。[22]然而，睽諸歐洲經濟

---

[18] 2009 年 4 月 14 日，中國商務部國際司副司長朱洪表示，台灣積極希望與
其他國家建立 FTA，但是中國不同意，因為這需要主權國家同意；如果兩
岸簽訂 ECFA，中國再考慮台灣與其他國家簽訂 FTA 的問題。

[19] 林琮盛，〈國台辦：台灣爭取 FTA　需兩岸協商〉，《聯合報》，2009 年 12
月 17 日。

[20] 中評社，〈兩岸政治對話　台灣拋三要件〉，中國評論新聞網，2009 年 10
月 17 日，〈http://www.chinareviewnews.com/doc/1011/0/6/5/101106555.html?
coluid=93&kindid=2789&docid=101106555〉，2011 年 5 月 21 日下載。

[21] 彭顯鈞，〈六成民眾：ECFA 應交付公投〉，《自由時報》，2009 年 4 月 22 日，
版 A3。TVBS 民意調查中心，〈ECFA 雙英辯論前民調〉，2010 年 4 月 21
日，〈http://www.tvbs.com.tw/FILE_DB/DL_DB/doshouldo/201004/doshouldo-
20100423190134.pdf〉，2010 年 4 月 25 日下載。

[22] 行政院大陸委員會，〈ECFA 政策說明〉。

整合的歷史，現有 27 個會員當中，有 19 個國家採取公投作為參與歐洲經濟整合（自由貿易協定）的國內批准程序。此外，因為國內意見分歧，哥斯大黎加在 2007 年 10 月也舉辦公投決定是否加入美國提議的中美洲自由貿易協定。

在兩岸主權衝突嚴重與台灣朝野對立激化的情況下，台灣朝野與社會未必能夠在 ECFA 議題上經由溝通取得明確共識。透過公投取得台灣人民同意 ECFA 的授權，可能是化解朝野對抗與凝聚社會共識的最低社會成本方式。

六、ECFA 的執行成效

ECFA 已經簽訂將近一年，但是 ECFA 只不過是一個架構協議，不是 FTA 或實質經濟整合協議，不會立即為台灣帶來如同政府評估報告所說會增加台灣經濟成長率 1.72％的正面效益，當然也不會造成各產業部門的巨大影響，更不會增加 26 萬人的就業機會與帶來 89 億美元的 FDI。ECFA 的短期效應相當有限，僅侷限在早期收穫項目，長期效益則取決於未來四項議題的協商成果。

2011 年元旦開始實施 ECFA 早收清單產品之優惠貿易。根據國貿局的資料，今（2011）年第一季，ECFA 累計核發原產地證明共 6,469 件，核發總金額約 11.5 億美元。今年第一季，ECFA 貨品項目合計出口金額為 49.3 億美元，較去年同期成長 21.6％。然而，由於缺乏早收清單項目的詳細歷史與跨國資料，早收清單的效益很難判斷。不過，根據東協自由貿易區經驗，原產地證明的行政成本高達 10-25％的售價，導致東協內部貿易利用自由貿易區的優惠關稅比例低於 5％。[23]

---

[23] Miriam Manchin and Annette O. Pelkmans-Balaoing, "Rules of Origin and the Web of East Asian Free Trade Agreements," *World Bank Policy Research Working Paper* 4273, 2007.

根據第一季的總體貿易資料，ECFA 並沒有強化台灣對中國（含香港）出口的競爭力，反而對中國（含香港）出口台灣的競爭力有不小的幫助。根據台灣海關資料，ECFA 實施之後，台灣對中國的出口成長率大幅衰退。今年第一季台灣對中國出口成長 14.3％。然而，在去年兩岸沒有簽訂 ECFA 時，台灣對中國出口成長率卻高達 75.6％，今年第一季足足下降 61.3 個百分點。

當然，去（2010）年第一季台灣對中國出口快速成長是受惠於世界金融危機後的景氣復甦，但是台灣對其他國家出口成長率卻沒有下降這麼快、甚至還有增加。例如，今年第一季台灣對美國出口成長率為 23.7％，比去年第一季反而增加 5.3 個百分點，對東協出口成長率為 34.2％，只比去年成長率降低一半。正因為台灣對中國出口成長率下降幅度遠超過其他國家，所以中國占台灣出口比重從去年第一季的 42.8％下降到今年第一季的 40.9％。相較於 2008 年第一季，今年中國占台灣出口比重增加 0.6 個百分點。（見表 6.2）

表 6.2　台灣對主要國家（地區）出口成長率與出口比重：2007-2011

	2007Q1		2008Q1		2009Q1		2010Q1		2011Q1	
	成長率	出口比重	成長率	出口比重	成長率	出口比重	成長率	出口比重	成長率	出口比重
中國	6.9	38.9	22.1	40.3	-41.6	37.1	75.6	42.8	14.3	40.9
美國	0.8	13.5	-0.4	11.4	-24.4	13.6	18.4	10.6	23.7	11.0
日本	5.8	7.6	-0.6	6.5	-22.1	7.9	29.7	6.7	6.3	6.0
歐洲	n.a.	12.4	12.1	11.8	-34.7	12.1	38.3	11.0	15.7	10.7
東協六國	n.a.	14.0	30.1	15.5	-44.4	13.6	64.4	14.6	34.2	16.4

資料來源：財政部，2011。「海關進出口貿易統計快報」,〈http://www.mof.gov.tw/lp.asp?CtNode=1774&CtUnit=11&BaseDSD=5&mp=6&htx_xBody=%B6i%A5X%A4f%B6T%A9%F6%B2%CE%ADp&nowPage=1&pagesize=30〉，2011 年 5 月 20 日下載。

註：中國的數據包括中國大陸與香港。

　　以各國在中國進口市場的市占率判斷各國在中國進口市場的競爭力，從 2000 到 2002 年，台灣的市占率從 11.3％增加到 12.9％，2003 年以後每年都逐漸下滑，至 2010 年只剩下 8.3％，2011 年第一季只剩下 7.4％。若以季度來看，台灣在中國的市占率從 2007 年第一季的 10.2％持續下跌到 2009 年的 7.9％，但是在東協加一的 2010 年第一季反而增加到 8.4％，在實施 ECFA 早期收穫之後的今（2011）年第一季反而下跌到 7.4％，是 1993 年以來的最低值。很顯然，ECFA 並沒有改變台灣在中國市場競爭力下降的趨勢。（見表 6.3）

表 6.3　各國在中國進口市場占有率：2000-2011

	東協	歐盟	香港	日本	新加坡	韓國	台灣	美國
2000	9.8%	13.7%	4.2%	18.4%	2.2%	10.3%	11.3%	9.9%
2001	9.5%	14.6%	3.9%	17.6%	2.1%	9.6%	11.2%	10.8%
2002	10.6%	13.1%	3.7%	18.1%	2.4%	9.7%	12.9%	9.2%
2003	11.5%	12.9%	2.7%	18.0%	2.5%	10.4%	11.9%	8.2%
2004	11.2%	12.3%	2.1%	16.8%	2.5%	11.1%	11.5%	8.0%
2005	11.4%	11.1%	1.9%	15.2%	2.5%	11.6%	11.3%	7.4%
2006	11.3%	11.4%	1.4%	14.6%	2.2%	11.3%	11.0%	7.5%
2007	11.3%	11.6%	1.3%	14.0%	1.8%	10.9%	10.6%	7.3%
2008	10.3%	11.7%	1.1%	13.3%	1.8%	9.9%	9.1%	7.2%
2009	10.6%	12.7%	0.9%	13.0%	1.8%	10.2%	8.5%	7.7%
2010	11.1%	12.1%	0.9%	12.7%	1.8%	9.9%	8.3%	7.3%
2007Q1	11.7%	11.6%	1.3%	14.4%	2.0%	11.3%	10.2%	7.8%
2008Q1	10.9%	11.3%	1.2%	13.0%	1.7%	10.1%	9.8%	7.6%
2009Q1	10.4%	13.8%	0.9%	13.2%	1.8%	10.5%	7.9%	9.0%
2010Q1	11.2%	11.9%	0.9%	12.6%	1.8%	10.2%	8.4%	7.8%
2011Q1	10.7%	11.8%	0.9%	12.0%	1.7%	9.3%	7.4%	7.9%

資料來源：CEIC China Premium Database。

再以台灣自中國進口而言，今年第一季台灣對中國進口成長率為 35.7％，比去年同期的 62.9％大幅減緩。然而，台灣自美國、日本、歐洲及東協六國進口成長率減緩的幅度更高，成長率大約從 63-87％減少到 23-28％。所以，中國占台灣全部進口的比重從去年第一季的 13.9％提高到今年的 15.5％。相較於 2008 年第一季，今年中國占台灣進口比重增加 2.6 個百分點。（見表 6.4）

表 6.4　台灣對主要國家（地區）進口成長率與進口比重：2007-2011

	2007Q1		2008Q1		2009Q1		2010Q1		2011Q1	
	成長率	進口比重	成長率	進口比重	成長率	進口比重	成長率	進口比重	成長率	進口比重
中國	13.2	13.6	20.0	12.9	-38.1	15.1	62.9	13.9	35.7	15.5
美國	13.3	11.9	25.3	11.9	-53.1	10.5	75.9	10.4	15.2	9.8
日本	-6.9	21.6	20.1	20.6	-44.2	21.7	73.1	21.2	13.1	19.7
歐洲	n.a.	11.2	21.6	10.8	-44.6	10.9	63.3	10.0	28.0	10.6
東協六國	n.a.	10.9	14.2	9.9	-39.9	11.2	87.0	11.4	17.9	11.0

資料來源：財政部，「海關進出口貿易統計快報」。

註：中國的數據包括中國大陸與香港。

在投資方面，截至 2007 年底，台灣政府核准台灣對中國投資 649 億美元；至 2010 年底，台灣對中國投資 973 億美元。也就是說，馬總統執政三年，台灣核准對中國投資增加 324 億美元，占 1988-2007 年累計 649 億美元的 49％。馬總統執政後，台商加速對中國投資，2008 年為 106.9 億美元，同比增加 128％；2009 年為 71.4 億美元，受全球金融危機的影響而比 2008 年減少 33％；2010 年增加到 122.3 億美元，同比增加 102％。2011 年第一季，即使台灣對外投資已經衰退 4.8％，台灣對中國投資金額仍持續快速增長 65％，高達 37.1 億美元。（見表 6.5）

表 6.5　台灣核准台商對中國投資金額

單位：億美元；％

時間	1991-2007	2008-2010	2008	2009	2010	2011Q1
金額	648.7	324.5	106.9	71.4	122.3	37.1
成長率	n.a.	n.a.	128	-33	102	65

資料來源：經濟部投資審議委員會，2011。「100 年 3 月核准僑外投資、陸資
　　　　來臺投資、國外投資、對中國大陸投資統計速報」，〈http://www.
　　　　moeaic.gov.tw/system_external/ctlr?PRO=NewsLoad&id=762〉，2011
　　　　年 5 月 5 日下載。

註：2008、2009、2010、2011Q1 等年/季投資數據都不含補登記的金額。

　　相對的，外商對台灣的投資卻是持續快速衰退，顯然馬政府對
ECFA 的效應過度樂觀，而忽略國內投資環境與國際經濟環境的改
善。馬總統上台後，2008 年台灣吸引的外資金額衰退 46.4％為 82 億
美元，2009 年衰退 41.8％為 48 億美元，即使 2010 年世界金融危機已
經平息，仍衰退 20.6％到 38 億美元，2011 年第一季繼續衰退 34.1％
為 10.6 億美元。（見表 6.6）即使 ECFA 簽訂後也沒有看到外商對台灣
的投資有增加的趨勢。更進一步而言，至 2011 年第一季進入台灣的中
資累計才一億四千六百萬美元。特別是，2011 年第一季，中資來台衰
退幅度高達 56.0％。

表 6.6　外商對台灣直接投資：2000-2011

單位：百萬美元；％

時間	2000	2001	2002	2003	2004	2005	2006	2007	2008	2009	2010	2011 Q1
金額	7,608	5,129	3,272	3,576	3,952	4,228	13,969	15,361	8,237	4,798	3,812	1,061
成長率	81.8％	-32.6％	-36.2％	9.3％	10.5％	7.0％	230.4％	10.0％	-46.4％	-41.8％	-20.6％	-34.1％

資料來源：經濟部投資審議委員會，「100 年 3 月核准僑外投資、陸資來臺投
　　　　資、國外投資、對中國大陸投資統計速報」。

　　至於台商回流，政府的統計其實不容易判斷，因為很多台商在台灣的投資是不會登記為台商回流，而且政府也沒有經常性公布統計。根據公布的統計，馬總統執政三年台商回流大約 33 億美元。然而，如果觀察外商對台灣的直接投資，台灣的競爭優勢正在快速流失。1990 年代，外資進入台灣的平均成長率為 11％，民進黨執政的 8 年為 34.8％，馬總統執政的三年竟為負 36.2％。

　　進一步觀察包括直接投資（對外直接投資及來台直接投資）與證券投資（資產與負債）的國際資金流動，1990 年代，台灣淨流出的國際資金平均一年不到 20 億美元。2000-2007 年民進黨執政時期，台灣淨流出的國際資金平均一年為 132 億美元。過去三年馬總統執政期間，台灣淨流出的國際資金平均每年將近 200 億美元，遠遠超過民進黨執政的數據。歷年來，2007 年淨流出的國際資金最多，高達 434 億美元，但是馬總統執政之後，台灣資金外流的金額居高不下。特別是，台灣淨流出的國際資金從 2009 年的 134 億美元惡化到去年的 293 億美元。

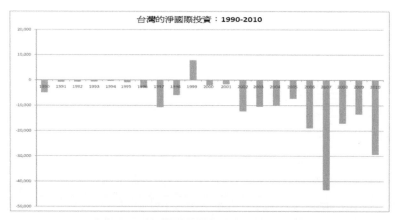

圖 6.5　台灣的淨國際投資：1990-2010

資料來源：《中央銀行》,〈國際收支簡表（年資料）〉, 2011a,〈http://www.cbc.gov.
　　　　tw/ct.asp?xItem=2336&ctNode=538&mp=1〉, 2011 年 4 月 17 日下載。

再以季度觀察過去三年的國際資金流動，2008 年第 1 季台灣淨流入國際資金為 4 億美元，第 2-3 季受到國際金融危機的影響，資金淨流出每季 123 億美元，第 4 季國際資金轉為淨流入為 70 億美元。但從 2009 年第 1 季到 2010 年第 1 季，台灣仍呈現淨流出資金 12-50 億美元之間。在 2010 年第 2 季兩岸簽訂 ECFA 時，台灣淨流出的國際資金大幅攀升到 99 億美元，第 3 季為淨流出 129 億美元，第 4 季為淨流出 33 億美元。今（2011）年第 1 季，台灣淨流出的資金擴大為 166 億美元，是最近三年來最嚴重的情況。

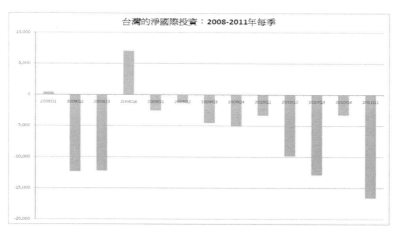

圖 6.6　台灣的淨國際投資：2008-2011 年每季

資料來源：《中央銀行》，〈國際收支簡表（季資料）〉，2011b，〈http://www.cbc.gov.tw/ct.asp?xItem=2336&ctNode=538&mp=1〉，2011 年 5 月 21 日下載。

再看看國際投資環境，根據聯合國世界投資報告，2000-2007 年台灣吸引外資佔全世界比重為 0.31％，2008-2009 年下降到 0.28％。同樣受到國際金融危機衝擊，台灣在 2008-2009 年吸引外資的比重居東亞四小龍之末，香港的比重為 3.86％、新加坡 1.06％、韓國 0.50％，

甚至比泰國（0.51％）、印尼（0.48％）與越南（0.43％）都低很多，更不要說中國（7.32％）。[24]

聯合國在 2010 年 6 月的預估，2010 年全球外商直接投資會從 2009 年的 1.1 兆美元增加到 1.2 兆美元，2011 年會增加到 1.3-1.5 兆美元。然而，台灣吸收外資的金額在 2010 年卻下降 20.6％，2011 年第一季再下降 34.1％。更何況，台灣淨流出的國際資金從 2009 年的 134 億美元惡化到去年的 293 億美元，投資成長率從 2010 年的 23.7％大跌到 2011 年的負 1％。這些數據說明 ECFA 並沒有立即吸引更多外商投資台灣。

大量資金外流帶動龐大優秀人才外移，大幅降低台灣的內需，使得台灣的經濟成長動能嚴重受損。事實上，台灣資金閒置的比例愈來愈高，國內投資的動能持續下降。1980 年代，台灣存款超過放款平均每年不到 8 千億台幣，投資成長率（固定資本形成成長率）為 7.54％，實質投資率（固定資本占 GDP 比重）為 22.35％。1990 年代台灣閒置資金已經每年超過 2.5 兆台幣，投資成長率為 7.56％，實質投資率為 28.04％。民進黨執政八年台灣閒置資金平均每年為 7 兆台幣，投資成長率為 0.95％，實質投資率為 23.68％。馬總統執政三年台灣閒置資金平均每年超過 10 兆台幣，投資成長率為 0.02％，實質投資率為 17.91％。在馬總統執政三年期間，2008 年的實質投資率為 18.41％，2009 年衰退到 16.71％，是 1981 年來最低紀錄，2010 年恢復到 18.60％，但是主計處預估 2011 年的實質投資率為 17.52％，是僅次於 2009 年的歷史第二低紀錄。（見表 6.7）

---

[24] United Nations Conference on Trade and Development, 2011. *World Investment Report* (various issues), 〈 http://www.unctad.org/Templates/Page.asp?intItem ID=1485&lang=1 〉，2011 年 5 月 1 日下載。

表 6.7　台灣投資動能：1981-2011

項目	1981-1989	1990-1999	2000-2007	2008-2010	2011
存貸差（億台幣）	7,951	25,762	70,958	105,580	n.a.
投資成長率（%）	7.54	7.56	0.95	0.02	-1.04
實質投資率（%）	22.35	28.04	23.68	17.91	17.52

資料來源：《中央銀行》，〈重要金融指標──存款、貸款──年資料〉，2011c，
　　　　　〈http://www.cbc.gov.tw/ct.asp?xItem=995&ctNode=523&mp=1〉，
　　　　　2011 年 4 月 17 日下載。《中華民國統計資訊網》，〈國民所得及成長
　　　　　率統計表〉，2011，〈http://www.stat.gov.tw/ct.asp?xItem=14616&Ct
　　　　　Node=3564&mp=4〉，2011 年 5 月 22 日下載。

註：　1.　存貸差指存款與貸款的差額。
　　　2.　2011 年為台灣政府主計處預估值。

　　再以季度資料來看，ECFA 簽訂時，2010 年第二季的投資成長率
為 31.98%，實質投資率為 18.48%，第三季以後的投資成長率便快速
下跌，去（2010）年第四季的投資成長率只有 12.34%，實質投資率為
18.88%。今（2011）年第一季的投資成長率繼續下跌到 9.63%，實質
投資率為 17.63%。主計處預估，今年第四季投資成長率為負 4.51%，
實質投資率只剩下 17.15%，是 1981 年以來除了金融危機時期的最低
數據。

　　在參與東亞經濟整合體制方面，從 2010 年 6 月底簽訂 ECFA 至
今，有些東南亞國家仍憚於中國的政治壓力而不願與台灣進行 FTA 的
談判，或者希望台灣能夠對他們經濟讓利。[25]目前，台灣只有與新加
坡完成 FTA 的共同研究，但仍在談判當中。即使新加坡與台灣談成自
由貿易協定，台灣與新加坡的貿易僅占台灣對外貿易的 3.6%，對台灣
整體經濟的幫助有限。

----

[25]　作者與某東南亞國家駐台代表的對話，2010 年 7 月 5 日。

特別是，當台灣的主要經濟競爭對手韓國與歐盟的 FTA 將於今（2011）年 7 月 1 日生效，歐盟將取消韓國平均 7.9％進口關稅，而台灣與韓國出口歐盟的產品約七成重疊，台商在歐洲市場競爭上將面臨韓商強大壓力。此外，今（2011）年 2 月韓國已經與美國簽署 FTA，而且中國、日本與韓國的自由貿易區談判將於明年正式啟動。但是，馬政府至今仍無法啟動與台灣主要貿易夥伴美國、日本與歐盟的 FTA 協商。

七、展望

從 ECFA 談判經驗來看，台灣內部對兩岸關係存在高度政治疑慮、沒有產業利益整合機制、沒有朝野共識、沒有社會共識，因此馬政府深怕被說 ECFA 造成失業、產業受害與所得分配惡化。馬總統不願意對中國開放 880 項農產品便是最佳例證。由於總統大選將屆，馬政府更可能擔心任何開放會造成內部傷害。到目前為止，沒有看到馬政府的後續兩岸自由貿易協定與促進投資協定談判規劃，也沒有看到馬政府整合國內共識與各產業利益的作法。據此推論，兩岸要在短期內完成四項議題後續談判的可能性不高，最多只有可能完成投資保障與爭端解決機制協議。

第二，馬政府沒有完整的全球經濟整合戰略，太過倚賴中國政府的善意，台灣至今仍無法突破參與東亞經濟整合體制的困境。在去（2010）年 4 月 25 日雙英辯論時，馬總統說要親自領軍與其他國家洽簽 FTA，但是至今沒有看到馬政府的全球經濟整合戰略與相關成果。同時，馬政府只希望儘速享受 ECFA 早期收穫項目的好處，缺乏完整的兩岸經濟整合協議談判規劃，導致兩岸經濟整合與制度化的成果相當有限。

　　第三，兩岸都在競爭國際資源，包括資金、人才與技術。至目前為止，馬政府的作法不僅沒有平衡兩岸資源的流動，反而造成台灣流往中國的資源更多，流入台灣的國際資源更少。台灣應該善加運用中國的資源提升台灣的國際競爭力，但是兩岸至今仍未達成實質經濟整合協議，ECFA 早期收穫項目對外商投資台灣的誘因可能有限。除此之外，馬政府顯然也沒有效改善台灣的投資環境與提升台灣的國家競爭力，導致外商投資台灣金額持續大幅減少。

　　第四，要整合國內共識、協調各產業利益、抵擋中國的經濟力量、化解中國的政治企圖，這些都是相當艱難的事情。特別是，未來兩岸實質經濟整合協議會造成經濟結構轉型與所得重分配的效應，台灣政府不能輕忽這些協議可能造成國內社會與政治的衝擊。針對未來兩岸實質經濟整合協議的協商結果，台灣政府應該透過公民投票讓台灣人民行使同意權。公民投票不僅可以增加台灣政府的談判籌碼、強化談判結果的正當性，同時也是以最低社會成本化解朝野對抗、凝聚國內共識與整合各產業利益的方式。

◎台灣的中國戰略：從扈從到平衡

第柒章　東亞經濟整合與台灣的戰略

一、前言

　　台灣在東亞地區一直扮演東西橋樑與南北輪軸的關鍵分工角色，上承美國、日本與歐盟的技術、品牌與市場，下啟中國與東南亞的生產資源與快速擴大的市場，台灣扮演提供零組件、管理、行銷與服務的中介角色。台灣在 2002 年加入世界貿易組織（World Trade Organization，簡稱 WTO），正是希望能確保與擴大台灣在國際經貿分工的效率與權益。

　　近幾年來 WTO 多邊協商的杜哈回合談判進展遭遇瓶頸，區域協商的東亞經濟整合體制卻是進展快速。然而，台灣卻因為中國的政治阻撓[1]，而被排除在這一波的東亞經濟整合協定之外。截至 2010 年底，台灣只有與巴拿馬、瓜地馬拉、尼加拉瓜、薩爾瓦多及宏都拉斯簽訂自由貿易協定（free trade agreement，簡稱 FTA），而這些國家與台灣的貿易金額卻是相當有限。

　　面對東亞經濟整合的關鍵時刻，馬總統的 ECFA 作法至今仍未讓台灣突破孤立、加入東亞經濟整合體制。當台灣的主要經濟競爭對手韓國與歐盟的 FTA 將於今（2011）年 7 月 1 日生效，歐盟將取消韓國

---

[1]　在 2002 年於墨西哥舉行的亞太經濟合作會議上，中國主張台灣不是主權獨立的國家，所以不能與世界貿易組織會員國簽署自由貿易協定。

平均 7.9％進口關稅，而台灣與韓國出口歐盟的產品約七成重疊，台商在歐洲市場競爭上將面臨韓商強大壓力。此外，今（2011）年 2 月韓國已經與美國簽署 FTA，而且中國、日本與韓國的自由貿易區談判將於明年正式啟動。但是，馬政府至今仍無法啟動與台灣主要貿易夥伴美國、日本與歐盟的 FTA 協商。

除了 ECFA 之外，台灣有其他戰略或替代方案突破參加東亞經濟整合體制嗎？從東亞區域經濟整合的角度，本章先闡述東亞經濟整合體制的發展趨勢及評估東亞經濟整合體制對台灣經濟發展的影響，最後則提出台灣的全球經濟整合戰略建議。

二、東亞經濟整合體制的發展趨勢與評估

（一）東亞經濟整合體制的發展趨勢

在 1992 年前後，全球興起一股簽訂區域貿易協定（regional trade agreement，簡稱 RTA）或經濟整合協定（economic integration agreement，簡稱 EIA）的風潮。至 2010 年 2 月，各國向關稅暨貿易總協定（General Agreement on Tariffs and Trade，簡稱 GATT）或 WTO 共登記 462 項 RTAs，245 項 RTAs 是根據 GATT 第 24 條關於商品自由貿易條款簽訂，31 項 RTAs 是根據 GATT 針對發展中國家形成自由貿易協定的授權條款簽訂，86 項 RTAs 是根據 GATS 第 5 條關於服務貿易自由貿易條款簽訂。在 2010 年初，有 271 項 RTAs 還在執行。（見圖 7.1）

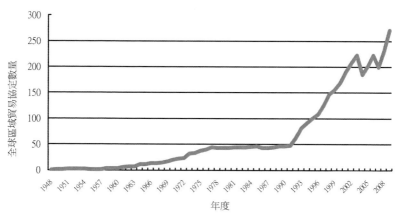

圖 7.1　全球區域貿易協定發展趨勢：1948-2009

　　最近幾年，東亞各經濟體競相簽訂經濟整合協定，已經成為全球經濟整合協定發展的重要動力。例如，2007 年底，全球正在協商或考慮的區域經濟整合協定共有 205 個，亞洲國家便有 109 個，占了全球一半以上的案例。亞洲地區的區域經濟整合協定從 1990 年代初期有一波發展的動力，總共生效的區域經濟整合協定從 5 項增加到 2001 年的 28 項。從 2001 年以後，亞洲各國加速推動區域經濟整合協定，建議協商或正在協商的協定數量從 2001 年的 10 項蓬勃發展到 2010 年的 109 項，生效的協定數量從 2001 年的 28 項增加到 2009 年的 85 項。（見圖 7.2）

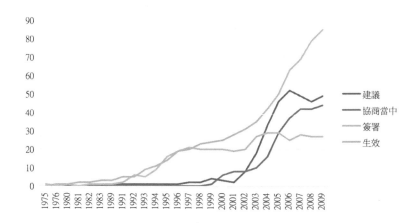

圖 7.2 　亞洲經濟整合協定發展趨勢：1975-2009

　　在東亞經濟整合協定當中，東南亞國協（簡稱「東協」）與亞太經濟合作會議(Asia-Pacific Economic Cooperation forum，簡稱 APEC)是推動東亞經濟整合協定的最主要兩個區域經濟整合組織。目前，東協的經濟整合協定包括東協自由貿易區、東協服務業架構協定、東協投資區。2003 年 10 月，東協各國領導發表聲明，同意在 2020年前成立東協共同體，包括安全共同體、經濟共同體、與社會文化共同體等三大支柱。2007 年 11 月 20 日，東協十個會員國領導人齊聚新加坡簽署一項歷史性的東協憲章，讓東協組織首度擁有正式的法律架構。此外，在他們簽署的另一份「東協經濟共同體藍圖」協定中，還同意師法歐盟，東協會員國在 2015 年成立的自由貿易經濟體將讓勞工和資本能夠更容易流通。

　　除了促進東協會員國間的經濟整合之外，東協也非常積極與其他國家或地區談判或執行 RTAs。至 2010 年 5 月底為止，東協與其他國家或地區正在執行五個 RTAs，包括東協與中國綜合經濟合作協定、東協與澳洲及紐西蘭自由貿易協定、東協與印度區域貿易與投資地區、

東協與日本綜合經濟夥伴關係、東協與韓國綜合經濟合作協定。此外，東協正在與歐盟談判雙邊自由貿易協定。

2002 年 11 月 4 日，東協各國領袖與中國領導人共同簽署了《中國－東協全面經濟合作框架協定》，決定在 2010 年建立雙邊自由貿易區。2004 年 11 月東協與中國再簽署《貨物貿易協定》，雙方自 2005 年全面啟動東協－中國自由貿易區降稅進程，東協六國（印尼、馬來西亞、菲律賓、新加坡、泰國、汶萊）與中國之間的大部分產品的關稅於 2010 年降到零，其他四個東協新成員國（越南、寮國、緬甸、柬埔寨）與中國之間的關稅至 2015 年降到零。同時，雙方還就爭端解決機制達成了共識。

2007 年 1 月 14 日，東協與中國簽署《服務貿易協定》，於 2007 年 7 月開始執行第一階段服務貿易自由化。根據協定規定，中國將在對 WTO 承諾的基礎上，在建築、環保、運輸、體育和商務等五個服務部門的 26 個分部門向東協會員國做出新的市場開放承諾。另一方面，東協會員國也將分別在金融、電信、教育、旅遊、建築、醫療等行業向中國做出市場開放承諾，包括進一步開放上述服務領域，並允許對方設立獨資或合資企業，放寬設立公司的股份比例限制等。

最後，東協與中國、日本及南韓之間的東亞自由貿易區（或所謂的「東協加三」）自從 2005 年 1 月已經開始進行可行性研究，東協與中國、日本、南韓、澳洲、紐西蘭及印度的東亞高峰會自由貿易區（或所謂的「東協加六」）也已經開始進行討論評估。無論是「東協加三」或「東協加六」的規模均相當大；如果其中之一能形成東亞自由貿易區，對亞洲經濟整合體制建構將是關鍵的里程碑，也會對其他國家或地區的發展造成衝擊。

APEC 是東亞地區的另外一項重要經濟整合體制的建樹。自從 1989 年成立以來，APEC 目前已有 21 個會員經濟體。1994 年的 APEC「茂物宣言」提出，希望已開發經濟體的 APEC 會員經濟體在 2010 年前達成自由貿易區，開發中經濟體的 APEC 會員經濟體則在 2020

年前達成自由貿易區。然而，APEC 在 2010 年已經確認無法達成這項目標。

APEC 各會員經濟體在 2006 年發表的「河內宣言」將發展「亞太自由貿易區」（Free Trade Area of the Asia-Pacific，簡稱 FTAAP）列為長期願景。APEC 在 2010 年已經成立 22 年，但 APEC 仍然是一個鬆散的論壇。面對東亞的經濟整合協定演變趨勢，APEC 試圖推動 FTAAP 為長期目標，但許多會員經濟體對於 FTAAP 是否能夠具體落實期待不高。

一般而言，區域貿易協定或經濟整合協定包括兩大類：自由貿易協定（FTA）與經濟伙伴關係協定（economic partnership agreement，EPA）。傳統上，FTA 內容主要是免除商品關稅，EPA 內容則是包含商品關稅減免、貿易便利化、開放服務貿易、開放投資領域、保障智慧財產權、開放政府採購、開放生產要素移動、推動電子商務、開放交通與通訊、協調競爭政策、統一產品與檢疫標準、相互承認專業認證、提供法律協助及其他經濟合作議題等等。

隨著東亞經濟整合的深化，最近十幾年東亞各國都展現非常積極的態度尋求建立區域經濟整合的制度化合作機制，整個東亞各國協商與執行區域經濟整合協定可以說是蔚為風潮。雖然台灣是東亞各國相當重要的貿易與投資伙伴，因為中國的政治阻撓，台灣卻完全無法參與任何一個東亞經濟整合協定。以下將進一步分析這波東亞經濟整合協定發展對台灣經濟發展的影響。

（二）東亞經濟整合體制對台灣經濟發展的影響

1.國際貿易的影響

從 2002 年以後，至少有十份關於亞太經濟整合協定對台灣經濟影響的「可計算一般均衡模型」（computable general equilibrium model，

簡稱 CGE 模型）之量化分析，其中五份為台灣政府委託的研究計畫。
根據這十份 CGE 模型的量化分析，如果台灣無法參與東協與中國自由
貿易區，其對台灣 GDP 的負面衝擊都在 0.2％以下。如果台灣無法參
與東協加三自由貿易區，這對台灣 GDP 的負面衝擊將較大，但大約在
2％以下。即使台灣無法參加東協加六自由貿易區，對台灣 GDP 的負
面衝擊也只有 2.23％。而且，這些影響是累計的、一次性衝擊，不是
每年都會發生。[2]

　　不過，CGE 模型無法分析經濟整合協定的行政成本（原產地規則
成本），即使根據較自由的條款，原產地產品也必須包含 40-50％的當
地或區域自製率（local or regional value content），造成很多行政上的
成本與執行困擾，甚至成為另類保護主義的形式，針對特定產業或產
品進行保護。[3]例如，在東協自由貿易區內，各國企業要取得優惠關稅
的行政成本大約為產品價格的 10-25％左右，導致東協內部貿易利用
優惠關稅的比例低於 5％。[4]

　　因此，從國際貿易的角度而言，目前東亞經濟整合體制對台灣經
濟利益的損害相當有限。台灣無庸太過擔心無法參與東亞經濟整合體
制而「被邊緣化」的問題，因為那只不過描述台灣無法參與國際政治
協商的既成事實。然而，既有的 CGE 模型或重力模型都無法分析 RTA
對於國際投資（包括國際證券投資與外商直接投資）與服務業開放（這
牽涉到外商直接投資）的影響。基本上，東亞經貿關係很大一部份是
由國際投資所驅動，國際投資轉向將會加劇國際貿易效應。再者，服

[2]　童振源《東亞經濟整合與台灣的戰略》(台北 :政大出版社 ,2009 年)。頁 65-74。
[3]　Masahiro Kawai and Ganeshan Wignaraja.,"Regionalism as an Engine of
Multilateralism: A Case for a Single East Asian FTA," *ADB Working Paper
Series on Regional Economic Integration* 14,2008, pp13-14.
[4]　Miriam Manchin and Annette O. Pelkmans-Balaoing, "Rules of Origin and the
Web of East Asian Free Trade Agreements," *World Bank Policy Research
Working Paper* 4273, 2007.

務貿易的開放對台灣的影響將相當大，因為台灣 73％的 GDP 與 58％
的就業人口在服務業。

目前並沒有適當模型分析經濟整合對服務業的衝擊。以下將說明
國際投資效應。

2.國際投資的影響

根據幾項重力模型的實證分析結果，RTA 對會員國與非會員國吸
引國際直接投資造成一定的衝擊。一般而言，經濟整合協定有助於會
員國吸引更多的國際直接投資；特別是，內容愈來愈廣泛的 RTA 對吸
引國際直接投資的影響愈來愈大。此外，幾項研究顯示，非會員國的
投資轉向經濟整合區會員國內的效應雖經常出現，但並不全面。總體
而言，加入區域經濟整合協定不代表會員國一定會吸引更多的國際投
資，仍取決於會員國的經濟條件，包括區位優勢與投資環境。[5]

初步看來，根據統計資料，台灣被排除在東亞經濟整合體制之外對
台灣吸引國際投資的影響是負面的。無論是國際直接投資或證券投資，
雖然外商對台灣的投資在最近幾年大幅度擴張，但是台商對外投資擴張
的步伐更快。從 2000 年至 2007 年，台灣吸引的淨國際投資為負 1,058
億美元；2008-2010 年台灣吸引的淨國際投資為負 598 億美元。

為評估東亞經濟整合體制對台灣吸引國際投資的效應，筆者在
2007-2008 年針對台灣企業、外商與中國台商進行問卷調查，總樣本
為 1,019 家。所謂「國際投資」將包括具有國際投資經驗與能力的本
國或外國企業對台灣的投資，包括直接投資與間接投資兩類投資。根
據問卷調查結果，如果台灣無法加入東亞經濟整合協定，大約 26-35

---

[5] Florence Jaumotte, "Foreign Direct Investment and Regional Trade Agreements: The Market Size Effect Revisited," *IMF Working Paper*, WP/04/206, 2004. te Velde, Dirk Willem, and Dirk Bezemer., "Regional Integration and Foreign Direct Investment in Developing Countries," *Transnational Corporations Vol.*15, No.2,2006, pp. 41-70. 童振源，《東亞經濟整合與台灣的戰略》，頁 83-95。

％的台灣企業與外商考慮減少對台灣投資。如果台灣加入東亞經濟整合協定，大約 23-37％的台灣企業與外商考慮增加對台灣投資。[6]

　　面對台灣無法參加東亞經濟整合協定的困境，台灣的區域經濟戰略地位將受到負面影響。然而，如何突破中國的政治障礙，卻不是一件容易的國際政治工程。針對兩岸簽署 ECFA 的爭議與成效已在第六章討論，顯然造成國內相當多的爭議，而且也無法在短期內見到具體成效，長期的效應則充滿相當多的不確定性。有鑑於此，下一節將提出台灣的全球經濟整合戰略。

三、台灣的全球經濟整合戰略

　　針對 ECFA 所引發的經濟與政治爭議，馬政府都相當輕忽，而且過度期待中國的善意。更嚴重的是，馬政府缺乏一套完整論述的全球經濟整合戰略，認定兩岸簽訂 ECFA 便可以解決台灣經濟發展的問題。這樣的輕忽與漠視正在侵蝕台灣經濟發展的動力，引發國內社會的衝突，甚至危害台灣突破參與東亞經濟整合體制的重要槓桿。以下便試著提出一套全球經濟整合戰略，試圖化解中國政治障礙，極大化台灣的國家利益。

　　首先，兩岸的政治對抗與中國的經濟轉型風險讓台灣對中國市場與生產資源的依賴充滿戒心，始終強調台商必須分散對中國投資的政治與經濟風險，所以台灣推動南向政策強化與東南亞國家的經貿聯結。1995-1996 年中國對台灣的軍事威脅讓台灣改變原來以中國為腹地建立「亞太營運中心」的構想，李登輝政府採取「戒急用忍」政策，對於台灣投資中國的資金、技術、與產業進行限制，當然也不願意推動降低兩岸經商營運成本（包括兩岸直航）與開放中國生產資源（資本、人才與技術）進入台灣的政策。

---

[6]　童振源，《東亞經濟整合與台灣的戰略》，頁 349。

不過，台商並沒有受到台灣政府太大的制約而停頓對中國的投資與生產體系的轉移。台商反而充分利用兩岸語言相同與地理鄰近的優勢，加速對中國轉移他們在台灣的生產基地，非常成功地強化他們在全球市場的競爭力。1997-1998 年的亞洲金融危機讓東南亞各國的經濟遭受重創，台商在當地的經營也受到嚴重影響。相對而言，1990 年代末期以來，中國經濟維持穩定快速發展。因此，東亞的國際經濟重心、甚至全球經濟焦點逐步轉移到中國；國際資金、技術與人才正加速大規模與史無前例地流向中國，有幾年甚至超越美國成為全球吸引國際直接投資最多的國家。

2000 年陳水扁總統執政之後，民進黨政府放棄「戒急用忍」政策，改採「積極開放、有效管理」政策。不過，兩岸經濟交流快速開放所衍生的政經風險也造成陳水扁總統在 2006 年 1 月 1 日將「積極開放、有效管理」政策改為「積極管理、有效開放」政策的重要原因之一，強調台灣政府必須扮演台灣經濟安全的守門人。但是，實質上，民進黨政府仍持續擴大兩岸經貿交流。（見表 7.1）

表 7.1　兩岸經貿交流比較：2000-2007

項目	2000 年	2007 年	備忘錄
兩岸貿易金額	312.4 億美元	1,023.0 億美元	增加 227.5%
台灣對中國進口產品項目開放比重	53.9%	79.8%	增加 25.9 個百分點
台灣對中國（含香港）出口金額佔總出口金比重	28.2%	41.7%	增加 13.5 個百分點
台灣赴中國投資金額	26.1 億美元	99.7 億美元	增加 282%
台灣對中國投資佔對外投資比重	33.9%	60.7%	1.增加 26.8 個百分點 2.日本為 18.9% 3.新加坡為 33.1% 4.南韓為 47.4%

項目	2000 年	2007 年	備忘錄
台灣對中國投資佔國內生產毛額（GDP）的比重	0.81%	2.15%	1.南韓為 0.4% 2.日本為 0.1% 3.新加坡為 1.7% 4.美國為 0.02%
台灣人民赴中國旅行次次	310.8 萬人次	462.8 萬人次	增加 49%
中國人民赴台灣旅行人次	11.6 萬人次	32.0 萬人次	增加 176%

註： 1. 日本、新加坡與南韓對中國投資佔各國對外投資的比重皆為 2005 年
數據。

2. 台灣、南韓、日本、新加坡與美國對中國投資佔各國 GDP 的比重皆
為 2006 年數據。

其次，面對東亞經濟整合加速、中國經濟快速發展、台商加速向中國移轉的趨勢，陳水扁政府提出將台灣建構成「全球運籌管理中心」的國家發展戰略目標，包括全世界高科技製造服務中心、全球營運總部、全球創新與研發中心。事實上，馬英九總統在 2008 年 5 月上台之後，他的戰略目標也是如此，期使台灣成為「全球創新中心」、「亞太經貿樞紐」及「台商的營運總部」。可以說，即便政黨輪替執政，朝野政黨對於台灣經濟發展的全球戰略規劃目標是一致的。

然而，中國的國際政治阻撓成為台灣無法參加東亞經濟整合體制的關鍵因素，使得台灣無法利用東亞經濟整合體制發展所帶來的規模經濟效應、成長機會與資源整合的契機，使得台灣的全球戰略目標面臨嚴酷的挑戰。同時，台灣無法參加東亞經濟整合體制的歧視效應與競爭壓力更凸顯台灣市場狹隘與資源侷限的弱點，讓台灣在吸引國內與國際投資上陷入劣勢。

如果觀察外商對台灣的直接投資，台灣的競爭優勢正在快速流失。1990 年代，外資進入台灣的平均成長率為 11%，民進黨執政的 8 年為 34.8%，馬總統執政的三年竟為負 36.2%。進一步觀察包

括直接投資與證券投資的國際資金流動，1990 年代，台灣淨流出的國際資金不到 200 億美元，平均一年不到 20 億美元。2000-2007 年民進黨執政時期，台灣淨流出的國際資金高達 1,058 億美元，平均一年為 132 億美元。過去三年馬總統執政期間，台灣淨流出的國際資金將近 600 億美元，平均每年將近 200 億美元，遠遠超過民進黨執政的數據。

大量資金外流帶動龐大優秀人才外移，大幅降低台灣的內需，使得台灣的經濟成長動能嚴重受損。更殘酷的是，東亞經濟整合體制所帶動的國際生產資源（資金、人才與技術）的外流正在結構性地改變台灣的動態國際比較利益、侵蝕台灣的國際競爭力，造成台灣永久性與持續性的傷害。在這個全球化激烈競爭的時代裡，這不僅是台灣的發展問題，而是台灣的生存問題！

在全球化的時代，政府不可能將人才與資金關在台灣、綁在台灣。台灣的兩岸經濟政策應該採取「因勢利導」的作法，藉由強化台灣的國家競爭力引導資源與人才回來台灣，而不是「限制禁止」或「順應盲從」。從強化國家競爭力的角度而言，參與東亞經濟整合體制對台灣的經濟發展與經濟戰略目標相當重要。但是，ECFA 是台灣的唯一選項嗎？馬總統說，不如此做，台灣便會被邊緣化。如今兩岸已經簽署 ECFA，台灣被邊緣化的危機已經解除了嗎？面對當前的國際經濟整合情勢與中國的政治企圖，台灣的人民會安心嗎？

無疑地，台灣參與東亞經濟整合體制的最大障礙是中國的國際政治阻撓。無論如何，這是台灣必須面對的國際殘酷現實，我們必須在這項基礎上提出台灣因應東亞經濟整合體制發展的全球經濟整合戰略建議。這項戰略可以分為三個層面，包括多邊、雙邊與單邊層面，以平衡與多軌並進的三合一方式化解中國障礙的因素，達成台灣促成全球貿易自由化與參與東亞經濟整合體制的國家目標。

（一）多邊層面

台灣應全力推動 WTO 與 APEC 等多邊自由貿易體制的建立，主動提出各項國際貿易自由化與經濟整合協定的議程、積極推動各項自由化的措施。多邊貿易自由化不僅能創造台灣的最大經濟利益，同時也可以避免中國的政治打壓與經濟圍堵。從這個角度而言，台灣必須成為全球貿易自由化與經濟整合體制的提倡者，而不是追隨者。同時，WTO 與 APEC 是台灣推動雙邊經濟整合協商的重要平台，不會面臨中國的政治杯葛，台灣應該善加運用。為此，台灣應該先克服內部的保護主義，並且整合產官學與朝野共識，提出、並積極推動台灣的全球貿易自由化與經濟整合體制議程、積極推動各項貿易與投資自由化與合作的措施。

不過，WTO 的杜哈貿易談判回合在 2008 年 7 月正式破局。台灣不能放棄、必須盡力而為，但我們在 WTO 的影響力畢竟有限。其次，APEC 的自由貿易「茂物目標」已經在 2010 年確認無法達成。2008 年以來，APEC 的會員積極推動「跨太平洋經濟戰略夥伴協定」（TPP），目前包括美國、日本與澳洲等六個 APEC 會員積極與原來的四個 TPP 會員國（新加坡、汶萊、智利與紐西蘭）進行談判，而且在締約國同意下，將開放給其他 APEC 成員參與。雖然這樣的發展令台灣感到鼓舞，但是仍存在中國的政治阻撓變數，我們仍不能過度樂觀。

（二）雙邊層面

台灣在推動雙邊經濟整合協定的戰略可以分成兩類對象：台灣邦交國與非邦交國。中國不會成為台灣與其邦交國之間協商經濟整合協定的政治障礙。台灣與非邦交國的談判優先順序可以區分為三類：第一優先談判對象為美國與中國；第二優先談判對象為日本、香港、東南亞與歐盟；第三優先談判對象為其他國家或地區。

　　首先，台灣應該優先考慮與其前四大貿易伙伴簽署經濟整合協定，分別為中國、日本、美國、與香港，對台灣的正面經濟利益影響最為顯著。其次，根據筆者問卷調查的結果，中國與美國是各類型企業建議台灣第一優先簽訂經濟整合協定的國家。然而，同時考量增進台灣的國際經濟利益與突破中國對台灣的國際政治圍堵，台灣協商雙邊經濟整合協定的第一優先談判對象應該是美國與中國。

　　台灣與美國及中國簽訂經濟整合協定，不僅有助於台灣的經濟發展，更可以徹底解決台灣與其他貿易伙伴協商過程中的中國障礙因素，使其他國家願意跟進與台灣簽訂經濟整合協定。在操作上，台灣可以利用與美國協商經濟整合協定的進程，施壓中國盡快與台灣簽訂經濟整合協定，同時反過來利用台灣與中國簽訂經濟整合協定協商的進程，要求美國支持台灣與美國之間的經濟整合協定。

　　台灣的第二優先談判對象為日本、香港、東南亞與歐盟。日本與香港是台灣的第二大與第四大貿易伙伴。同時，根據筆者問卷調查的結果，東南亞、歐盟與日本是各類型企業建議台灣第二優先簽訂經濟整合協定的國家。因此，在解決中國政治障礙之後，台灣對經濟整合協定的第二優先談判對象應該包括日本、香港、東南亞與歐盟。從過去的經驗，日本的外交政策在相當程度上是追隨美國的步伐，而且在台灣與中國簽訂經濟整合協定之後，日本與台灣簽訂經濟整合協定的政治障礙應該可以移除。

　　台灣的第三優先談判對象為上述優先對象以外的台灣非邦交國或地區。根據筆者問卷調查的結果，南亞（印度）應該是台灣在這個階段優先考量的地區，其他包括澳洲、紐西蘭、中南美洲、加拿大與俄羅斯。

（三）單邊層面

　　既然推動多邊自由貿易體制或全球經濟整合體制是台灣的最佳利益，台灣便要展現作為全球化的領航員與東亞經濟整合體制的催生者之規劃與決心。我們應該建造台灣成為世界自由貿易島、亞太營運中心、與全球運籌中心，讓台灣成為國際商品、服務、資金、技術、資訊、與人才交流的先進基地。要達成這些目標，台灣便要超越 WTO 與 APEC 目前的成就與規範，積極推動單邊貿易與投資體制的自由化，建立全球化與東亞經濟整合體制的領導地位。

　　在形成區域經濟整合協定過程當中，如果會員國彼此不是主要的貿易伙伴，則會員國容易受到「貿易轉移」的傷害，反而對會員國的經濟福祉有害。但是，單方面的貿易自由化只會造成「貿易創造」，不會形成「貿易轉移」的效果。因此，如果台灣能夠單邊推動貿易自由化，對台灣的經濟福祉只會有正面的幫助。其次，如果台灣能夠在投資體制方面進一步自由化，則有助於台灣吸引國際投資的優勢，如此容易達成「投資創造」的效應，而不是「投資轉移」的效應，同樣有利於台灣的經濟福祉。

　　此外，台灣推動單邊自由化的內容當然包括兩岸經貿關係的自由化與正常化，廢除台灣對兩岸經貿往來所設定的片面限制，同時促進兩岸經貿往來的雙向流動，以便台灣運用中國資源與市場提升台灣的經濟優勢。台灣必須借重「中國化」的手段，比較容易達成「全球化」的目標；「中國化」與「全球化」是相輔相成，而不是相互對立的。台灣外商的態度非常清楚：台灣推動兩岸經濟整合，外商比較願意以台灣為區域營運總部；台灣限制兩岸經濟往來，外商比較傾向撤出對台灣的投資。

　　表 7.2 整理上述台灣的全球經濟整合戰略之內涵，包括多邊、雙邊與單邊層面的途徑、內容、優點與缺點。

表 7.2　台灣的全球經濟整合戰略

戰略 層面	多邊層面	雙邊層面	單邊層面
途徑	1. 世界貿易組織。 2. 亞太經濟合作會議。	● 邦交國：沒有中國障礙因素，可以先簽訂經濟整合協定。 ● 非邦交國：台灣簽訂經濟整合協定的優先順序如下 1. 美國與中國 2. 日本、香港、東南亞、歐盟 3. 其他國家	台灣採取單邊貿易與投資自由化措施。
內容	1. 商品與服務貿易自由化與便捷化。 2. 國際投資自由化與合作架構。	1. 台灣與美、日、歐簽訂戰略經濟伙伴協定，包括經濟互惠、綜合功能議題合作與政策合作。 2. 台灣對東南亞國協先片面讓步，爭取雙邊互惠經濟整合協定。 3. 名稱可彈性、作法應務實、管道有多元、議題分階段。	1. 台灣的國際貿易體制自由化。 2. 台灣的國際投資體制自由化。 3. 國際商品、服務、資金、技術、資訊與人才在台灣自由流通。
優點	1. 沒有中國障礙因素。 2. 對台灣的經濟利益最大。 3. 對台灣內部意見整合較容易。	1. 交互利用美國與中國的槓桿，促進台灣與這兩個國家簽訂經濟整合協定。 2. 台灣與美國及中國簽訂經濟整合協定，其他國家比較可能與台灣簽訂經濟整合協定。 3. 台灣與美國、日本與歐盟簽訂戰略經濟伙伴協定，可促進彼此的經濟互惠與政策合作，作為彼此在全球經濟競爭的戰略伙伴。 4. 台灣與東南亞國家逐步累積協商的成果，以避免中國的政治干擾。	1. 沒有中國障礙因素。 2. 較不會形成「貿易轉向」與「投資轉向」效應，較容易達成「貿易創造」與「投資創造」效應。 3. 台灣經濟自由化進程操之在我。
缺點	台灣的國際政治與經濟力量有限，未必能影響國	1. 交互利用美國與中國的槓桿之操作困難度大。 2. 不少美國企業不願意支持台灣而	1. 台灣政府將面對國內經濟利益團體與政治保守勢

戰略 層面	多邊層面	雙邊層面	單邊層面
	際經濟整合談判 的方向與進程。	得罪中國，而且美國貿易談判快 速授權法案已經失效，美國與台 灣的談判未必能很快有突破，降 低台灣操作美國槓桿的空間。 3. 沒有中國的明確同意，很多國家未 必願意與台灣簽訂經濟整合協定。	力的反對壓力。 2. 台灣政府要整 合國內共識較 困難。

資料來源：作者整理。

　　總而言之，面對當前的挑戰與困境，台灣的兩岸經濟與區域經濟整合政策建議如下：

1. 在總統府之下成立「國家競爭力強化委員會」，邀請朝野領袖、產業、勞工及學者專家參與，建構完整的全球經濟整合戰略，以「平衡與多軌並進」原則化解中國障礙的因素、避免受制於中國的政治企圖，達成台灣促成全球貿易自由化與參與東亞經濟整合體制的國家目標。

2. 在多邊層面：
   (1) 積極推動 WTO 與 APEC 等多邊自由貿易體制的建立，主動提出各項國際貿易自由化與經濟整合協定的議程、積極推動各項貿易與投資自由化與合作的措施。

3. 在雙邊層面：
   (1) 優先同時完成兩岸與台美經濟整合協定。
   (2) 第二優先目標為日本、香港、東南亞、歐盟。
   (3) 第三優先目標為印度、澳洲、紐西蘭、中南美洲、加拿大與俄羅斯。
   (4) 台灣與美、日、歐簽訂戰略經濟伙伴協定，包括經濟互惠、綜合功能議題合作與政策合作。

(5) 台灣應對東南亞國協先片面讓步，爭取雙邊互惠經濟整合協定。

(6) 在雙邊協商過程當中，台灣的名稱可彈性、作法應務實、管道要多元、議題分階段。

4. 在單邊層面：

(1) 積極改善台灣的投資環境與推動台灣經濟體制自由化，包括兩岸經貿關係的自由化與正常化，以提升台灣的國際經濟競爭力。

5. 經濟整合協定的談判原則：

(1) 針對全國生產資源、產業發展與國土進行完善規劃，以配合台灣的全球經濟整合戰略。

(2) 提出詳細而完整的各項經濟整合協定效應評估與談判規劃。

(3) 規劃完整的產業轉型策略與協助措施，例如設置產業轉型基金與貿易受害補助方式。

(4) 規劃勞動力轉型與競爭力提升措施，例如全面補助職業訓練與在職進修學位。

(5) 透過與產業界、勞工與大眾充分溝通，凝聚國內共識。

(6) 透過協商透明化與國會監督協商，化解朝野對抗與社會疑慮。

(7) 經由公民投票同意重要的經濟整合協定（例如，兩岸貨品自由貿易協議與服務自由貿易協議），增加台灣的協商籌碼與降低台灣的社會衝突。

第三部份

台灣的中國戰略

第捌章　陳水扁政府的中國戰略

　　本章首先分析兩岸問題與衝突的根源，以瞭解當前兩岸現實的困境，再則說明台灣的中國戰略與兩岸共存共榮願景之內涵，最後則闡述台灣的「兩岸和平穩定互動架構」構想及進展，作為邁向兩岸共存共榮願景的過渡性架構。[1]

一、前言

　　台灣與中國已經敵對將近六十年，台灣人民無時無刻不感受到中國的武力威脅與外交打壓，這是多少台灣人民一生下來便要面對的殘酷事實與揮之不去的夢魘。然而，台海地區的和平與穩定也牽涉到國際戰略格局、國際經貿利益、與國際民主與人權，是國際社會普遍關切的問題。例如，1995-1996 年台海危機時，亞太地區很多國家都籠罩在戰爭的陰影中，甚至可能引爆中國、美國與日本的軍事衝突，使兩岸問題頓時成為國際焦點。因此，如何促進與維持台海的和平與穩定，成為國際社會迫切尋求答案的問題。

　　在中國無法接受多邊機制與各國不願直接介入此棘手問題的前提下，雙邊機制的兩岸中程協議（interim agreement）或過渡性架構（modus vivendi）便成為大家思考與努力的方向。1998 年 2 月以來，

---

[1] 本章為筆者擔任行政院大陸委員會副主任委員期間對於陳水扁政府的兩岸政策說明。

美國學者李侃如（Kenneth Liberthal）、奈依（Joseph Nye）、何漢理（Harry Harding）與藍普頓（David Lampton），都相繼認為兩岸在獲得最終解決政治爭議之前，應該建立在彼此政治諒解前提之下的中程協議或過渡性架構，以穩定兩岸關係的互動及擴大兩岸的交流與合作。

相較於上述政治性框架的建議，1999 年 3 月美國國務院助理國務卿陸士達（Stanley Roth）也提出兩岸應簽訂許多功能性議題的複數中程協議，建立制度化的兩岸交流與合作架構，以便逐步化解兩岸的政治衝突。2004 年 4 月美國助理國務卿凱利（James Kelly）建議，兩岸在沒有政治對話的情況下，美國鼓勵兩岸強化雙邊互動與研商信心建立措施，以落實「相互再保證機制」（mutual reassurance mechanisms）。

然而，中國政府始終沒有正面回應上述的提議，因為中國的目標是台灣對中國的和平歸順（peaceful submission）。面對詭譎多變的兩岸局勢，很多人從中國的角度理解兩岸的問題與衝突，以致於誤解兩岸關係的本質，經常對兩岸關係的發展提出錯誤的判斷與藥方。

因此，本章先分析兩岸問題與衝突的根源，以瞭解當前兩岸現實的困境，再則說明台灣的中國戰略與兩岸共存共榮願景之內涵，最後則闡述陳水扁政府的「兩岸和平穩定互動架構」構想及進展，作為邁向兩岸共存共榮願景的過渡性架構，為兩岸關係的和平與發展開創一條康莊大道。

二、兩岸問題與衝突的根源

中國政府總是將兩岸的緊張與衝突完全歸咎於所謂的「法理台獨」，然而我們必須明確指出，所謂的「法理台獨」並不是兩岸問題與衝突的根源。1950 年代，當時根本沒有所謂的「法理台獨」問題，但是中國卻發動兩次大規模攻擊台灣的軍事行動；1995-1996 年，台灣

的中國國民黨政府也遵守所謂的「一個中國原則」，但是中國卻對台灣進行軍事演習與飛彈試射。

兩岸問題的根源在於中國（中華人民共和國）政府始終不願意承認 1949 年以後中華民國仍然存在、台灣主權獨立於中國之外與兩岸互不隸屬的事實。進一步而言，兩岸關係的緊張與衝突根源在於中國政府企圖消滅中華民國與併吞台灣，以完成所謂的「國家統一大業」，這也是破壞亞太地區和平與穩定的最大威脅來源。

1949 年 10 月 1 日以後，中國認定中華民國已經滅亡，主張「武力解放」台灣，消滅在台灣的國民黨政權以解放台灣人民，並且在台灣實施共產主義。1960 年代以後，在國際冷戰格局的制約下，中國沒有足夠的軍事力量消滅中華民國，所以中國主張「和平解放」台灣，「武力」與「和平」手段交互並用，以達到招降國民黨政權與併吞台灣的目的。1979 年以後，中國推動改革開放政策，需要穩定的外在環境及台灣的資金與技術，因此改以「和平統一」台灣的政策，但是仍不放棄對台灣使用武力。

無論中國如何調整對台政策，中國認定 1949 年以後中華民國已經滅亡，試圖以武力威嚇、外交圍堵、聯外制台、內部分化等手段企圖消滅中華民國、併吞台灣、完成「國家統一大業」的目標是沒有改變的，造成兩岸關係的良性發展無法推進。正因為中國不願承認中華民國存在的事實與兩岸互不隸屬的現狀，所以中國處處要求各國接受「一個中國原則」，以避免戳破中國的謊言與必須面對中華民國存在的尷尬事實。

然而，中華民國的本土化與民主化強化中華民國存在台灣的現實與內涵，使得中國政府難以迴避面對台灣的現實。中國只好以所謂的「法理台獨」作為掩飾內部虛構謊言的藉口，不斷污衊與攻擊台灣的民主改造是推動「法理台獨」的重大事件，包括憲政改造、國會改選、總統直選、與公民投票等等，並且將台灣參與國際社會視為台灣推動「法理台獨」的過程與證據。中國對台灣民主發展的

武力威脅與對台灣國際空間的打壓卻激起台灣人民更大的反彈，更加堅定台灣推動民主化的信念與參與國際社會的作為，讓兩岸互動持續陷入惡性循環當中。

同時，在兩岸談判問題上，中國也要求台灣必須先接受「一個中國原則」，導致台灣與中國缺乏一套合理解決兩岸衝突與創造妥協空間的協商機制，連帶延宕亟待建立一套兩岸交流治理架構的契機，更增強兩岸的對峙與敵視的氛圍。由於兩岸衝突的根源在於中國無法接受中華民國的存在、甚至進一步要消滅中華民國，也就是說，如果「一個中國原則」就是中華人民共和國、沒有中華民國，那麼「一個中國原則」本身就是兩岸政治衝突的最大來源。

因此，要台灣先接受「一個中國原則」的條件、兩岸再進行談判，無異於要台灣在談判前便先向中國投降、放棄中華民國主權與民主，接受「一個中國原則」為前提下的中國霸權架構（Pax Sinica）。這便是台灣政府一直無法接受「一個中國原則」的原因。不僅民進黨政府無法接受，2000 年以前執政的中國國民黨政府也被中國政府不斷批判沒有接受「一個中國原則」，即使當時的國民黨主席、國民黨總統候選人馬英九也在 2006 年 4 月 3 日明白表示，國民黨不會接受「一個中國」的「九二共識」。[2]

必須強調的是，維護台海的和平與穩定不只是台灣的責任，也不是台灣可以獨力完成的目標，因為中國才是兩岸問題與衝突的禍首，需要各國協力合作施壓中國面對現實、務實和平解決兩岸衝突。國際社會不應該縱容獨裁中國對民主台灣的威脅與打壓，更不應該要求台灣投降中國，放棄中華民國主權及台灣的民主體系與價值。如果國際社會持續對中國政府姑息，只會造成中國獨裁政權更加肆無忌憚擴張軍事實力，將東亞地區納入中國的勢力範圍，建構中國霸權架構。

---

[2]　林淑玲、蕭旭岑，〈九二共識扁馬激辯　扁籲胡錦濤接受一中各表〉，《中國時報》，2006 年 4 月 4 日，版 A1。

　　過去十八年，中國軍費持續以兩位數速度增加，2007 年軍費大約是 450 億美元，增加 17.8%，遠超過中國經濟成長速度。依照各國政府與國際機構的評估，若將中國對外軍購等隱藏性預算納入，中國實際的國防預算應至少為其公開預算的 3-4 倍，相當於台灣國防預算的 14-19 倍。顯然的，中國擴建軍備的目標不是只針對台灣，而是企圖恢復中國在亞太地區甚或全球的霸權地位。

　　舉例而言，中國的 094 核動力戰略潛艇正式於 2004 年 7 月下水，裝備有巨浪二型核彈頭洲際導彈（陸基洲際導彈東風 31 型的潛射型號），射程長達 8,000-12,000 公里，顯然目標不是只針對台灣。又如，2006 年底中國政府正式解密顯示，殲 10 戰鬥機已經成軍，正在研發殲 14 戰鬥機，等同於美國 F-22 等級的最先進戰鬥機。最近，中國軍事將領更展現野心表示，希望在 2010 年完成第一艘航空母艦（北京號）。

　　此外，中國也向俄國購買潛水艇、長程轟炸機、空中加油機，這些都超過中國對付台灣的武器需求。目前中國擁有 60 艘先進潛水艇，實際上，12-16 艘潛艇即足以封鎖台灣海峽。台灣距離中國僅有 150 公里，中國根本不需要以長程轟炸機、空中加油機對付台灣。相信以上這些武器擴增與升級的主要目標並非是台灣，而是意在美國、日本及其他國家。

　　然而，任何台海軍事衝突絕對會造成台灣、中國及亞太地區的毀滅性衝擊，而且對台灣的傷害可能會是最大。所以，即使面對中國對台灣的蠻橫打壓與武力威脅，台灣仍然願意積極扮演東亞穩定維護者與國際和平締造者的角色，台灣願意承擔起較大的責任，提出更積極、務實與多贏的建議。陳水扁總統在 2000 年 5 月就職演說當中提出「四不一沒有」承諾，即「只要中共無意對台動武，〔陳總統〕保證在任期之內，不會宣佈獨立，不會更改國號，不會推動兩國論入憲，不會推動改變現狀的統獨公投，也沒有廢除國統綱領與國統會的問題。」陳總統希望藉此承諾降低兩岸因為沒有互信與溝通管道而造成不必要的武力衝突之風險。

更積極而言，台灣提出互惠雙贏的中國戰略，包括兩岸共存共榮願景及和平穩定互動架構，以逐步推動兩岸關係正常化的國家戰略目標，化解兩岸軍事衝突的風險，詳細說明如下。

三、兩岸共存共榮的願景

一言以蔽之，台灣政府的國家總目標為國家正常化；在兩岸關係上，台灣政府的中國戰略目標即是兩岸關係正常化，即兩岸政府都應該面對現實、實事求是、相互尊重、創造多贏。台灣政府要達成這項目標的戰略指導原則為：善意和解、積極合作與永久和平。台灣政府設定的兩岸關係未來發展原則為：主權、民主、和平與對等。台灣政府要達成上述目標的具體政策包括三個部分：

(一) 凝聚國家定位共識：台灣是主權獨立的國家，依憲法國號是中華民國。

(二) 提出共存共榮願景：以歐盟統合模式作為兩岸未來全新的思維格局。

(三) 建構邁向願景的過渡性安排：從經貿、文化的統合到政治統合新架構，包括：

　1. 協商兩岸和平穩定的互動架構：共同確保台海的現狀不被片面改變。

　2. 發展經貿合作關係：積極管理，有效開放。

　3. 協助中國政治民主化：化解兩岸根本的矛盾。[3]

陳總統在 2000 年 5 月上台以後希望凝聚台灣內部的國家定位共識，以團結國內力量，作為台灣與中國互動的實力與後盾。具體而言，陳總統希望凝聚的國家定位共識為：台灣是一個主權獨立的國家，依

---

[3] 台灣安全研究小組·陳明通等著，《民主化台灣新國家安全觀》（台北市：先覺，2005），頁 283-288。

目前憲法稱為中華民國；台灣不是中華人民共和國的一部份；台灣與中華人民共和國，是兩個互不隸屬、互不統治、互不管轄的國家。[4]

　　然而，兩岸關係正常化的最大困難在於嬌小玲瓏的民主台灣卻要面對蠻橫凶猛的獨裁中國。因此，台灣政府如何維護台灣的國家利益與民主價值，卻又能創造互惠雙贏的兩岸關係，同時為亞太地區的和平與繁榮貢獻棉薄之力，是相當艱難的任務，可說是史無前例、也可能是絕無僅有的案例。就此而言，台灣提出「民主原則」是兩岸關係發展的最後底線與「政治統合」是兩岸共存共榮願景的雙贏模式，希望以全新的格局逐步化解兩岸將近六十年的衝突與對抗。

　　在 2000 年 5 月的就職演說中，陳總統便提議以「民主原則」處理兩岸的問題：「〔兩岸應該〕秉持民主對等的原則，在既有的基礎之上，以善意營造合作的條件，共同處理未來『一個中國』的問題。」在 2004 年 5 月的就職演說當中，陳總統更明確地闡述：「台灣是一個完全自由民主的社會，沒有任何個人或政黨可以代替人民做出最後的選擇。如果兩岸之間能夠本於善意，共同營造一個『和平發展、自由選擇』的環境，未來中華民國與中華人民共和國或者台灣與中國之間，將發展任何形式的關係，只要兩千三百萬台灣人民同意，我們都不排除。」[5]也就是說，兩岸關係的未來發展是開放性的：只要在和平自主的環境中獲得兩千三百萬台灣人民同意，台灣便可以接受任何形式的兩岸新政治關係。

　　事實上，以「民主原則」作為台灣處理兩岸問題的機制已經成為台灣朝野的普遍共識。面對外界不斷質疑國民黨追求「終極統一」目標時，2006 年 2 月 14 日國民黨被迫在親台獨的《自由時報》上刊登廣告澄清立場，強調「任何改變中華民國現狀的決定，都應經過台灣人民的同

---

[4]　台灣安全研究小組‧陳明通等著，《民主化台灣新國家安全觀》（台北市：先覺，2005），頁 291-307。

[5]　行政院大陸委員會，〈陳總統五二〇就職演說：有關兩岸關係談話內容〉，2004 年 5 月 20 日，〈http://www.mac.gov.tw/big5/mlpolicy/ch930520.htm〉。

意……本於民主的精神，台灣的未來有很多可能的選項，不論是統一、獨立或維持現狀，都必須由人民決定。」[6]特別是，這是國民黨第一次公開承諾，基於「民主原則」，獨立也是台灣人民的選項之一。

更具體而言，陳總統提出「政治統合的新架構」作為兩岸共存共榮的雙贏基礎。他強調，只要中國「尊重中華民國生存的空間與國際的尊嚴，公開放棄武力的威脅」，台灣與中國便可以「從兩岸經貿與文化的統合開始著手，逐步建立兩岸之間的信任，進而共同尋求兩岸永久和平、政治統合的新架構。」[7]而且，陳總統主張，兩岸關係未來任何發展都必須符合「主權、民主、和平、對等」四大原則。[8]

所謂「政治統合」（political integration）是中華民國（台灣）與中華人民共和國（中國）的統合，是一種「多主權體系的國家聯合體」，以此超越目前兩岸的爭執和僵局。因此，「政治統合」的模式包括最鬆散的「國協」到比較緊密的「歐盟」或「邦聯」模式。陳總統在 2004 年的連任就職演說當中，更明確建議兩岸以歐盟統合模式作為建構兩岸未來關係的一項全新思維格局。[9]陳總統強調，歐盟統合模式最符合「主權、民主、和平、對等」四大原則。[10]

當然，歐盟統合的成功經驗不是一蹴可幾的結果，而是需要精心規劃與耐心推進的一個過程。台灣推動這項兩岸互惠雙贏願景的策略是：先經貿與文化、後政治與軍事；先建立兩岸互信與互惠，再逐漸化解兩岸主權衝突；先建構兩岸和平穩定互動架構的過渡性安排，再

[6] 中國國民黨，〈「台灣的務實道路」〉，《聯合報》，2006 年 2 月 16 日，版 A13。

[7] 行政院大陸委員會，〈總統發表跨世紀談話〉，2000 年 12 月 31 日，〈http://www.mac.gov.tw/big5/mlpolicy/ch9001.htm〉。

[8] 行政院大陸委員會，〈陳總統中華民國 95 年元旦祝詞〉，2006 年 1 月 1 日，〈http://www.mac.gov.tw/big5/mlpolicy/ch950101.htm〉。

[9] 行政院大陸委員會，〈陳總統五二〇就職演說：有關兩岸關係談話內容〉，2004 年 5 月 20 日，〈http://www.mac.gov.tw/big5/mlpolicy/ch930520.htm〉。

[10] 中華民國總統府公共事務室，〈總統與總統府顧問餐敘〉，總統府新聞稿，2005 年 12 月 23 日。

邁向永久和平的兩岸政治統合新架構。更具體而言，台灣願意透過四個階段與中國進行和解，以達成兩岸關係正常化的戰略目標。第一階段是擴大兩岸經貿與文化交流；第二階段是台灣與中國就功能性或經貿議題展開對話協商；第三階段是兩岸尋求建立和平穩定的互動架構；第四階段則是透過政治統合達成兩岸關係正常化的戰略目標。[11]

　　換言之，要落實「政治統合新架構」的願景，兩岸不僅要從經貿、文化的統合開始著手，更要有一套完整的過渡性安排，才能拉近兩岸現實利益與價值的距離，其主要內容有三：（一）協商兩岸和平穩定的互動架構、（二）發展兩岸經貿合作關係、（三）協助中國政治民主化，以徹底化解兩岸根本的矛盾。在兩岸關係正常化的過程當中，兩岸和平穩定互動架構扮演非常關鍵的角色，以穩定兩岸關係的互動、降低兩岸意外衝突的風險、建構兩岸交流的秩序、促進兩岸合作的契機，進而營造兩岸長期交往的友善環境、邁向兩岸共存共榮的願景。以下便詳細說明台灣的構想。

四、兩岸和平穩定互動架構

　　陳總統在 2000 年競選時便提出兩岸應「建立穩定的互動機制」，2003 年元旦發表談話正式向中國建議兩岸應協商「建立和平穩定的互動架構」。陳總統在 2004 年 2 月 3 日提出「建立兩岸和平穩定的互動架構」公投議題時，更完整闡述台灣的構想。最後，陳總統在 2004 年 10 月 10 日的國慶致詞與 11 月 10 日主持國安高層會議的裁示，進一步補充兩岸軍事互信的內涵。以下便逐一分析台灣對於「兩岸和平穩定互動架構」的完整構想、中國的回應、與當前進展。

---

[11] 吳釗燮，〈台灣：尋求有意義的對話〉，行政院大陸委員會編著，《政府大陸政策重要文件》（台北：行政院大陸委員會，2005 年），頁 111-113。

　　首先，「兩岸和平穩定互動架構」協商必須建立在和平原則基礎上：兩岸應以和平的方式解決一切爭端，禁止任何一方以武力或其他非和平的方式威脅或妨礙台海之安全，及不片面改變台海現狀。在此原則基礎上，兩岸應該針對四大議題逐步展開協商：建立協商機制、對等互惠交往、建構政治關係、防止軍事衝突。以下便逐一闡述這四大議題的內涵。

　　從 1995 年 6 月以後，中國便以台灣沒有遵守「一個中國原則」為由中斷兩岸既有的協商機制——台灣的海峽交流基金會（海基會）與中國的海峽兩岸關係協會（海協會）的協商管道。因此，兩岸要協商建立過渡性的互動架構，首先需要兩岸先確立可行的協商機制。台灣建議兩岸應該指定代表安排協商事宜、互派談判代表常駐台北與北京、及針對實質問題進行協商。要邁出第一步，陳總統建議，兩岸可以從協商和推動直航及相關的經貿議題著手。[12]

　　第二大議題是兩岸應該建立對等互惠交往架構，包括互設聯絡辦事處及展開深度交流與合作架構的協商。從 2004 年迄今，台灣已經向中國具體建議至少二十項協商議題，包括三通、觀光、經貿關係之整合、文化與科技交流的深化、共同打擊犯罪、共同開發經濟海域、漁事糾紛的解決、貨幣清算、投資保障、金融監理、避免雙重課稅、智慧財產權保護、司法互助、商務仲裁、人身保護、人貨包機、海空運直航、偷渡犯遣返、海漂垃圾處理與漁工協議等等議題。

　　第三大議題是兩岸應該建構相互尊重並有利於交往的政治關係。在兩岸達成最終的政治妥協之前，兩岸應該發展彼此互動與國際互動的雙贏架構，包括兩岸互相承認管轄權、相互不阻撓外交事務之進行、台灣在國際組織的會籍問題與雙方於國際社會之互動法則。

---

[12] 行政院大陸委員會，〈陳總統主持中華民國九十二年開國紀念典禮暨元旦團拜：有關兩岸關係談話內容〉，2003 年 1 月 1 日，〈http://www.mac.gov.tw/big5/mlpolicy/ch920101.htm〉。

　　第四大議題是兩岸應該防止軍事衝突之發生。兩岸主權的衝突很難在短期內取得妥協的共識，而長期的敵對卻會強化彼此敵意或造成誤判。因此，兩岸需要發展一套制度化的安排以降低兩岸「無意間發生戰爭」的風險。台灣建議兩岸建立軍事安全諮商機制，逐步形成軍事互信機制、同步檢討兩岸軍備政策，甚至共同研議形成「海峽行為準則」，做為台海和平的具體保障。[13]

　　更具體而言，兩岸應該劃定非軍事區與軍事緩衝區，前者包括撤除實際作戰人員、設備及飛彈部署，後者包括雙方機、艦非必要不得進入該區域。此外，兩岸應該制訂避免軍事衝突的措施，包括軍用航空器與船舶活動範圍及遭遇時應遵循的法則，軍事演習之範圍及應遵循的法則，漁民及其他非公務目的之海上活動的處理法則，海上急難救助與犯罪搜捕，軍事人員以適當方式進行交流，軍事資訊的公開與建立兩岸熱線。再者，兩岸應該禁止軍事與經濟封鎖，並朝結束兩岸敵對狀態的方向邁進。最後，兩岸應設立由中立客觀人士所組成之監督委員會，以落實兩岸軍事互信與避免軍事衝突措施。

　　自從 2003 年 1 月 1 日台灣提出建立「兩岸和平穩定的互動架構」之後，中國一直沒有具體的回應；直到 2004 年 2 月 3 日陳總統舉辦國際記者會闡述「兩岸和平穩定的互動架構」內涵之後，中國才開始回應台灣的提議。2004 年 5 月 17 日中國國務院台灣辦公室（國台辦）發表聲明稿表示，只要台灣接受「一個中國原則」，兩岸關係即可展現和平穩定發展的七項光明前景，其中第一項即是「恢復兩岸對話與談判，平等協商，正式結束敵對狀態，建立軍事互信機制，共同構造兩岸關係和平穩定發展的框架。」除此之外，只有台灣接受「一個中國原則」，兩岸才能磋商解決交流問題、實現三通、建立兩岸經濟合作安排、與解決台灣在國際上與其身份相適應的活動空間。簡而言之，中

---

[13] 行政院大陸委員會，〈陳總統參加『中華民國各界慶祝九十三年國慶大會』致詞全文〉，〈http://www.mac.gov.tw/big5/mlpolicy/c931010.htm〉。

國的目的就是要台灣屈服於中國的談判條件：只有台灣接受「一個中國原則」，兩岸關係才有「和平」、「穩定」與「發展」的前景。[14]

中國的蠻橫態度讓兩岸要建立和平穩定互動架構的工作相當艱難，但也不是沒有進展。隨著兩岸經濟與社會交流的蓬勃發展，兩岸政府都必須面對現實的兩岸交流問題、建構兩岸交流的治理機制與合作架構。2005 年 1 月 2 日，在接受台灣提議進行春節包機談判時，中國刻意不提「一個中國原則」作為兩岸協商的前提；台灣政府立即在隔天授權談判機構與中國政府的授權機構進行協商，透過民間機構的協助，雙方政府主管官員正式進行談判。經過短短 13 天的協商，兩岸完成自 1993 年新加坡的辜振甫與汪道涵會談以後的第二次正式協議，正式打破兩岸互動的僵局、開展兩岸協商的新模式。

在談判過程中，雙方都接受的談判模式默契可以稱之為「澳門模式」，其特徵為：擱置爭議、不設前提、相互尊重、實事求是、政府主導、民間協助。儘管隨後在 2005 年 3 月 14 日中國通過「反分裂國家法」，意圖破壞兩岸和平現狀、強化對台灣武力威脅，台灣仍實事求是在 6 月向中國提議進行中國觀光客來台旅遊、貨運包機與台灣農產品輸出中國等三項議題協商。在「澳門模式」基礎上，2005 年 11 月兩岸再次達成春節包機協議；2006 年 6 月兩岸達成四項專案包機的協議，包括貨運、假日、醫療與人道包機。

總體而言，台灣的「和平穩定互動架構」構想比較接近於美國政府的建議，強調沒有「一個中國原則」為前提，沒有預設兩岸統一的終局，而且先從功能性議題的協商與合作開始，逐步累積兩岸互信與共識，再漸漸建構友善的政治關係與軍事互信機制。從 2005 年以後，兩岸已經在「澳門模式」基礎上建立協商機制，雙方持續協商中國人民來台灣觀光、貨運包機及客運包機等三項議題。這三

---

[14] 〈中共中央臺灣工作辦公室、國務院臺灣事務辦公室授權就當前兩岸關係問題發表聲明〉，《新華社》，2004 年 5 月 17 日。

項協議與其他功能性議題的談判將逐步奠基兩岸和平穩定互動架構的堅實基礎。

五、結論與展望

　　國際社會都期待兩岸關係應該要和平發展，但是中國一天不民主，中國共產黨一天不放棄獨裁專制，其政權的合法性便建立在 1949年消滅中華民國的虛構事實與統一中國的民族主義合法性基礎上，中國政府就不可能承認兩岸互不隸屬的現狀與尊重台灣的民主，兩岸關係就不可能有真正的和平；中國一天不放棄對台灣的武力威脅與外交打壓，台灣人民為了求生存與求發展便被迫要反抗中國的壓迫，台海地區就不可能有真正的穩定。中國施壓台灣接受「一個中國原則」為前提下的中國霸權架構，其本質便是反現狀、反民主、反和平。唯有中國民主化才能徹底調整中國領導人的心態，放棄武力擴張與外交霸權的作為。

　　面對當前中國軍事擴張與外交霸權的作法，要建構互惠雙贏與和平共榮的兩岸關係是相當艱困的任務，但卻又是極為重要的工程。作為台海和平與發展的利益攸關者，台灣提出兩岸共存共榮的願景作為兩岸和解的雙贏目標，同時提出兩岸和平穩定互動架構，作為兩岸邁向共存共榮願景的過渡性架構。儘管中國仍然抵制台灣的和解構想，台灣也不會對中國有天真的期待，但是最近幾年兩岸已經逐步邁出堅定的步伐，取得談判模式的共識，完成三次談判的成果，持續在進行三項議題的談判。這些協商與成果將開啟兩岸關係的新格局，逐步建立兩岸交流秩序與合作架構，為兩岸和平穩定互動架構、兩岸共存共榮、兩岸關係正常化奠定堅實而穩固的基石。

　　除非國際社會願意接受中國霸權架構，否則各國對於台海衝突的利益與立場應該與台灣推動兩岸關係正常化的戰略目標是一致的。如

果國際社會姑息中國對台灣的威脅與打壓，只會增長中國霸權的蠻橫氣焰，反而讓台灣更不放心與中國進行政治互動與對話，將增加台海軍事衝突的機率。因此，國際社會強化對台灣的政治與安全支持、協助台灣參與國際社會與嚇阻中國對台灣的武力威脅，才能穩定兩岸和平現狀、增進台灣與中國談判的信心，逐步邁向兩岸和平穩定互動架構與共存共榮的願景。

第玖章　台灣的中國戰略：從扈從到平衡

民主、和平、繁榮是戰略三大支柱
以台灣共識團結藍綠、以憲法規範定位兩岸
以民主開放平衡兩岸、以華人認同連結兩岸
以強權共識穩定兩岸、以美中平衡應對中國
以永續公義奠定友誼、以合作機制促進和平

一、台灣對中戰略的國內外情勢

（一）台灣情勢與共識

　　目前藍綠兩大政黨以統獨為區分，作為彼此政策訴求與政治動員的基礎。經過台灣民主化與兩次政黨輪替之後，目前藍綠兩大陣營的中國政策交集愈來愈多。然而，為了動員傳統支持者，藍綠陣營往往會將對方描繪成比較極端的統獨立場與政策，並且強調選舉結果將是國家前途的選擇。這樣的選舉過程不斷製造社會對立與分歧，讓台灣陷入民主內戰而無法休止。

　　其實，經歷過 62 年休戚與共與族群融合的發展歷史，台灣人民早已經形成命運共同體。在 1990 年代台灣人民完成修憲之後，中華民國憲法就是代表台灣人民的總意志。同時，中華民國總統與國會議員皆

由台灣人民選舉產生，執行台灣人民賦予的憲法權力，中華民國國家
體制就是台灣的國家體制。

在這樣的歷史脈絡下，儘管選舉的對立與激情，台灣民意的共識
卻愈來愈清晰，包括下列三項元素：

1. 台灣是一個主權獨立的國家，國號為中華民國；台灣就是中華
   民國，中華民國就是台灣。[1]

2. 台灣人民希望維持台灣主權獨立的現狀，不願意在現階段推動
   兩岸統一，也不願意在現階段推動更改台灣的國號。

3. 兩岸關係的未來是開放的，但台灣的前途應該由兩千三百萬台
   灣人民決定。

（二）中國發展情勢

中國經濟改革與開放已經三十年，創造舉世關注的經濟快速增長
與發展模式，同時強化中國共產黨的統治正當性與權力基礎。從 1978
年至 2009 年，中國經濟年均成長率高達 9.9%。2010 年，中國已躍升
為世界第二大經濟體，僅次於美國。中國的出口為全世界第二名，進
口為全世界第三名。2010 年中國吸引外商直接投資超過 1 千億美元，
居全球第二，累計吸引外商直接投資超過一兆美元。此外，中國對外
投資已經超過 2 千億美元，居全球第五位。2011 年初，中國外匯儲備
超過 3 兆美元，為全世界第一。

儘管中國發展成就非常亮麗，而且經濟仍可能維持一段時間的
快速增長，但是中國持續發展仍充滿極為不確定的風險，包括生態
的永續發展，社會的穩定與和諧，政治的穩定與改革，而且彼此的

---

[1]　在 2007 年總統大選期間，國民黨推動「重返聯合國及加入其他國際組織」
　　公投，國民黨公開表示：「不管是以台灣或中華民國名義申請，只要有助於
　　加入聯合國都不設限」，「國民黨講的台灣就是指中華民國！」何博文，〈國
　　民黨：台灣就是中華民國〉，《中國時報》，2007 年 6 月 29 日，版 A6。

連鎖反應將可能使局面難以控制。中國政府的治理能力與國家控制能力持續在改善，而且經濟快速發展相當程度緩解中國政府的挑戰與壓力，壓制社會與政治的不穩定。不過，中國生態破壞、貧富差距、貪污腐敗仍持續惡化，社會利益衝突與政府濫權正持續激化社會矛盾與政治對抗。

中國的人均所得已經超過三千美元，可以說已經逐步邁入小康社會，而且沿海地區人民的所得水平更是驚人，很多城市已經快速接近台灣的人均所得。然而，根據過去發展中國家的經驗，中國的快速發展似乎已經達到一個門檻，中國既有的政治體制已經無法妥善處理經濟發展所引發的社會利益分歧與階層分化衝突，以致引發眾多的社會抗爭與衝突事件。中國需有一個新的政治制度與架構來處理社會利益的分配與社會群體之間的互動。

（三）中國對台政策

中國對台政策框架為：一個中國、一國兩制、和平降服、武力併吞。為達成和平統一台灣的目標，中國對台策略包括「內外兼施」與「軟硬兩手」；「內外兼施」是指「分化台灣」（分化台灣內部團結）與「聯外制台」（聯合外國勢力壓制台灣）；「軟硬兩手」包括「經濟利誘」、「血緣情感」、「大國榮耀」、「武力威脅」、「國際圍堵」與「經濟制裁」。

2008 年 5 月以後，中國對台政策略作微調，強調在「零八共識」的模糊一中架構下進行兩岸全面接觸與協商，非常有限地調整台灣的國際參與空間，但是仍然堅持對台灣的國際圍堵與武力威脅。在短期，中國政府不急於徹底解決兩岸問題，希望扶持在台灣親中國的政府、穩定兩岸關係，以發展中國經濟、維持社會穩定；在長期，中國則是希望透過軍事與經濟實力壯大逐步達成兩岸統一的目標，無論是和平或非和平的方式。

中國對台政策愈來愈重視台灣民意。在 2000 年前，中國嚴厲反對「一中各表」的「九二共識」，堅持國民黨政府必須接受一個中國原則的前提才願意進行兩岸談判。2000 年民進黨執政後，中國願意在沒有政治前提的情況下進行兩岸經貿易議題的談判，兩岸的局長級官員（民航局與觀光局）直接進行談判，而且放寬一個中國原則的定義。2008 年以後，中國不再公開反對「一中各表」的「九二共識」，而且在一些案例中更加重視台灣民意的反應。[2]例如，2008 年奧運會期間，中國媒體原來稱呼台灣代表隊為「中國台北」，在台灣民意反對後，中國官方便要求中國媒體改稱「中華台北」。2010 年 10 月底，中國代表團在東京國際影展要求台灣的代表團必須以「中國台北」參加影展。當時，台灣內部群情激昂，逼迫馬政府向中國表達嚴重抗議，中國政府也警覺到問題嚴重性，便立即更正。[3]

面對台灣在 2012 年的可能政黨輪替變局，北京非常希望民進黨能夠同意某種一個中國的模糊形式或連結，以便維持長期穩定的兩岸和平與發展。即使北京不期待民進黨能接受一個中國原則或九二共識，但希望民進黨能根據中華民國憲法連結某種程度的一個中國概念，以便維持長期穩定的兩岸和平發展。[4]但是，即使民進黨上台，北京不希望中斷既有的兩岸交流與協議。[5]

---

[2] 上海一位涉台高階官員表示，中國改變一個中國原則的定義是反映台灣民意的感受。在台灣的一場兩岸關係座談會，2011 年 5 月 2 日。

[3] 一位台灣的兩岸事務決策官員表示，中國國台辦立即要求中國代表團江平不要再參加東京影展，並且低調表達前天的說法並非原意。作者與一位台灣的兩岸事務資深官員聚餐，2011 年 6 月 16 日。

[4] 作者參與一場上海學者的座談會，2011 年 6 月 20 日。

[5] 據一位與中國對台政策資深官員會談的學者轉述，2011 年 5 月 9 日。

（四）兩岸交流與發展

目前中國是台灣最大的貿易夥伴、最大出口地區、第二大進口來源、最大對外投資地區。2010 年底，政府核准台商投資中國累計金額達 973 億美元，占台灣對外投資超過六成。2010 年台灣有將近五百萬人次前往中國、中國有將近一百五十萬人次來台灣，大約有一百萬的台商、幹部及其家屬常居在中國經商與工作。台灣是一個開放的經濟與社會，兩岸經濟與社會交流的趨勢不是台灣政府可以片面主導或改變。

馬政府的兩岸開放政策加速兩岸交流，但是馬政府並沒有做好改善台灣投資環境的配套措施，外商投資台灣大幅減緩，台商資金回流台灣相當有限，反而是台灣的資金加速流到中國與其他國家。1990 年代，外資進入台灣的平均成長率為 11％，民進黨執政的 8 年為 34.8％，馬總統執政的三年竟為負 36.2％。相對的，馬總統上台將近三年期間台灣核准對中國投資金額占 1988-2007 年的比重高達 49％。進一步觀察包括直接投資與證券投資的國際資金流動，1990 年代，台灣淨流出的國際資金平均一年不到 20 億美元，2000-2007 年民進黨執政時期為每年 132 億美元，過去三年馬總統執政期間將近每年 200 億美元，遠遠超過民進黨執政的數據。

馬政府上台將近三年，雖然兩岸關係緩和，但是兩岸經貿交流引發台商經貿糾紛與人身安全案件數量卻不斷攀高。2000-2007 年台商經貿糾紛平均每年為 174 件，2008-2010 年為 680 件，增加 290％，而且 2008 年至 2010 年台商經貿糾紛占 1991-2010 年所有案件的 50.0％。此外，2000-2007 年台商人身安全案件平均每年為 127 件，2008-2010 年為 331 件，增加 160％，而且 2008-2010 年台商人身安全案件占 1991-2010 年所有案件的 43.3％，包括死亡、遭搶、傷害、恐嚇勒索、遭綁架、非法拘禁等案件增加速度都非常驚人。可見，馬政府的兩岸政策比較強調開放政策，卻無法有效保護台商在中國的經商安全。

更重要的是，中國國力不斷壯大、能夠運用的資源迅速擴張，兩岸實力差距愈來愈大，台灣內部應該建立共識與促進團結，配合國際情勢因應中國的崛起。中國經濟總量居世界第二，僅次於美國。中國出口位居世界之冠，進口總額位居世界第二，次於美國。中國外匯存底超過三兆億美元，位居世界之冠。過去三十年，中國平均經濟成長率將近 10％。這使得兩岸經濟力量差距愈來愈大，1991 年中國 GDP是台灣的 2.2 倍，2010 年中國 GDP 是台灣的 13.9 倍。

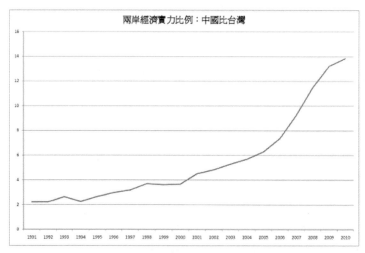

圖 9.1　兩岸經濟實力比例：中國比台灣

資料來源：作者彙編。

不過，中國最近幾年的經濟快速成長與國際地位提昇，並沒有讓台灣人民更加認同中國與支持統一，反而讓愈來愈多台灣人民對於中國的崛起抱持懷疑與不信任的態度，更多台灣人民認同台灣與支持獨立。即使馬總統上台以後，台灣人認同仍不斷強化，而且反對統一的比例愈來愈高。根據政治大學選舉研究中心的調查，1992 年台灣人認

同為 17.6%，中國人認同為 25.5%，2007 年分別為 43.7%與 5.4%，到了 2010 年台灣人認同已經到達 52.6%，中國人認同只剩下 3.7%。如果我們將台灣人認同比重減去中國人認同比重當作是台灣人認同淨比重，則台灣人認同淨比重從 1993 年的負 7.9%增加到 2000 年的 24.4%，再增加到 2007 年的 38.3%，最後增加到 2010 年的 48.9%。

再者，根據遠見雜誌民調中心，贊成兩岸最終應該統一的比例從 2006 年 2 月的 28.7%逐漸下降到 2011 年 4 月的 15.7%，而不贊成的比例從 54.5%提高到 69.6%。此外，贊成台灣最終應該獨立的比例從 2006 年 2 月的 44.3%提高到 2011 年 4 月的 49.3%，甚至在馬總統執政不久的 2008 年兩度超過 50%，而不贊成的比例從 2006 年 2 月的 40.3%降到 2011 年 4 月的 34.7%。如果我們將贊成兩岸最終應該統一（獨立）的比重減去不贊成兩岸最終應該統一（獨立）的比重當作是台灣人統一（獨立）指數，則台灣人統一指數從 2006 年的負 25.8%惡化到 2011 年的負 53.9%；台灣獨立指數從 2006 年的 4.0%提高到 2011 年的 14.6%。

（五）國際格局與情勢

目前國際政治大格局從「一超多強」（美國與其他強國）逐漸向「三超多強」（美國、歐盟、中國與其他國家）邁進，甚至在某些議題上形成「兩強共治」（美國與中國）的局面。中國在國際強權間快速崛起，在國際影響力迅速擴張。主要強權與國際社會都必須面對中國崛起的事實，必須與中國進行合作與妥協。

不過，國際社會對中國走向仍有很深疑慮與擔憂，包括中國的發展模式與軍事擴張。因此，國際社會透過兩種途徑降低對中國疑慮與擴大對中國發展途徑的影響：民主自由的社會交往與政治聯盟的軍事嚇阻。民主自由聯盟是民主國家強化彼此互動的韌帶，但是民主陣營對抗非民主陣營並非國際互動主軸，甚至這樣對抗在國際社會已經非常薄弱而模糊。

在兩岸關係上，國際主要強權逐漸形成「強權共識」的五項元素：

1. 國際主要強權支持台灣的民主與自由、希望維持與台灣的實質關係、默認台灣的事實主權，但是無法在法理上承認台灣是主權獨立的國家。

2. 國際主要強權支持兩岸對話協商、支持兩岸問題和平解決、支持台灣的前途必須獲得台灣人民的同意。

3. 國際主要強權反對中國對台灣的武力威脅、防止兩岸發生軍事衝突、對台海穩定與發展有相當大的利益。

4. 國際主要強權支持台灣實質參與國際組織，但希望台灣不要過度凸顯主權意涵或象徵，但也反對國際組織片面決定台灣的國際地位（台灣被視為中華人民共和國的一部份或中國的一省）。[6]

5. 國際主要強權支持台灣的民主自由，但不希望台灣以民主作為改變國際現狀的手段。例如，在 2004 年與 2008 年，台灣透過總統大選推動和平公投與入聯公投都無法獲得主要強權的支持，美國甚至表示台灣在破壞現狀。

此外，在東亞經濟整合建制化方面，一方面中國阻撓台灣加入相關的區域經濟整合協定，但另一方面中國卻加速進行與周邊國家簽署經濟整合協定。東亞情勢對台灣經濟發展將形成相當不利的環境，使台灣在進行國際貿易與吸引國際投資方面都會遭受負面的衝擊。

從戰略上而言，在 1950-1990 年的冷戰時期，台灣採取扈從美國的政策，以美國政策為依歸，習慣依賴美國的安全保護、技術支援與市場提供，創造台灣經濟繁榮與民主化的奇蹟。1990 年以後，美國國

---

[6] 在 2007 年 9 月，針對聯合國秘書長潘基文表示「台灣是中華人民共和國一部份」的說法，美國、日本與加拿大都表達不同意，美國還兩度與聯合國交涉。在 2011 年 5 月，針對台灣遭世界衛生組織在其內部文件中矮化為「中國一省」，美國衛生部長公開表示，沒有任何一個聯合國組織可片面決定台灣的地位。張宗智，〈台灣是 PRC 一部分？美加日不接受〉，《聯合報》，2007 年 9 月 6 日，版 A4。江靜玲，〈美：UN 組織不能片面決定台灣地位〉，《中國時報》，2011 年 5 月 18 日。

力的持續衰退與中國國力的快速成長，美國對台灣的安全保障與市場提供都逐漸受到中國崛起的挑戰。然而，這項國力競賽並不是零和的賽局，而是國際共同利益的擴大與深化，包括國際安全、經濟分工與市場連結的互賴。台灣必須重新界定在此國際新戰略格局的角色與地位，以捍衛與提升台灣的國家利益。

二、馬英九政府的中國戰略與問題

在 2008 年 5 月 20 日上台之後，馬英九政府對中國戰略是對中國扈從，採取傾向中國立場的政策，以交換中國對台灣的政策善意。根據 TVBS 在 2011 年 2 月初的民意調查，台灣民意認為馬政府的立場傾向中國的比例高達 53％，而且比馬總統剛就職時 42％增加 11 個百分點，而不同意的比例為 39％，比馬總統就職時降低 5 個百分點。

首先，馬政府混淆台灣的國家定位，有時定位台灣是一個地區、中華民國的一部份、中國的一部份，有時又說台灣是一個主權獨立國家、台灣是中華民國。其次，馬政府以「九二共識」作為默認一個中國原則與框架的基礎，也成為中國強化國際社會遵守一個中國原則的槓桿。第三，馬政府對於中國的民主聲援與人權關懷很明顯弱化，包括六四事件、民主異議人士、劉曉波等人，更沒有支持中國民主發展與人權保障的具體作法。最後，馬政府配合中國的政治需求，不在國際議題上與中國對抗，包括反對達賴喇嘛與熱比婭訪問台灣。

馬政府的扈從中國政策目的有四：

(一) 穩定與促進兩岸關係的發展，包括降低中國對台灣的武力威脅、恢復兩岸海基會與海協會協商、促進兩岸經濟與社會的交流。

(二) 促進中國對台灣經濟讓利、挹注經濟資源，例如馬政府要求 2008 年 7 月 4 日一定要進行兩岸直航、中國大幅度開放觀光

客來台灣、中國在 ECFA 中較大幅度開放早期收割的產品項目優惠台灣。

(三) 希望中國釋放善意，讓兩岸在外交上休兵，凍結兩岸邦交國數目，並且同意台灣參與國際組織與活動。

(四) 降低台灣主權的訴求及強化兩岸政策穩定性，以穩定美國與其他強權對台灣的支持。[7]

然而，馬政府也付出相對的代價，或者實際政策成效不彰。首先，由於馬政府的扈從中國政策缺乏戰略縱深，只能倚賴台灣在野黨的立場作為與中國互動的籌碼。不過，馬政府的作法也造成國內朝野衝突與社會分歧擴大，同時提供中國分化台灣的渠道。也就是說，馬政府將民進黨（扮黑臉）當作籌碼，要求中國釋放政治利益給馬政府（扮白臉），激發朝野嚴重對立與不信任。例如，2009 年有一團英國外賓訪問團晉見馬總統，他們詢問馬政府是否面對中國的政治談判壓力，馬總統的回覆是不會，因為他不相信中國希望民進黨執政。[8]在兩岸實力懸殊的情況下，分化的台灣更沒有籌碼對抗團結的中國。

其次，馬政府沒有形成與凝聚國內共識，所以不敢與中國進行政治談判，甚至連文化交流協議都不敢談判。這樣的發展對於兩岸關係的穩定與長遠發展是不利的。當前兩岸的穩定與和平可以說是表象，一旦觸及政治、軍事、外交與主權議題，兩岸衝突便會再度爆發。而且，早在 2008 年 10 月底海協會副會長王在希便曾表示，兩岸下階段應協商和平協議；中國社科院台研所所長余克禮也指出，2008 年 12 月 31 日胡六點的目標是兩岸結束敵對狀態與簽訂和平協議，兩岸應開始就政治與軍事議題進行談判。愈來愈多的中國官員與學者表達，兩

---

[7] 一位台灣的兩岸事務決策官員表示，目前有三個台灣邦交國希望與中國建立外交關係，但是中國表示沒有興趣。作者與一位台灣的兩岸事務資深官員聚餐，2011 年 6 月 16 日。

[8] 根據一位與該訪問團見面之台灣學者轉述，2011 年 6 月 7 日。

岸要進一步進行談判與交流，始終無法迴避兩岸政治定位與議題。如果馬總統連任，兩岸政治談判恐怕很難避免。

第三，中國要求馬政府對中國政治讓利，以回報中國對台灣的經濟讓利。中國不斷強調兩岸必須加強反台獨與九二共識的政治互信，並且逐步推動政治議題談判，這顯示中國會逐步逼迫馬政府對中國在政治原則上讓步。2010 年 8 月，中國海協會副會長李亞飛來台灣，便兩度公開表述以一個中國為核心的「九二共識」定義。這是馬總統執政以來的第一次，似乎在要求馬政府不能再模糊一個中國原則，馬總統也在同年 12 月底確認中國的說法是「九二共識」的一個版本。馬政府要中國對台灣經濟讓利，拿人手軟、吃人嘴軟，在面對中國對台灣的打壓與威脅時，馬政府很難堅定地捍衛台灣的主權立場與國家利益。

第四，馬政府的國際參與模式存在去主權化的疑慮，而且中國仍持續打壓與圍堵台灣的國際參與。在馬總統執政後，以台灣成為世界衛生大會（WHA）的觀察員為例，台灣加入的過程是兩岸協商、中國向 WHA 的幹事長提出邀請台灣參加之建議、而且台灣每一年參加大會都必須獲得中國同意。台灣出席 WHA 大會的模式似乎凸顯中國是台灣的宗主國，因為不是經由大會通過決議而邀請台灣，而是中國的邀請與每年同意，台灣才能參與。

除了以觀察員的身份參與 WHA 之外，馬政府不僅放棄申請加入聯合國，而且要求參與國際民航組織與聯合國氣候變遷綱要公約也沒有具體進展，更不用說在競選期間提出的世界銀行與國際貨幣基金會。中國不僅繼續阻撓台灣參與主要的國際組織，而且在台灣已經是會員的國際組織要求台灣更改參與名字，持續在國際社會圍堵與矮化台灣，但卻不見馬政府的強力反駁與反制作為，也沒有彙整相關案例公告社會。

例如，2010 年 10 月中國以新會員國的身份在「美洲熱帶鮪魚委員會」提案要求，台灣不得坐於其他「國家」之間，禁用台灣的國歌、國徽、國旗，而且文件中禁止出現中華民國、台灣、行政院、外交部

等具有主權意涵的稱謂。再者，台灣從 1992 年起便是東南亞國家中央銀行總裁聯合會的會員。中國在今（2011）年要加入此組織，竟要求台灣的名稱必須從原來的官方名稱改為「中華台北中央銀行」，但是馬政府竟然完全沒有反駁。同時，中國要加入「國際亞洲醫學生聯合會」，再一次要求創始會員國的台灣必須將台灣的名稱更改為「中國台灣」。

這些案例都說明，馬政府的所謂「外交休兵」可能淪為「外交休克」，「活路外交」或「一中各表」只是一廂情願的想法。因此，台灣人民對於馬總統的外交政策評價並不高。根據新台灣國策智庫在 2011 年 5 月初的民意調查，台灣民意認為過去三年台灣國際地位提升只有 22.3％，認為差不多/沒有變化的有 46.1％，認為下降的有 26.0％。根據遠見雜誌在 2011 年 5 月中旬的調查，台灣民意認為馬總統執政三年外交政策成功為 43.5％，認為失敗的比例為 40.5％。過去三年，台灣民意認為成功的比例幾乎維持在 43％，但是認為失敗的比例卻從 2009 年 5 月的 28.8％增加到 2010 年 5 月的 37.0％及 2011 年的 40.5％。

第五，美、日強權與台灣關係逐漸在疏離。馬政府強調不給美國政策驚訝，固然讓美國不用擔心兩岸突發狀況與緊張情勢，但是馬政府的政策並沒有讓美國安心。美國認為台灣將台美關係的重要性置在兩岸關係之下。例如，馬政府沒有做好美國牛肉進口台灣的政策溝通與規劃，甚至沒有政治決心捍衛台灣與美國談判完成的協議，讓美國相當失望。固然台灣內部反對美國牛肉進口，但是美國質疑，與兩岸經濟合作架構協議相比，難道美國牛肉進口在台灣內部的爭議會更大？重要性會更低？[9]在 2008 年台灣海釣船在釣魚島衝突事件中，台灣刻意渲染擴大台日衝突；在 2009 年，馬政府抵制日本駐台代表，而日本也抵制台灣國安會負責日本事務的官員。這些案例都凸顯台日關係大不如前。

---

[9] 根據一位陪伴我國高層官員到美國訪問的學者告知，這位高層官員見到美國國務院重要官員與國會資深議員，2011 年 2 月 8 日。

　　第六，馬政府將兩岸關係置於外交關係之上，凡事均以不得罪中國為考量，造成國際社會對台灣主體性的混淆與懷疑。例如，菲律賓以「一個中國政策」為由將台灣嫌犯送交中國司法審判，但是至今菲律賓政府不對台灣道歉，菲律賓上訴法院更判決「一個中國」政策符合該國法律，馬政府也沒有譴責中國在背後主使。2011 年 5 月，蕭萬長副總統前往巴拉圭參加慶典，結果五個國家元首因為「一個中國原則」而取消出席，背後應該是中國的壓力，也不見馬政府譴責中國。

　　第七，中國仍持續強化對台灣的軍事威脅，兩岸緩和只是表象，兩岸主權、外交與軍事的對抗結構仍沒有改變。根據國安局的資訊，中國解放軍在 2009 年共進行 30 場軍事演習，其中 70％是針對台灣。此外，中國部署針對台灣的飛彈已經將近 1,960 枚，比起 2008 年初增加 50％。在去（2010）年兩岸簽訂 ECFA 時，中國國防部長竟對日本自衛隊表示，中國軍隊是針對台灣。中國針對台灣的軍事實力在逐步加強，但是馬政府一味粉飾兩岸關係穩定，讓軍隊不知為何而戰。

　　根據政治大學選舉研究中心的調查，台灣民眾認為中國政府對台灣人民不友善的比例大致維持在 40-50％之間。雖然從 2002 年至今，台灣民眾認為中國政府對台灣人民不友善的比例有些變動，但是大致沒有因為藍綠執政的不同而有明顯不同。不過，台灣民眾認為中國政府對台灣政府不友善的比例因為馬總統上台而有明顯的改變。民進黨執政期間，台灣民眾認知中國政府對台灣政府不友善的比例大致超過台灣民眾認為中國政府對台灣人民不友善的比例大約 20 個百分點；到了馬總統執政時期，這項差距已經縮小到 5-10 個百分點。

　　也就是說，馬總統執政之後，固然兩岸政府的互動增加、兩岸氣氛比較和諧，但是兩岸的主權衝突問題與中國對台灣的軍事威脅與外交打壓並沒有改變，所以台灣民眾認知中國對台灣人民不友善的比例並沒有下降，民眾認知到兩岸關係的緩和只不過表象，中國對台灣的敵意並沒有下降。而且，2010 年 12 月的調查還顯示，台灣民眾認知中國對台灣人民不友善的比例竟高達 48.3％，超過中國在 2005 年 3

月公布反分裂國家法後的 2005 年 5 月至 2007 年 8 月二年期間的比例
（見圖 9.2）。

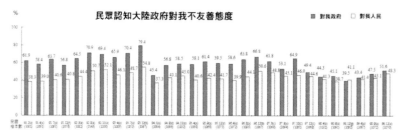

圖 9.2　台灣民眾認知中國對台灣不友善程度

資料來源：行政院大陸委員會，http://www.mac.gov.tw/public/Attachment/132116
　　　11152.gif，2011 年 6 月 10 日下載。

　　第八，馬政府期待兩岸簽訂經濟合作架構協議（ECFA）之後，中
國便會釋放善意，讓台灣與世界各國簽署經濟整合協定或自由貿易協
定。然而，ECFA 簽訂至今將近一年，台灣只能與新加坡談判自由貿
易協定，但是台灣卻無法與主要經貿夥伴包括美國、日本、歐盟談判
經濟整合協定，也無法與東南亞國協協商，難以擺脫台灣在東亞經濟
整合被邊緣化的憂慮。

　　總而言之，在馬英九政府的扈從中國政策下，台灣的民主自由戰
略優勢逐漸流失，台灣內部的分化與對立持續擴大，國際社會對台灣
的戰略地位價值降低，使得台灣與中國談判的籌碼愈來愈少。以下便
提出筆者對於台灣的中國戰略建議。

三、台灣的中國戰略

　　台灣政府應該在「台灣共識」與「強權共識」的基礎上，從冷戰時期的扈從美國政策及馬政府的扈從中國政策，調整成平衡美中的戰略方向，以應對中國崛起與國際格局變遷的挑戰。

　　台灣的中國戰略基礎必須建築在「台灣共識」的三項元素上：

　1. 台灣是一個主權獨立的國家，國號為中華民國；台灣就是中華民國，中華民國就是台灣。

　2. 台灣人民希望維持台灣主權獨立的現狀，不願意在現階段推動兩岸統一，也不願意在現階段推動更改台灣的國號。

　3. 兩岸關係的未來是開放的，但台灣的前途應該由 2,300 萬台灣人民決定。

　　其次，在憲法規範與具體實踐經驗過程中，從主權的構成要素而言，台灣的國家定位如下：

　1. 人民：中華民國（台灣）國民為 2,300 萬台灣人民。

　2. 領土：中華民國（台灣）的有效管轄領土為台澎金馬，但是中華民國之憲法固有疆域包括大陸與蒙古，後兩者為中華民國之管轄境外領土。

　3. 政府：中華民國（台灣）政府是 2,300 萬台灣人民選舉授權，僅代表台灣人民，兩岸政府互不隸屬、互不管轄。

　4. 主權：中華民國（台灣）是一個主權獨立的國家，主權屬於 2,300 萬台灣人民所有。

　　至於兩岸關係的定位應該是中華民國憲法下的特殊關係，但不是國內關係，而是中華民國管轄境內與境外之關係。中華民國憲法將領土區分為「自由地區」與「大陸地區」，並以《台灣地區與大陸地區人民關係條例》規範兩地人民之往來。因此，憲法與法律的「大陸地區」

與「自由地區」僅僅說明中華民國的領土範圍，而「自由地區」是中華民國的管轄範圍。然而，憲法並沒有規範中華民國政府要與大陸地區存在的一個政府（中華人民共和國政府）、甚至國際社會普遍承認的一個主權國家（中華人民共和國）的互動關係。

由於中華民國與中華人民共和國的領土主張絕大部分重疊（中華人民共和國的領土不包括外蒙古），但是在治權上完全分立，因此兩岸關係是一種特殊關係。兩岸關係並非國內關係，因為在大陸實存另外一個國家與政府，大陸為中華民國之管轄境外領土，兩岸互動是在中華民國領土內的兩套憲法秩序互動關係。然而，中華民國國民不包括13億大陸人民，兩岸政府互不隸屬，互不代表對方人民。

在兩岸關係互動上，台灣對中國戰略的三項基本目標為：

1. 維護台灣主權獨立之事實，並捍衛主權在民之基本原則。
2. 促進兩岸和平共榮，但反對中國對台灣的武力威脅與國際封鎖。
3. 不推動兩岸統一，也不推動更改台灣的國號。

在顧及台灣的主體性、兩岸的互動與國際的支持，台灣的中國戰略應該建立在三大支柱上：民主（Democracy）、和平（Peace）與繁榮（Prosperity）。這三大支柱不僅符合台灣當前的國家利益，也符合國際的潮流與利益。沒有民主的和平只是投降、沒有和平與穩定是不可能有繁榮、沒有繁榮是不可能深化民主與保障和平，這三大支柱缺一不可。

（一）民主（民主自由）

民主是決定兩岸關係的最高原則，兩岸關係（台灣主權獨立）現狀之改變必須獲得台灣人民之同意。事實上，民主是超越統獨的台灣共識、高於統獨的台灣利益、也是化解統獨的唯一方法。支持兩岸應該統一的國民黨，在2006年2月14日《自由時報》上刊登廣告強調，「任何改變中華民國現狀的決定，都應經過台灣人民的同意……本於民主的精神，台灣的未來有很多可能的選項，不論是統一、獨立或維

持現狀，都必須由人民決定。」支持台灣主權獨立的民進黨，在其台灣前途決議文也強調，「任何有關獨立現狀的更動」都必須經由台灣全體住民以公民投票方式決定。

也就是說，兩岸關係的發展是開放的，統一與獨立不是對立的，只要透過民主的程序與和平的環境，最終結果是可以被台灣人民包容與接受的。如果中國希望兩岸統一，請中國以文明與理性說服台灣人民，過程應該是民主與和平的方式，結果應該是兩岸雙贏與繁榮，而不是透過武力威脅與國際圍堵脅迫台灣人民的自由意志，甚至以武力方式完成統一。

其次，民主是台灣爭取美國及相關國家支持的最大與最關鍵的資產，同時台灣應繼續發揮中國民主化燈塔的國際戰略角色，協助中國融入國際社會的普世價值與體系，促進中國的民主和平崛起與國際關係的和諧發展。

最後，民主是台灣對中國長期發展的戰略目標。促進中國民主化才能提供兩岸問題解決的途徑，同時根本化解兩岸主權衝突的價值分歧，創造兩岸和平民主統一的可能性。而且，中國民主化有利於中國的經濟永續與社會和諧發展。如果沒有相對應的政治民主改革，如同中國領導人鄧小平與溫家寶所說，中國便無法保障經濟改革的成果。

不可諱言的，很多發展中國家從威權走到民主化過程，出現很多社會脫序與政治動亂，甚至危及原來的經濟發展榮景，陷入軍人干政與政治獨裁的政治惡性循環。相信不少中國的老百姓與知識份子都希望珍惜當前的經濟繁榮，與某種程度的社會穩定與政治漸進改革。但是，這樣的穩定與繁榮卻難以持續，也無法化解國際社會對中國崛起的疑慮，成為當前的政治困境。

過去三十年的中國發展經驗提供當前民主改造的最佳解決方案。過去三十年的成功經驗建築在經濟改革與開放的大戰略，這項戰略具有四大特徵：務實主義、試點與漸進、雙軌與轉軌、示範與引導作用。

1978 年鄧小平先生提出的「好貓論」便是務實主義的最佳寫照，「摸著石頭過河」便是試點與漸進的最好說明，「先讓一部份人富起來」便是雙軌與轉軌的作法，台灣與香港對中國經濟改革與開放發揮重大的示範與引導作用。

更具體而言，無論黑貓或白貓，能捉到老鼠的便是好貓，就是中國領導人不要拘泥於意識型態，應該採取務實作法解決問題。面對未來發展的不確定性，透過試點與漸進的方式逐步累積經驗，創造成功的發展模式。最後，中國太大與太複雜，不容易一次性推行全國改革作法，同時也難以承受全面性改革失敗的風險。因此，透過試點的成功經驗再逐步推行到全國各地，各地方便有了依循模式，而且成功經驗也帶動各地方群起效尤的誘因，讓中國政治體制順利完成轉型進程。

台灣的民主也是華人世界的珍貴資產，是數千年來唯一和民主結緣的經驗。雖然台灣的民主發展經驗未臻完美，但對同為華人社會的中國，具有正面的示範意義與感染性。台灣對中國的民主示範與觸媒作用是香港或其他國家無法取代的角色，中國不僅不應打壓台灣的民主，反而應該珍惜、學習與推廣台灣的民主化經驗。

（二）和平（和平交往）

台灣願意與中國和平交往、建立互信與友誼，但這不應該只是口號，而要有具體的機制。台灣的和平政策應建立在兩個要素上：善意和解與平衡交往。

首先，建構華人認同。為了連結兩岸互動的紐帶與搭建兩岸人民的情感橋樑，兩岸人民應該建構「華人」（Chinese）與「華人社會」（Chinese community）的認同，成為兩岸社會的公約數。台灣人、大陸人、中國人都是華人，以說明錯綜複雜的兩岸歷史、文化、血緣、語言與情感連結，推動兩岸全方位合作與互惠交流。以「台灣共識」

作為兩岸互動的前提下，歷史、文化、血緣的認同應該與國家認同分割，感性交流應該與理性國家選擇同時並存。

第二，在華人認同的基礎上，台灣應該發揮「傳統中華文化」的優勢與力量，促進兩岸人民的情誼與化解兩岸人民的敵意。同時，台灣應該更進一步以「創新中華文化」擴散台灣軟實力，成為全球華人的文化領航舵手。

第三，兩岸推進善意和解工程，以合作互惠替代零和對抗，兩岸共享和平繁榮紅利：

1. 在沒有任何政治前提下，兩岸共同組成永續發展與共同繁榮委員會，以促進兩岸經濟永續發展與共同繁榮。

2. 在沒有任何政治前提下，在兩岸共同參與的國際組織當中，兩岸組成國際合作委員會，推動兩岸政府在國際社會的互惠合作。兩岸可以先從亞太經濟合作會議、亞洲開發銀行、世界貿易組織分別組成國際合作委員會，開始推動試點合作互惠，進而逐漸擴及到其他國際組織，包括台灣未來加入的國際組織。

3. 只要中國減少對台灣的軍事威脅，台灣便降低對美國的軍事採購，並將部份原來軍購費用作為支持中國學生到台灣留學的獎金與補助台灣教師到中國進行基礎教育，搭建兩岸深度瞭解與長遠友誼的橋樑。

4. 只要中國宣布放棄對台灣使用武力，兩岸便組成和平繁榮委員會，促進兩岸的共存共榮。

5. 只要中國實施民主，兩岸便可以組成民主和平統一委員會，商議兩岸民主和平統一的內涵與方式。

第四，在平衡交往上，在推動兩岸關係與建構台灣安全時，台灣應與主要強權（包括美國、日本與歐盟）諮商，確保台灣與中國和平交往的戰略籌碼，建立實質的亞太利益與安全共同體。如果台灣在沒有諮詢與尊重主要強權的利益前提下推動重大的中國政策（包括國際

參與與國內憲政改造），其結果只會更加疏離這些強權對台灣的支持，進而孤立台灣在國際社會的處境，使台灣獨自承受中國對台灣的軍事威脅與國際政治打壓。因此，台灣的重大中國政策將以「強權共識」為推動前提，藉此穩定兩岸關係與強化台灣的談判籌碼。

第五，以台灣海峽的安全情勢而言，台灣的安全保障不能只靠軍事力量、更不能窄化為軍事手段。台海和平的保障建築在七道防線：國際強權（美國）嚇阻中國對台動武的能力、中國的國內發展需要、台灣的民主與主流民意、兩岸協商取得彼此求同存異的共識、不斷強化的國際經濟互賴關係、兩岸的軍事力量均衡、與台灣人民自我防衛的決心。

（三）繁榮（互惠發展）

台灣是國際經濟發展相當成功的模範，在當前的國際分工體系與全球市場共享當中更具有相當關鍵的地位。台灣應該善加利用這項優勢，強化台灣與其他國家（包括中國）的經濟交流、建立與其他國家的發展合作與利益共享關係。台灣的國際經貿連結與互賴，一方面促進台灣與其他國家的經濟共同繁榮，另一方面將強化台灣的安全保障係數。

面對被排除在東亞經濟整合體制之外的困境，台灣應以「平衡與多軌並進」原則化解中國障礙的因素、避免受制於中國的政治企圖，達成台灣促成全球貿易自由化與參與東亞經濟整合體制的國家目標。

1. 在多邊層面：
   (1) 積極推動 WTO 與 APEC 等多邊自由貿易體制的建立，主動提出各項國際貿易自由化與經濟整合協定的議程、積極推動各項貿易與投資自由化與合作的措施。
2. 在雙邊層面：

(1) 優先同時完成兩岸與台美經濟整合協定。

(2) 第二優先目標為日本、香港、東南亞、歐盟。

(3) 第三優先目標為印度、澳洲、紐西蘭、中南美洲、加拿大
　　與俄羅斯。

(4) 台灣與美、日、歐簽訂戰略經濟伙伴協定，包括經濟互惠、
　　綜合功能議題合作與政策合作。

(5) 台灣應對東南亞國協先片面讓步，爭取雙邊互惠經濟整合
　　協定。

(6) 在雙邊協商過程當中，台灣的名稱可彈性、作法應務實、
　　管道要多元、議題分階段。

3. 在單邊層面：

(1) 積極改善台灣的投資環境與推動台灣經濟體制自由化，包
　　括兩岸經貿關係的自由化與正常化，以提升台灣的國際經
　　濟競爭力。

其次，參與國際政府組織對台灣的發展與繁榮相當重要，台灣應
該以參與世界貿易組織（WTO）的模式作為參與其他國際組織的典
範。根據關稅暨貿易總協定第 33 條及 WTO 章程第 12 條，台灣是以
一個獨立關稅區加入世界貿易組織，享有完整與獨立的會員資格，但
又沒有被矮化或隸屬於他國的意涵。因此，在目前國際強權無法接受
台灣以主權國家的身份參與國際組織的情形下，台灣應該以 WTO 參
與模式作為次佳的政策選項，以政治實體、法律實體、經濟實體、社
會實體、文化實體、衛生實體、民航實體……等等身份要求成為國際
組織的會員。

事實上，國際社會普遍認為台灣應納入國際漁業管理體系，所以
援引 1995 年「聯合國魚群協定」第 1 條第 3 款「本協定各項規定應比
照適用於船隻在公海捕魚的其他捕魚實體」，讓台灣於 1997 年以後得
以「捕魚實體」的身份參與多個區域性漁業管理組織之公約協商。從
1997 年至今，台灣便以「捕魚實體」身份陸續參加至少 9 個國際漁業

組織，其中至少 5 個是在陳水扁總統執政時期加入。此外，陳水扁總統執政時，台灣還以「衛生實體」的身份要求成為世界衛生組織的觀察員。

然而，顧及到國際組織的章程沒有類似 WTO 的獨立關稅區的設計，在第一階段，台灣應該以「政治實體」或其他實體的身份先成為各國際組織的觀察員，但是不能被矮化、不能隸屬中國、必須經由國際組織大會同意、必須享有完整而獨立的觀察員權益。在第二階段，台灣盡量遊說各國（包括中國）修改國際組織章程，讓台灣以「實體」的身份成為國際組織的完整而獨立會員，解決台灣的國際參與問題，降低兩岸長期對抗的根源，對於區域與兩岸的長期穩定都有幫助。同時，台灣也願意與中國在加入的國際組織組成國際合作委員會，以降低中國阻撓台灣國際參與的阻力。

四、台灣對中國的策略

（一）凝聚台灣共識

凝聚台灣的內部共識，以民主作為藍綠合作的最大公約數，放棄藍綠統獨對抗，團結台灣共同因應中國崛起的挑戰，捍衛台灣的共識與價值。為了避免內耗，藍綠主要政黨應當簽署「國家前途民主決定公約」，做為台灣與中國互動的共識與籌碼。事實上，這是終止台灣民主內戰的政黨公約，也是團結台灣、穩定兩岸的堅固磐石。

兩岸關係錯綜複雜，要兼顧台灣內部、兩岸互動、國際情勢，要兼顧理性與感性，台灣需要建構總體的中國戰略。面對美國國力的持續衰退與中國國力的快速成長，台灣必須重新界定在此國際新戰略格局的角色與地位，以平衡美國與中國的戰略，取代屬從中國的戰略。

但是，分裂的台灣絕對沒有實力對抗快速崛起的中國強權。因此，以台灣共識團結藍綠、以民主超越統獨之爭，是台灣領導人必須肩負的最起碼責任。

（二）寄希望於中國人民

　　廣泛結交中國人民，化解兩岸人民的敵意，共同促進台海的永久和平與建立兩岸真正友誼。「寄希望於中國人民」的具體作法包括：「促進中國永續發展與公義社會」與「促進中國人權、自由與民主體制」。

　　在「促進中國永續發展與公義社會」方面，台灣應該鼓勵公民團體、環保團體、慈善團體、媒體、律師等兩岸交流，壯大中國的公民社會。此外，中華發展基金可以補助台灣的中小學教師前往中國從事基礎教育的工作，除了改善中國人民的基礎教育之外，同時可以改變中國人民對台灣政治與社會的認知，並引導他們尊重台灣的民主與自由。

　　在「促進中國人權、自由與民主體制」的具體作法上，台灣可以設立中國民主促進獎與中國人權促進獎，每個獎項的金額為一百萬美元，以表彰全世界各國人民對於推動中國民主化與保障中國人權的貢獻，其獎勵的對象包括台灣人、中國人與外國人，也可以包括個人與機構，當然也可以包括中國的領導人、官員與民間團體。

　　其次，台灣每年召開一次全球華人菁英論壇，以研討中國民主的進程與障礙、及中國人權的保障與促進。同時，台灣政府應建構中國民主化與人權保障指標，每年發表一本中國民主與人權發展報告書，做為國際社會觀察與督促中國政府推動民主化與保障人權的重要參考資料。

　　第三，台灣可以對中國民主、人權與自由有特別貢獻的國際人士（包括中國人民與海外華僑）頒發台灣榮譽公民證，並給予這些人士

在台灣的居留權，讓台灣成為全球華人民主聖地，保留中國民主化的
一脈香火。

（三）建構兩岸與華人社區合作機制

透過對等與互惠的協商，建立兩岸經貿與功能性議題的交流機
制、治理機制、與合作機制，逐步建立兩岸友誼與互信，奠定兩岸主
權衝突和平解決之基礎。以目前兩岸缺乏互信與對現狀的尊重，就算
進行兩岸政治對話與談判，也只不過是短暫的緩和。兩岸的對峙是結
構性的，不可能在一朝一夕便解決。唯有透過建制化的合作機制，兩
岸才能走出對抗的陰霾。

具體而言，兩岸簽署合作機制協議，推動建構八個合作理事
會，包括經濟、社會、文化、科技、民主與人權、外交、區域安全、
及政治等。兩岸合作理事會將由雙方政府指派代表參加，雙方進行
平等協商與合作，並通過雙方國會的監督與同意，落實協議的內
容。在兩岸合作理事會發展成熟之後，漸漸過渡到單一的兩岸聯
盟。在雙方同意的前提下，兩岸可以邀請港、澳與新加坡成立大中
華聯盟，使華人社區形成緊密而特殊的合作關係，卻又能兼顧各自
的自主性與特殊性。

由於兩岸經貿交流涉及層面複雜，屢屢在台灣內部引發激烈爭
論，以下便針對兩岸經貿交流情勢分析，並提出具體戰略建議。

五、兩岸經貿交流戰略

（一）規劃前提

　　以兩岸經濟互動情勢而言，驅動兩岸經濟交流的強大市場力量已經是兩岸政府無法阻擋的趨勢。在兩岸經貿政策上，台灣政府應該因勢利導、全球同步，而不是禁止管制、片面限制。過去，台灣政府曾試圖限制兩岸貿易與台商對中國的投資，但最後都無法達成預期的目標、只能事後追認事實與改變政策，反而傷害政府的威信、造成台商與政府的對立、甚至損害台灣經濟發展的契機。

　　第二，台灣與中國的經貿互動是建築在國際經濟分工與全球市場分享的基礎上，不是單純的兩岸經濟分工與中國市場開發。台商對中國的投資正是驅動兩岸全球分工與市場共享的重要動力。此外，兩岸經濟整合架構的建立，有助於國際經濟分工與全球市場共享，有助於台商與外商增加對台灣的投資；反之，則會造成台商或外商投資轉移的負面效應，有礙於台灣發展成為亞太營運中心與全球運籌中心之類的國家目標。總而言之，兩岸經貿整合與互賴是台灣對全球經貿體系的互賴，不是單純的兩岸經貿依賴關係。

　　在上述二項前提下，以下將提出台灣的兩岸經貿戰略建議。

（二）戰略建議

　　從經濟發展的角度而言，台灣政府應該採取任何有助於強化台灣經濟競爭力的經濟發展戰略。台灣必須正視中國生產要素與市場提供給台灣的機會，以強化台灣經濟競爭力，但也必須考慮台灣經濟發展

戰略的定位、兩岸在國際資源的競爭與互補、中國經濟發展的風險及兩岸協商的政治因素。整體而言，台灣的兩岸經濟交流政策應該是「穩健開放」。

第一，面對全球化的競爭壓力與契機，台灣可以建立「大台灣經濟圈」（Greater Taiwan Economic Circle, GTEC）作為台灣經濟發展的藍圖，以台灣經濟發展為主體的目標。台灣的經濟發展戰略可以定位為「立足台灣、活用中國、運籌全球、壯大台灣」。台灣的兩岸經貿政策是以台灣經濟永續發展為目標，活用中國的資源與市場為手段，引進全球資源與人才，以台灣作為經營全球資源與市場的運籌平台，最後達成壯大台灣經濟的效果。

所謂 GTEC 是以台灣作為全球經濟資源整合與價值創造的平台，包括生產要素（人才、資金、資訊、科技）、中間財與零組件、商品與服務流通的平台。GTEC 的目的有四：提高台灣經濟資源使用的效率、擴大台灣的經濟規模、增進台灣生產要素的生產力、與促進台灣的技術與制度創新。特別是，台灣是一個蕞爾小島，沒有充分的資源與經濟規模，一定要藉助於全球化、全球佈局、與全球伙伴關係的手段擴張台灣的經濟實力。在此架構下，中國的人才、資金、技術、商品、服務、與市場都應該被納入大台灣經濟圈，做為台灣經濟發展的動力與全球經濟整合平台的優勢。

根據此原則，台商在世界各國投資與經營都視為大台灣經濟圈的擴張與台灣國力的延伸。例如，自 1988 年至 2008 年，台商在中國的貿易總額高達 1 兆 9,653 億美元，佔同時期中國國際貿易總額 13.87％。2008 年底，台商在中國雇用的就業人口數為 1,443 萬人，佔同時期中國勞動就業人口數的 1.86％。此外，2009 年，台商有十二項的資通訊產品占全世界第一，而且幾乎都占全世界市場的一半以上，有三項超過九成世界市場占有率，有另外三項超過八成世界市場占有率。這些都是台灣在國際經濟分工與全球市場共享的具體事實，也是台灣國力的延伸。

　　第二，固然兩岸經貿交流將為台灣經濟帶來更大的效率與經濟增長，但也不能忽略兩岸經貿交流所造成的所得分配問題、失業問題、產業轉型問題、及其他相關的社會效應。這些問題都是經濟轉型的問題，然而經濟轉型是確保台灣經濟永續發展的必經過程，不能成為保護主義的藉口。台灣經濟要像一池活水，要開放兩岸經濟交流才能生生不息、永續發展，而不是自我限制而導致台灣經濟自我萎縮與邊緣化。

　　台灣政府必須妥善處理經濟轉型問題，主要因應對策包括建立完善的社會安全體系、輔導弱勢產業（包括農業）的轉型與升級、輔導與補助新興產業的起步發展階段、健全服務業的軟硬體建設、放寬政府對於服務業發展的限制、鼓勵創意與技術創新產業、強化勞工技能與轉業訓練、強化教育投資與發展終身教育體系、重新規劃國土與強化基礎建設、促進產業的國際合作與分工、透過全球化與區域經濟整合擴大台灣的經濟規模與競爭效率、及調整政府的職能與組織以因應經濟轉型與升級後的服務需求。

　　綜合而言，台灣可以採取以下戰略推動兩岸經濟關係，作為未來發展兩岸永久和平、永續發展與真正友誼的堅實基礎：

1. 以建立「大台灣經濟圈」作為台灣經濟發展的藍圖，以台灣作為全球經濟資源整合與價值創造的平台。
2. 以「立足台灣、活用中國、運籌全球、壯大台灣」作為台灣經濟發展的戰略。
3. 針對台灣經濟轉型的問題提出有效的因應對策。

參考文獻

一、中文書目

TVBS 民意調查中心，2010/4/21。〈ECFA 雙英辯論前民調〉，http://www.tvbs. com.tw/FILE_DB/DL_DB/doshouldo/201004/doshouldo-201004231901 34.pdf，2010/4/25 下載。

TVBS 民意調查中心，2011/1/28。〈歐胡會後美中台關係民調〉，〈http://www. tvbs.com.tw/FILE_DB/DL_DB/rickliu/201102/rickliu-20110201165030. pdf〉。

人民日報，2000/4/10。〈中央台辦國務院台辦負責人答記者問〉，《人民日報》（海外版）。

大紀元，2009/3/10。〈週五 ECFA 公聽會　綠擬文武鬥〉，《大紀元》，http://www.epochtimes.com/b5/9/3/10/n2456583p.htm，2011/5/22 下載。

大陸新聞中心，2007/8/31。〈曹剛川：中國擴軍　為對抗台獨〉，《中國時報》，版 A16。

中央社，2007/10/26。〈美副卿：中國國際打壓台灣沒作用〉，《自由時報》，版 A2。

中央銀行，2011a。〈國際收支簡表（年資料）〉，http://www.cbc.gov.tw/ ct.asp?xItem=2336&ctNode=538&mp=1，2011/4/17 下載。

中央銀行，2011b。〈國際收支簡表（季資料）〉，http://www.cbc.gov.tw/ct.asp? xItem=2336&ctNode=538&mp=1，2011/5/21 下載。

中央銀行，2011c。〈重要金融指標──存款、貸款──年資料〉，http://www. cbc.gov.tw/ct.asp?xItem=995&ctNode=523&mp=1，2011/4/17 下載。

中共中央台灣工作辦公室、國務院台灣事務辦公室，《中國台灣問題（幹部讀本）》（北京：九洲出版社，1998）。

中國時報，2000/5/21。〈中共回應陳水扁就職演說全文〉，《中國時報》。

中國時報，2004/5/5。〈胡錦濤視察昆山台資企業〉，《中國時報》，版 11。

中國時報，2007/9/29。〈國會金獎授達賴　布希將出席〉，《中國時報》，版 A17。

中國時報，2008/7/9。〈最後一位　台灣水果進口商　滅頂上海灘〉，《中國時報》。

中國國民黨，2006/2/16。〈台灣的務實道路〉，《聯合報》，版 A13。

中國國務院台灣事務辦公室新聞局編，2001。《兩岸關係與和平統一：2000年重要談話和文章選編》。北京：九洲出版社。頁 186-205。

中華台北奧會與行政院體育委員會，2007/9/21。〈兩岸奧運聖火傳遞談判未達成協議〉，《行政院體育委員會新聞稿》。

中華民國統計資訊網，2011。〈國民所得及成長率統計表〉，http://www.stat.gov.tw/ct.asp?xItem=14616&CtNode=3564&mp=4，2011/5/22 下載。

中華民國總統府，2007/1/27。〈總統接受美國「有線電視新聞網」國際頻道訪問〉。

中華民國總統府，2010/7/1。〈總統偕同副總統舉行「台灣新契機，亞洲新時代——關鍵時刻，正確選擇」記者會〉新聞稿，http://www.president.gov.tw/Default.aspx?tabid=131&itemid=21895&rmid=514，2011/5/1 下載。

中華民國總統府公共事務室，2005/12/23。〈總統與總統府顧問餐敘〉，總統府新聞稿。

中華經濟研究院，2009/7/29。〈兩岸經濟合作架構協議之影響評估報告〉簡報檔案，http://www.ecfa.org.tw/EcfaAttachment/ECFADoc/05.pdf，2009/7/30 下載。

中評社，2009/10/17。〈兩岸政治對話　台灣拋三要件〉，中國評論新聞網，http://www.chinareviewnews.com/doc/1011/0/6/5/101106555.html?coluid=93&kindid=2789&docid=101106555，2011/5/21 下載。

仇佩芬，2004/6/17。〈大陸鼓勵台商投資　政策未變〉，《經濟日報》，版 9。

仇常恨，1999/4。〈試析中央對台工作會議的深刻內涵〉，上海台灣研究所，《加強研究　促進統一》。

文匯報，1996/10/9。〈唐樹備昨在北京答記者問〉，《文匯報》。

王玉燕，2007/8/27。〈胡錦濤　共軍唯一工作　對台作戰〉，《聯合報》，版A14。

王良芬、劉屏，2005/9/15。〈布胡會60分鐘　兩岸對話布希促擴及台灣政府〉，《中國時報》，版A10。

王建科、劉守仁，1996/4。〈建國後中國共產黨對台政策的演變〉，《南京社會科學》，第86期，頁51-57。

王珮華，2009/4/24。〈六成民眾憂　經濟嚴重依賴中國〉，《自由時報》。http://www.libertytimes.com.tw/2009/new/apr/24/today-fo5.htm，2009/4/24下載。

王綽中，1999/8/5。〈中共國台辦對陸委會說帖做出正式回應〉，《中國時報》。

王銘義，2000/4/26。〈「海協會副會長：一中絕不能作議題討論」〉，《中國時報》。

台灣安全研究小組・陳明通等著，2005。《民主化台灣新國家安全觀》。台北市：先覺。

台灣經濟研究院　編撰，2011。《兩岸經濟統計月報》，216期，3月。

伍崇韜，2000/4/30。〈「辜振甫：兩岸應重回一中各表」〉，《中國時報》。

江慧真，2000/12/29。〈「馬：否認九二共識太脫離現實」〉，《中國時報》。

江慧真、羅如蘭、蕭旭岑、陳嘉宏，2003/12/16。〈火線對談：王金平：國親不反獨，搶攻本土票〉，《中國時報》。

江靜玲，2011/5/18。〈美：UN組織不能片面決定台灣地位〉，《中國時報》。

行政院大陸委員會編，1998。《大陸工作參考資料》，第二冊。台北：行政院大陸委員會。頁275、367-368。

行政院大陸委員會，2003/1/1。〈「陳總統主持中華民國九十二年開國紀念典禮暨元旦團拜：有關兩岸關係談話內容」〉，〈http://www.mac.gov.tw/big5/mlpolicy/ch920101.htm〉。

行政院大陸委員會，2006/1/1。〈「陳總統中華民國95年元旦祝詞」〉，〈http://www.mac.gov.tw/big5/mlpolicy/ch950101.htm〉。

行政院大陸委員會，〈「陳總統參加〈中華民國各界慶祝九十三年國慶大會〉致詞全文」〉，〈http://www.mac.gov.tw/big5/mlpolicy/c931010.htm〉。

行政院大陸委員會，1998。《大陸工作參考資料》，第二冊。台北：行政院大陸委員會。

行政院大陸委員會，1999/8/1。〈中華民國對特殊國與國關係的立場（88.8.1）〉，〈http://www.mac.gov.tw/big5/rpir/2nda_2.htm〉。

行政院大陸委員會，2000/12/31。〈「總統發表跨世紀談話」〉，〈http://www.mac.gov.tw/big5/mlpolicy/ch9001.htm〉。

行政院大陸委員會，2000/5/20，〈陳總統五二〇就職演說：有關兩岸關係談話內容〉，〈http://www.mac.gov.tw/big5/mlpolicy/cb0520.htm〉，2007/10/3 下載。

行政院大陸委員會，2004/5/20，〈陳總統五二〇就職演說：有關兩岸關係談話內容」〉，〈http://www.mac.gov.tw/big5/mlpolicy/ch930520.htm〉，2007/10/3 下載。

行政院大陸委員會，2004/5/20。〈「陳總統五二〇就職演說：有關兩岸關係談話內容」〉，〈http://www.mac.gov.tw/big5/mlpolicy/ch930520.htm〉。

行政院大陸委員會，2004/5/20。〈「陳總統五二〇就職演說：有關兩岸關係談話內容」〉，〈http://www.mac.gov.tw/big5/mlpolicy/ch930520.htm〉。

行政院大陸委員會，2007/10/15。〈陸委會針對中共「十七大」報告對台部分之回應〉，〈http://www.mac.gov.tw/big5/cnews/cnews961015.htm〉，2007/10/18 下載。

行政院大陸委員會，2007/10/31。〈針對中國「國台辦」10 月 31 日記者會談話〉。

行政院大陸委員會，2007/11/1。〈中國近年來在國際間對台打壓事例〉，〈http://www.mac.gov.tw/big5/cnews/ref961101.pdf〉，2007/11/5 下載。

行政院大陸委員會，2007/11/18。〈附表十：95 年度民眾對國家認同的看法〉，〈http://www.mac.gov.tw/big5/mlpolicy/pos/9602/10.pdf〉。

行政院大陸委員會，2007/11/18。〈附表十二：民眾對自我認同的看法〉，〈http://www.mac.gov.tw/big5/mlpolicy/pos/9001/table12.htm〉。

行政院大陸委員會，2007/11/18 下載。〈民眾對統一、獨立或維持現狀的看法〉，〈http://www.mac.gov.tw/big5/mlpolicy/pos/9608/9608_1.gif〉。

行政院大陸委員會，2007/11/18 下載。〈民眾認知大陸當局對我敵意態度〉，〈http://www.mac.gov.tw/big5/mlpolicy/pos/9608/9608_7.gif〉。

行政院大陸委員會，2009。〈ECFA 政策說明〉，http://www.mac.gov.tw/public/MMO/RPIR/book458.pdf，2010/7/5 下載。

行政院外交部，1993/5。《中華民國參與聯合國》。台北市：外交部。

何明國、謝公秉、張青，1999/7/15。〈蘇起：兩岸將進入國對國政治談判〉，《聯合報》，版 2。

何振忠，1992/11/18。〈一個中國各自表述，兩岸存異求同〉，《聯合報》，版 2。

何振忠，1992/8/1。〈一個中國亦即一國兩區兩體〉，《聯合報》，版 2。

何振忠，1997/6/27。〈李登輝：台灣希望香港成功〉，《聯合報》，版 4。

何振忠、尹乃馨，1992/3/24。〈果不其然提出來，各說各話解僵局〉，《聯合報》，版 3。

何博文，2007/6/29。〈國民黨：台灣就是中華民國〉，《中國時報》，版 A6。

吳明敏，2007/2/16，〈夾縫中茁壯的台灣農業〉，立法院吳明敏委員辦公室新聞稿。

吳釗燮，2005。〈台灣：尋求有意義的對話〉，行政院大陸委員會編著，《政府大陸政策重要文件》。台北：行政院大陸委員會。頁 111-113。

李欣芳、王寓中，2010/5/3。〈不設政治前提 蔡：不排除與中國對話〉，《自由時報》，http://www.libertytimes.com.tw/2010/new/may/3/today-fo1.htm#，2011/5/5 下載。

周嘉川，2000/10/22。〈陳總統：已做好準備兩岸隨時可談判〉，《聯合報》，版 3。

於慧堅，2004/6/19。〈誰說封殺阿妹？國台辦撇清〉，《中國時報》，版 A13。

林佳龍、鄭永年主編，2001。《民族主義與兩岸關係：哈佛大學東西方學者的對話》。北市：新自然主義出版社。頁 252、257。

林則宏，2007/3/6。〈銀監會 全面清查股市違規資金〉，《經濟日報》，版 A6。

林修卉，2007/6/9。〈哥批援助少　外交部：「太不君子了」〉，《中國時報》，版 A4。

林淑玲、劉屏、王綽中，2004/5/19。〈美中台微妙，517 聲明先告知美方〉，《中國時報》，版 A1。

林淑玲、蕭旭岑，2006/4/4。〈九二共識　扁馬激辯　扁籲胡錦濤接受一中各表〉，《中國時報》，版 A1。

林淑玲、蕭旭岑，2006/4/4。「九二共識　扁馬激辯　扁籲胡錦濤接受一中各表」，《中國時報》，版 A1。

林淑玲、蕭旭岑，2006/4/4。「九二共識　扁馬激辯　扁籲胡錦濤接受一中各表」，《中國時報》，版 A1。

林琮盛，2009/12/17。「國台辦：台灣爭取 FTA　需兩岸協商」，《聯合報》。

林新輝，2003/6/21。〈國親高層發言將避談『一中』〉，《聯合報》，版 4。

林寶慶，2007/6/15。〈共軍全面轉型　實力讓美國吃驚〉，《聯合報》，版 A21。

政治大學選舉研究中心，〈台灣民眾　台灣人/中國人認同趨勢分佈〉，〈http://esc.nccu.edu.tw/modules/tinyd2/content/pic/trend/People201012.jpg〉，2011/5/15 下載。

星島日報，2007/9/1。〈日指中國軍費說明「過於抽象」〉，《星島日報》。

星島環球網，2006/5/14，〈溫家寶：「九二共識」是大陸對台政策底線〉，《星島環球網》，〈http://www.stnn.cc:82/global/head/t20060514_212238.html〉。

范凌嘉，2006/3/23。〈馬英九哈佛演說　提兩岸暫行架構〉，《聯合報》，版 A4。

徐尚禮，2004/1/16。〈軍售台灣　邁爾斯：有責任助台自衛〉，《中國時報》，版 A13。

海峽兩岸關係協會編，《「九二共識」歷史存證》，（北京：九州出版社，2005 年 6 月），頁 3、12-13、15。

海峽兩岸關係協會編，2005/6。《「九二共識」歷史存證》。北京：九州出版社，2005 年 6 月。頁 3、12-13、15、24-25。

秦蕙媛，2010/8/12。「張榮恭：九二共識行之有效」，《中國時報》。

財政部，2011。〈海關進出口貿易統計快報〉，http://www.mof.gov.tw/lp.asp?
　　CtNode=1774&CtUnit=11&BaseDSD=5&mp=6&htx_xBody=%B6i%A
　　5X%A4f%B6T%A9%F6%B2%CE%ADp&nowPage=1&pagesize=30，
　　2011/5/20 下載。

高長，1994。《大陸經改與兩岸經貿關係》。台北：五南出版社。

常璐，2007/6/7。〈中國與哥斯達黎加建立大使級外交關係〉，《新華網》，
　　〈http://www.xinhuanet.com〉，2007/11/1 下載。

張五岳，《一九九六年後中共對台策略之演變》，行政院大陸委員會委託專
　　案研究報告。

張宗智，1997/11/11。〈『台灣是獨立國家』兩度獲總統確認〉，《聯合報》，
　　版 2。

張宗智，2003/7/26。〈國台辦正副首長訪美　談台灣公投〉，《聯合報》，版 A1。

張宗智，2007/9/6。〈台灣是 PRC 一部分？美加日不接受〉，《聯合報》，版 A4。

張家樂，2001/10/26。〈扁：許惠佑說沒有九二共識〉，《聯合報》，版 4。

張從興，2007/10/25。〈美副助理國務親柯慶生：開放政治有利中國長治久
　　安〉，《聯合早報網》。

張義宮，2004/5/6。〈胡錦濤：宏觀調控　不影響外銷產業〉，《經濟日報》，
　　版 9。

張慧英，2000/4/29。〈蘇起建議：兩岸以九二共識取代一中爭執〉，《中國
　　時報》。

梁東屏、劉屏，2006/6/5。〈倫斯斐：中共擴軍　威脅全球〉，《中國時報》，
　　版 A2。

許文龍，2005/3/26。〈退休感言〉，《聯合報》，版 A4。

許世銓，2000。《1992 年共識：海基海協兩會協商之回顧與評析》。北京：
　　中國社會科學院台灣研究所。頁 9。

郭傳信，2007/6/8。〈中國不反對馬英九訪印　但不得展現旗幟〉，《中央社》。

郭傳信，2007/6/8。「中國不反對馬英九訪印　但不得展現旗幟」，《中央社》。

郭篤為，2011/5/14。「蕭萬長訪巴拉圭」，《中國時報》。

陳玉華，2004/6/2。〈台商老闆挺綠　中共嚴厲查稅〉，《中國時報》，版 4。

陳敏鳳，2003/11/07。〈扁：憲政有問題，台灣是不完整國家〉，《聯合報》，版 11。

陳麒全，2005/11/7。〈獲中共國台辦授權　邵琪偉宣布大陸開放對台旅遊〉，《中國時報》。

彭志平，2007/8/29。〈美副卿：入聯公投　視同搞台獨〉，《中國時報》，版 A1。

彭顯鈞，2009。「六成民眾：ECFA 應交付公投」，《自由時報》，4 月 22 日，版 A3。

程剛，2004/5/31。〈在祖國大陸賺錢卻支持「台獨」，豈有此理！〉，《人民日報》，版 1。

童振源，2003。《全球化下的兩岸經濟關係》。台北：生智。

童振源，2008/1/18。〈「中國外交攻勢與對台策略」致詞稿〉，行政院大陸委員會，〈http://www.mac.gov.tw/big5/mlpolicy/tung970118.htm〉，2008/2/16 下載。

童振源，2009。《東亞經濟整合與台灣的戰略》，台北：政大出版社。

童振源、洪家科，2010，「台商對中國經濟發展的貢獻：1988-2008 年」，田弘茂、黃偉峰編，《台商與中國經濟發展》（台北：國策研究院，2010），頁 1-50。

華強，2002/5。〈對中共中央關於〈解放台灣〉戰略方針調整的歷史考察〉，《上海台灣研究》，第二輯。

黃淑蓉，2007/10。〈北京奧運聖火終究未能體現奧運精神〉，《交流》，第 95 期，頁 40-42。

新台灣國策智庫，2011/5/14，〈馬政府執政三週年總檢驗民意調查〉，〈http://www.braintrust.tw/download/會議資料(全).pdf〉。

新華社，2004/5/17。〈中共中央臺灣工作辦公室、國務院臺灣事務辦公室授權就當前兩岸關係問題發表聲明〉，《新華社》。

楊羽雯，2001/12/27。〈扁政府：從統合論走向出中國記〉，《聯合報》，版 8。

溫貴香，2006/12/28。〈總統：催生日本版台灣關係法〉，《中央通訊社》。

經濟日報，2004/5/31。〈大陸鐵腕解獨　台商避貼綠標籤〉，《經濟日報》，版 2。

經濟日報，2007/10/19。〈周小川：台獨兩岸金融協商絆腳石〉，《經濟日報》，版 A6。

經濟部投資審議委員會，2011。〈100 年 3 月核准僑外投資、陸資來臺投資、國外投資、對中國大陸投資統計速報〉，http://www.moeaic.gov.tw/system_external/ctlr?PRO=NewsLoad&id=762，2011/5/5 下載。

經濟部國際貿易局，2010/11。〈歷年開放大陸農、工產品統計表明細〉。

鄒麗泳，2010/4/13。〈ECFA 將衝擊白領？民進黨批馬說謊〉，中國評論新聞網，http://www.chinareviewnews.com/doc/1012/8/7/6/101287670.html?coluid=93&kindid=2910&docid=101287670，2011 年 5 月 21 日下載。

遠見雜誌民調中心，2011/4/20。〈馬總統執政滿意度、民眾終極統獨觀民調〉，〈 http://www.gvm.com.tw/gvsrc/20110413S01AP00PR1R.pdf 〉，2011/5/15 下載。

遠見雜誌民調中心，2011/5/20。〈馬總統施政三週年評價民調〉，http://www.gvm.com.tw/gvsrc/20110515S01AP00PR1R.pdf，2011/6/17 下載。

劉屏，2005/1/9。〈陳雲林結束訪美　反分裂法未出鞘〉，《中國時報》，版 A13。

劉屏，2008/7/31。〈楊潔篪演說　強調一中未提九二〉，《中國時報》。

劉剛，1995/9/20。〈海協負責人接受記者採訪時指出：只有堅持一個中國原則，兩岸關係才能穩定發展〉，《人民日報》，版 4。

蔡禎昌，2000。〈中共在台海心戰的特色〉，行政院大陸委員會，〈http://www.mac.gov.tw/mlpolicy/mwreport/8903/1-3.htm〉。

鄭又平，2000/3。《亞太政經新情勢下的兩岸關係：中程協議──美、日、中共的看法及我們的對策》，行政院大陸委員會委託研究報告。

鄭呈皇，2005/8/8。〈許文龍七十七年的人生智慧〉，《商業週刊》，第 924 期。

黎珍珍，2003/12/17。〈連：中國民國主權獨立，無統獨問題〉，《中國時報》。

蕭旭岑，2002/11/2。〈九二共識『可推翻不可否認』〉，《聯合報》，版 2。

賴錦宏，1996/9/25。〈張銘清：『適當氣氛』要台灣『不做什麼』〉，《聯合報》，版 9。

聯合報，1993/5/21。〈李總統記者會特別報導〉，《聯合報》，版 4。

聯合報，2001/11/6。〈李登輝：扁兩岸政策有修改〉，《聯合報》，版 2。

謝偉姝、王茂臻，2004/5/21。〈大陸積極瞭解台商意見〉，《經濟日報》，版 2。

蘋果日報，2007/10/16。〈馬嗆胡錦濤　台灣不關你事〉，《蘋果日報》，版 A6。

蘇永耀，2011/5/1。〈經濟傾中 6 成民眾憂侵蝕主權〉，《自由時報》。http://www.libertytimes.com.tw/2011/new/may/1/today-p1.htm，2011/5/1 下載。

蘇起，2003。《「一個中國，各自表述」共識的史實》。台北市：國政基金會。

二、英文書目

Baldwin, David, 1999/Winter, 2000/Winter. "The Sanctions Debate and the Logic of Choice," *International Security*, Vol. 24, No. 3, pp. 80-107.

Baldwin, David, 1985. *Economic Statecraft*. Princeton, N.J.: Princeton University Press.

Brady, James S., 2008/3/26. "Press Briefing by National Security Advisor Stephen Hadley in the President's Trip to the NATO Summit on China/Taiwan (excerpt)," US White House.

Brown, David G., 2002/3rd Quarter. "China-Taiwan Relations: Chen Muddies Cross-Strait Waters," *Comparative Connections*, Vol. 4, No. 3.

Chan, Steve, and A. Cooper Drury, 2000. "Sanctions as Economic Statecraft: An Overview," in Steve Chan and A. Cooper Drury, eds., *Sanctions as Economic Statecraft: Theory and Practice.* New York: St. Martin's, pp. 1-16.

Chen, Qimao, 1999. "The Taiwan Strait Crisis: Causes, Scenarios, and Solutions," in Suisheng Zhao, eds., *Across the Taiwan Strait: Mainland China, Taiwan, and the 1995-1996 Crisis* (New York: Routledge), pp. 134-5.

Cortright, David, and George A. Lopez, 2000. *The Sanctions Decade: Assessing UN Strategies in the 1990s.* Boulder, Colorado: Lynne Rienner.

Council on Foreign Relations, 2006/3/20. "A Conversation with Ma Ying-Jeou," Council on Foreign Relations, 〈http://www.cfr.org/publication/10217/conversation_with_ma_yingjeou_rush_transcript_federal_ne ws_service_inc.html〉, accessed 2008/2/12.

Daoudi, M. S., and M. S. Dajani, 1983. *Economic Sanctions: Ideal and Experience.* Boston: Routledge & Kegan Paul.

Dinmore, Guy, 2003/12/10. "Bush Sides with China over Taiwan Referendum," *Financial Times*, p. 1.

Doxey, Margaret P., 1980. *Economic Sanctions and International Enforcement*, 2nd ed. New York: Oxford University Press.

Drezner, Daniel W., 1999. *The Sanctions Paradox: Economic Statecraft and International Relations*. New York: Cambridge University Press.

Drezner, Daniel W., 2000. "The Complex Causation of Sanction Outcomes," in Steve Chan and A. Cooper Drury, eds., *Sanctions as Economic Statecraft: Theory and Practice.* New York: St. Martin's, pp. 212-33.

Ellings, Richard J.,1985. *Embargoes and World Power: Lessons from American Foreign Policy* . Boulder: Westview Press.

Elliot, Kimberly Ann, "Factors Affecting the Success of Sanctions, 1995. " in David Cortright and George A. Lopez , eds., *Economic Sanctions: Panacea or Peacebuilding in a Post-Cold War World?* Boulder, Colorado: Westview Press, pp. 51-59.

Elliott, Kimberly Ann, 1998/ Summer. "The Sanctions Glass: Half Full or Completely Empty," *International Security*, Vol. 23, No. 1, pp. 50-65.

Galtung, Johan, 1966/10-1967/7."On the Effects of International Economic Sanctions," *World Politics*, Vol. 19, pp. 378-416.

Garver, John W., 1997. *Face Off: China, the United States, and Taiwan's Democratization* .Diss., University of Washington Press, Seattle, USA.

Glaser, Bonnie S., 2002/3rd Quarter. "U.S.-China Realtions: Playing Up the Positive on the Eve of the Crawford Summit," *Comparative Connections*, Vol. 4, No. 3.

Haass, Richard N. (ed.), 1998. *Economic Sanctions and American Diplomacy.* New York: Council on Foreign Relations.

Haass, Richard N., 1997/11-12. "Sanctioning Madness," *Foreign Affairs*, Vol. 76, No. 6, pp. 75-85.

Hirschman, Albert O., 1980. *National Power and the Structure of Foreign Trade*, expanded ed. Berkeley, C.A.: University of California Press.

Hufbauer, Gary Clyde, 1999/12/18. "Trade as a Weapon," paper for the Fred J. Hansen Institute for World Peace, San Diego State University, *World Peace Week*, 〈http://www.iie.com/TESTMONY/gch9.htm〉, accessed 2000/7/25.

Hufbauer, Gary Clyde, Jeffrey J. Schott, and Kimberly Ann Elliott, 1990. *Economic Sanctions Reconsidered: History and Current Policy*, 2nd ed. Washington, D.C.: Institute of International Economic.

Jaumotte, Florence, 2004. "Foreign Direct Investment and Regional Trade Agreements: The Market Size Effect Revisited," *IMF Working Paper*, WP/04/206.

Kawai, Masahiro, and Ganeshan Wignaraja. 2008. "Regionalism as an Engine of Multilateralism: A Case for a Single East Asian FTA," *ADB Working Paper Series on Regional Economic Integration* 14.

Lindsay, James M., 1986. "Trade Sanctions as Policy Instruments: A Re-examination," *International Studies Quarterly*, No. 30, pp. 153-173.

Lopez, George A., and David Cortright, 1995. "Economic Sanctions in Contemporary Global Relations," in David Cortright and George A. Lopez, eds., *Economic Sanctions: Panacea or Peacebuilding in a Post-Cold War World?* Boulder, Colorado: Westview Press, pp. 1-16.

Manchin, Miriam, and Annette O. Pelkmans-Balaoing. 2007. "Rules of Origin and the Web of East Asian Free Trade Agreements." *World Bank Policy Research Working Paper* 4273.

Manchin, Miriam, and Annette O. Pelkmans-Balaoing. 2007. "Rules of Origin and the Web of East Asian Free Trade Agreements," *World Bank Policy Research Working Paper* 4273.

Negroponte, John D., 2007/ 12/ 23, "Remarks at the American Enterprise Institute Symposium on China/Taiwan (excerpt)," US Department of State.

Negroponte, John D., 2007/10/24. "Remarks at National Committee on U.S.-China Relations Dinner on China/Taiwan (excerpt)," US Department of State.

Nincic, Miroslav, and Peter Wallensteen, 1983. "Economic Coercion and Foreign Policy," in Miroslav Nincic and Peter Wallensteen, eds., *Dilemmas of Economic Coercion: Sanctions in World Politics*. New York: Praeger. pp. 1-15.

Nossal, Kim Richard, 1999. "Liberal Democratic Regimes, International Sanctions, and Global Governance," in Raimo Vayrynen, eds., *Globalization and Global Governance*. Lanham, Maryland: Rowman & Littlefield Publishers, Inc. pp. 127-149.

Pape, Robert A., 1997/Fall. "Why Economic Sanctions Do Not Work," *International Security*, Vol. 22, No. 2, pp. 90-136.

Pape, Robert A., 1998/ Summer. "Why Economic Sanctions *Still* Do Not Work," *International Security*, Vol. 23, No. 1 , pp. 66-77.

Pei, Minxin, 2007/10. "Corruption Threatens China's Future," Carnegie Endowment for International Peace, *Policy Brief*. No. 55.

Preeg, Ernest H.,1999. *Feeling Good or Doing Good with Sanctions: Unilateral Economic Sanctions and the U.S. National Interest* .Washington, D.C.: Center for Strategic and International Studies.

Renwick, Robin.,1981. *Economic Sanctions*. Cambridge, Massachusetts: Center for International Affairs, Harvard University.

Rosen, Daniel, and Zhi Wang. 2010. "Deepening China-Taiwan Relations through the Economic Cooperation Framework Agreement," *Peterson Institute for International Economics Policy Brief* PB10-16.

Rosen, Daniel, and Zhi Wang. 2010. "Deepening China-Taiwan Relations through the Economic Cooperation Framework Agreement," *Peterson Institute for International Economics Policy Brief* PB10-16.

Shambaugh, George E.,1999. *States, Firms, and Power: Successful Sanctions in United States Foreign Policy*. Abany, New York: State University of New York Press.

Stockholm International Peace Research Institute, *SIPRI YEARBOOK 2007: Armaments, Disarmament and International Security*, 〈http://yearbook 2007.sipri.org/chap8/〉, accessed on 2007/10/31.

Swaine, Michael D., 2001. "Chinese Decision-Making Regarding Taiwan, 1979-2000," in David M. Lampton, eds., The Making of Chinese Foreign and Security Policy in the Era of Reform . CA: Stanford University Press. pp. 289-336.

te Velde, Dirk Willem, and Dirk Bezemer. 2006. "Regional Integration and Foreign Direct Investment in Developing Countries," *Transnational Corporations* 15 (2): 41-70.

Thucydides, *History of the Peloponnesian War*, 1972, trans. Rex Warner.(New York: Penguin Books.

Tung, Chen-yuan, 2002. *China's Economic Leverage and Taiwan's Security Concerns with Respect to Cross-Strait Economic Relations*. Diss., Johns Hopkins University, USA.

Tung, Chen-yuan,2004/5/27-28. "Cross-Strait Relations after Taiwan's 2004 Presidential Election," presented at the 33rd Sino-American Conference on Contemporary China, Institute of International Relations, National Chengchi University.

United Nations Conference on Trade and Development, 2011. *World Investment Report* (various issues), http://www.unctad.org/Templates/ Page.asp?intItemID=1485&lang=1，2011/5/1 下載。

United States General Accounting Office, 1992/2.*Economic Sanctions: Effectiveness as Tools of Foreign Policy*, Report to the Chairman, Committee on Foreign Relations, U.S. Senate, GAO/NSIAD-92-106.

Washington Post .2003/11/23. "Interview with Wen Jiabao," *Washington Post*, p. A27.

新‧座標01　AF0154

新銳文創
INDEPEDENT & UNIQUE

台灣的中國戰略
——從扈從到平衡

作　　者	童振源
責任編輯	鄭伊庭
圖文排版	鄭佳雯
封面設計	王嵩賀

出版策劃	新銳文創
發 行 人	宋政坤
法律顧問	毛國樑　律師
製作發行	秀威資訊科技股份有限公司
	114 台北市內湖區瑞光路76巷65號1樓
	電話：+886-2-2796-3638　傳真：+886-2-2796-1377
	服務信箱：service@showwe.com.tw
	http://www.showwe.com.tw
郵政劃撥	19563868　戶名：秀威資訊科技股份有限公司
展售門市	國家書店【松江門市】
	104 台北市中山區松江路209號1樓
	電話：+886-2-2518-0207　傳真：+886-2-2518-0778
網路訂購	秀威網路書店：http://www.bodbooks.com.tw
	國家網路書店：http://www.govbooks.com.tw

出版日期	2011年10月　初版
定　　價	300元

國家圖書館出版品預行編目

台灣的中國戰略：從扈從到平衡 / 童振源著. -- 一版. --
臺北市：新銳文創, 2011.10
　　面；　公分
　BOD版
　ISBN　978-986-6094-22-4（平裝）

　1. 兩岸關係　2. 戰略　3. 中共對臺政策

573.09　　　　　　　　　　　　　　　　100014272

讀者回函卡

感謝您購買本書，為提升服務品質，請填妥以下資料，將讀者回函卡直接寄回或傳真本公司，收到您的寶貴意見後，我們會收藏記錄及檢討，謝謝！
如您需要了解本公司最新出版書目、購書優惠或企劃活動，歡迎您上網查詢或下載相關資料：http:// www.showwe.com.tw

您購買的書名：_____

出生日期：_____年_____月_____日

學歷：□高中 (含) 以下　　□大專　　□研究所 (含) 以上

職業：□製造業　□金融業　□資訊業　□軍警　□傳播業　□自由業
　　　□服務業　□公務員　□教職　　□學生　□家管　　□其它_____

購書地點：□網路書店　□實體書店　□書展　□郵購　□贈閱　□其他

您從何得知本書的消息？

　□網路書店　　□實體書店　　□網路搜尋　　□電子報　□書訊　□雜誌

　□傳播媒體　　□親友推薦　　□網站推薦　　□部落格　□其他_____

您對本書的評價：(請填代號　1.非常滿意　2.滿意　3.尚可　4.再改進)

　封面設計____　版面編排____　內容____　文／譯筆____　價格____

讀完書後您覺得：

　□很有收穫　□有收穫　□收穫不多　□沒收穫

對我們的建議：_____

_____

_____

_____

11466
台北市內湖區瑞光路 76 巷 65 號 1 樓
秀威資訊科技股份有限公司 收
BOD 數位出版事業部

....

（請沿線對折寄回，謝謝！）

姓　　名：＿＿＿＿＿＿＿＿＿　年齡：＿＿＿＿　性別：□女　□男

郵遞區號：□□□□□

地　　址：＿＿＿＿＿＿＿＿＿＿＿＿＿＿＿＿＿＿＿＿＿

聯絡電話：(日) ＿＿＿＿＿＿＿＿＿ (夜) ＿＿＿＿＿＿＿＿＿

E-mail：＿＿＿＿＿＿＿＿＿＿＿＿＿＿＿＿＿＿＿＿＿